Pais e mães conscientes

Shefali Tsabary, Ph.D.

Pais e mães conscientes

Como transformar nossas vidas
para empoderar nossos filhos

Tradução de
TALITA RODRIGUES

Título original
THE CONSCIOUS PARENT
Transforming ourselves, Empowering our Children

Copyright © 2010 *by* Shefali Tsabary, PhD
Primeira publicação em 2010

Todos os direitos reservados.
Nenhuma parte desta obra pode ser reproduzida, ou
transmitida por qualquer forma ou meio eletrônico ou mecânico,
inclusive fotocópia, gravação ou sistema de armazenagem
e recuperação de informação, sem a permissão escrita do editor.

Copyright da edição brasileira © 2017 Editora Rocco Ltda.

Sobre os exemplos deste livro
Embora os exemplos neste livro reflitam situações da vida real,
eles não são necessariamente descrições de pessoas reais, mas em alguns
casos são de combinações criadas a partir de anos de trabalho
com inúmeros pais diferentes, em muitos contextos variados.

Direitos para a língua portuguesa reservados
com exclusividade para o Brasil à
EDITORA ROCCO LTDA.
Rua Evaristo da Veiga, 65 – 11º andar
Passeio Corporate – Torre 1
20031-040 – Rio de Janeiro – RJ
Tel.: (21) 3525-2000 – Fax: (21) 3525-2001
rocco@rocco.com.br
www.rocco.com.br

Printed in Brazil/Impresso no Brasil

Preparação de originais
FÁTIMA FADEL

Coordenação editorial
BRUNO FIUZA

CIP-Brasil. Catalogação na publicação.
Sindicato Nacional dos Editores de Livros, RJ.

T815p	Tsabary, Shefali
	Pais e mães conscientes: como transformar nossas vidas para empoderar nossos filhos / Shefali Tsabary; tradução de Talita Rodrigues. – 1ª ed. – Rio de Janeiro: Rocco, 2021.
	Tradução de: The conscious parent transforming ourselves, empowering our children
	ISBN 978-65-5532-149-4
	ISBN 978-85-686-9649-1 (e-book)
	1. Pais e filhos. 2. Educação de crianças. 3. Responsabilidade dos pais. 4. Crianças – Desenvolvimento. I. Rodrigues, Talita. II. Título.
21-72666	CDD-649.1
	CDU-649.1

Leandra Felix da Cruz Candido – Bibliotecária – CRB-7/6135

O texto deste livro obedece às normas do
Acordo Ortográfico da Língua Portuguesa.

Ao meu marido Oz. Meu mago.

Agradecimentos

Constance Kellough – por ter tido a visão para este livro e tê-lo parido com tanto amor, firme convicção e apoio incondicional.
Meu profundo apreço.

David Robert Ord – pelo seu talento. Você é um editor como nenhum outro. Não há palavras para expressar a minha gratidão.

Os muitos clientes com os quais trabalhei ao longo dos anos – por me permitirem entrar em suas vidas.

Meus amigos e minha família – por estarem sempre presentes. Vocês sabem quem vocês são e o que significam para mim: o mundo.

Meu marido Oz e minha filha Maia – palavras jamais captarão o sentimento. Nada que eu faça ou seja existe separado da presença de vocês.

Obrigada.

O DALAI LAMA
PREFÁCIO

Neste livro a dra. Shefali Tsabary descreve a importância da compaixão em simples termos seculares, discutindo como podemos aprender a desenvolvê-la com base no relacionamento com nossos filhos.

Embora eu esteja com 75 anos, ainda me lembro do amor espontâneo e do afeto abnegado de minha mãe. Pensar nisso hoje ainda me dá uma sensação de paz e calma interior. No mundo moderno, um dos desafios que enfrentamos é como apreciar esse doar altruísta ao longo de nossas vidas. Quando crescemos, nossa inteligência desorientada tende a nos deixar míopes, dando origem a medo, agressão, inveja, raiva e frustração, que diminuem o nosso potencial.

Quando nascemos, podemos não ter uma ideia clara, "Esta é minha mãe", mas temos uma conexão espontânea baseada nas nossas necessidades biológicas básicas. Por parte da nossa mãe há também um enorme impulso para cuidar das necessidades físicas dos seus filhos, de confortá-los e alimentá-los. Isso não tem nada a ver com valores abstratos, mas surge naturalmente por causa da biologia.

Na minha própria limitada experiência, a origem básica de toda felicidade é amor e compaixão, uma sensação de bondade e afeto pelos outros. Se conseguimos ser cordiais e confiantes em relação aos outros, ficamos mais calmos e relaxados. Perdemos o medo e a desconfiança que sentimos em relação às outras pessoas, seja porque não as conhecemos bem ou porque sentimos que estão nos ameaçando ou competindo conosco de alguma maneira. Quando estamos calmos e relaxados, podemos fazer uso adequado de nossa habilidade mental para pensar com clareza. Portanto, seja lá o que estivermos fazendo, estudando ou trabalhando, seremos capazes de fazer melhor.

Todos reagem positivamente à bondade. Isso é evidente para qualquer um que tenha sido pai ou mãe. Uma das causas da íntima união entre pais e filhos é a bondade natural que existe entre eles. Do momento da concepção no útero de nossa mãe até sermos capazes de cuidar de nós mesmos, recebemos grande dose de generosidade de muitas pessoas diferentes, sem a qual não sobreviveríamos. Refletir sobre isso e sobre como somos todos apenas seres humanos, sejamos ricos ou pobres, instruídos ou não, e se pertencemos a uma nação, religião, ou cultura, pode nos inspirar a retribuir a generosidade que recebemos sendo, nós mesmos, bondosos com os outros.

Nota aos Pais

Criar filhos com perfeição é uma miragem. Não existem pais ideais e não existe filho ideal.

Pais e mães conscientes destaca os desafios que são naturais na educação de uma criança, compreendendo plenamente que, como pais, cada um de nós faz o melhor possível com os recursos que tem.

O objetivo deste livro é ilustrar como podemos identificar e tirar proveito das *lições emocionais e espirituais* inerentes à criação dos filhos, de modo que possamos usá-las para o nosso *próprio desenvolvimento*, o que por sua vez resultará na habilidade para melhor criar os filhos. Como parte dessa abordagem, somos solicitados a nos abrir para a possibilidade de que nossas imperfeições possam, na verdade, ser as nossas ferramentas mais valiosas para a mudança.

Haverá momentos durante a leitura destas páginas em que o assunto despertará sentimentos desconfortáveis. Convido qualquer um que sinta essa energia a simplesmente anotá-los. Interrompa a leitura e medite sobre os sentimentos que estão surgindo. Enquanto faz isso, você pode se ver espontaneamente metabolizando-os. De repente, o que está sendo dito começa a fazer mais sentido.

Pais e mães conscientes destina-se a qualquer pessoa envolvida com uma criança de qualquer idade. Seja você pai ou mãe que cria filhos sozinho(a), um jovem adulto planejando ter uma família ou que iniciou recentemente uma, pai ou mãe com filhos adolescentes, avós, ou alguém que cuide de crianças, comprometer-se com todos os princípios esboçados no livro pode induzir a transformação tanto de si mesmo como da criança.

Se você está se esforçando para educar uma criança sozinha, com pouca ajuda, *Pais e mães conscientes* pode aliviar a sua carga. Se você é pai ou mãe que cuida da criança em tempo integral, *Pais e mães conscientes* pode enriquecer a sua experiência. No caso daqueles que são capazes de contratar ajuda para criar seus filhos, vocês podem achar útil procurar alguém que esteja comprometido com os princípios expostos neste livro, especialmente se o seu filho tiver menos de seis anos de idade.

Permaneço continuamente humilde pela enorme oportunidade que criar um filho nos oferece de descartar nossa velha pele, abandonar padrões rançosos, adotar novos modos de ser e evoluir para se tornar um pai ou mãe mais consciente.

Namaste,
Shefali

Sumário

1 Uma Pessoa Real Como Eu Mesma / 17
    Você Está Criando um Espírito Palpitante com a Sua Própria Rubrica / 18
    Criar Filhos Inconscientemente É por Onde Todos Nós Começamos / 21
    Para se Conectar com Seus Filhos, Primeiro Conecte-se *Consigo Mesmo* / 22
    Você Pode Construir um Sentimento de Afinidade na Sua Família / 26
    Como a Conscientização Muda a Forma de Criarmos Nossos Filhos / 27

2 A Razão Espiritual para Termos Filhos / 31
    Como uma *Criança* Pode Despertar um *Adulto*? / 33
    Como Aprender a Ser Consciente / 38
    Um Pai Consciente Não Surge da Noite para o Dia / 40

3 Liberte Seus Filhos da Necessidade da Sua Aprovação / 43
    Aceitação É Fundamental / 46
    Não Há Nada de *Passivo* na Aceitação / 48
    Não Crie Seus Filhos com uma Abordagem Padronizada / 49
    Você Só Vai Aceitar Seu Filho, ou Filha, na Medida em que Você se Aceitar / 53

4 Um Golpe no Nosso Ego / 57
    Como o Ego Funciona? / 58
    O Ego de Imagem / 61
    O Ego de Perfeição / 62
    O Ego de Status / 65
    O Ego de Conformidade / 67
    O Ego de Estar "no Controle" / 69
    Você Pode Fazer a Transição do Seu Ego / 73

5   **SEU FILHO ESTÁ FAZENDO DE VOCÊ UM ADULTO? / 77**
    Enfrente a Sua Reatividade / 78
    Descubra a Sua Herança Emocional / 82
    Como Você Pode Integrar a Sua Dor? / 84
    Como Lidar com o Sofrimento do Seu Filho, ou Filha / 86
    Um Passo de Cada Vez / 89
    O que É Preciso para Domar a Sua Ansiedade / 95

6   **A VIDA É SÁBIA / 99**
    A Própria Vida nos Ensina / 100
    É Possível *Confiar* na Vida? / 102
    Seu Filho Não Precisa Conquistar a Sua Confiança / 103
    Como Você Atrai Muitas das Suas Circunstâncias / 105
    Você Pode se Libertar da Sua Inconsciência / 108
    Está Tudo na Interpretação que Lhe Damos / 113

7   **O DESAFIO DE TODA UMA VIDA / 119**
    O Primeiro Ano de Vida e os "Terríveis Dois Anos" / 119
    Lições da Infância para os Pais / 120
    Uma Jornada de Autodescoberta / 122
    Uma Chance de Recuperar o Seu Ritmo / 125
    Quando a Criança Começa a Andar: Um Planeta Todo Seu / 127
    Quando a Criança Começa a Andar É Hora de Plantar as Sementes da
        Repressão / 131

8   **DO PALCO CENTRAL PARA O ELENCO SECUNDÁRIO / 135**
    A Oportunidade para o Crescimento Espiritual
        de um Pai ou Mãe nos Anos Escolares / 135
    Escola Intermediária: O Desafio de "Estar Ali" para Nossos Filhos / 136
    Ensino Médio: A Necessidade de Inequívoca Aceitação / 139
    Por que É Importante Resistir à Tentação de Controlar? / 141

9   **A LOUCURA DA PARENTALIDADE / 145**
    O Papel Específico da Mãe / 146
    Criar um Filho É um Convite a se Render a um Ritmo Diferente / 150

10 **CRIAR FILHOS A PARTIR DA SANIDADE E NÃO DAS SUAS
    FERIDAS / 153**
    Se Você Cresceu Sentindo que Não Era Bom o Suficiente / 155
    Se Você Aprendeu a Agradar os Outros para Conquistar a Aprovação
        Deles / 159

Você Era Incapaz de Ser Você Mesmo? / 163
"Mau" Comportamento É na Realidade uma Busca pela Nossa Bondade Inerente / 166
A Sua Fragmentação Não Reflete o Seu Verdadeiro Ser / 168

11 Um Lar Construído com Base no Ser / 169
Você Sabe que Ansiedade É uma Forma de "Fazer"? / 172
Qual a Origem do Nosso Medo do Presente? / 176
Além de Viver "Fazendo" / 178
O Momento É Agora / 180

12 A Maravilha do Comum / 183
Você se Diverte com as Qualidades Comuns do Seu Filho? / 184
A Falácia da Superprodução da Vida / 186
Renuncie à Urgência de "Fazer" / 190
De Volta ao que É Básico / 191
Uma Vida que Espelha Quem Seu Filho É / 194

13 Arquive Aquelas Grandes Expectativas / 197
Respeite Quem Seu Filho É / 198
Como Definir Padrões para Seu Filho / 200
O que Você Pode Esperar Realisticamente do Seu Filho? / 203
Concentre-se no Processo, Não no Resultado / 205
Use o Elogio Certo / 209
Entenda que Seus Filhos Imitam Você / 210

14 Crie um Espaço Consciente na Vida do Seu Filho / 215
Dê Espaço para a Tranquilidade na Programação do Seu Filho / 216
Crie uma Narrativa Significativa para Seu Filho / 219
Por que Expressar Gratidão ao Seu Filho É uma Poderosa Ferramenta na Sua Criação / 221

15 Conecte-se com Seu Filho com uma Presença Interessada / 225
Como Minamos Nossas Tentativas de Nos Conectarmos com Nossos Filhos / 228
Você Valida o *Comportamento* ou o *Ser* do Seu Filho? / 230
Simplesmente *Esteja* Ali / 233

16 Como Lidar com os Erros do Seu Filho / 239
Você *Realmente* Sabe por que Eles Fizeram o que Fizeram? / 240
Como Você Pode Transformar Erros em Ouro Espiritual / 242
Respeite os Erros dos Seus Filhos / 244

17 **As Duas Asas da Águia / 247**
    Uma Criança Não Pode Voar a Grandes Alturas sem Restrições / 248
    A Abordagem Espiritual à Disciplina / 252
    Não Evite Conflitos – Valorize-os / 255
    Como Disciplinar de um Modo que *Funcione* / 258
    A Regra Sobre Regras / 261
    Por que Ensinar É Mais Eficaz do que Punir / 264
    O Mau Comportamento Reflete Necessidades Emocionais Insatisfeitas / 267
    Você Reconhece o Seu Papel no Comportamento dos Seus Filhos? / 270
    Por que Crianças Encantadoras Viram Adolescentes Rebeldes / 274
    Táticas Opressivas Saem pela Culatra / 278
    Como Executar o "Não" / 281
    O Senso de Oportunidade É Crucial / 287

POSFÁCIO

Compreendendo a Nossa Inconsciência Compartilhada / 289
    Estamos Todos Juntos Nisso / 290
    Tornando-se Pais Presentes / 292

APÊNDICE

A Bússola da Consciência
    Perguntas que Fazemos a Nós Mesmos / 297

Alguns Destaques de
    Pais e Mães Conscientes / 301

CAPÍTULO 1

Uma Pessoa Real Como Eu Mesma

Certa manhã, minha filha me acordou com uma sacudidela, muito excitada. "A fadinha deixou uma surpresa para você", ela sussurrou. "Veja o que a fadinha do dente deixou para você!"

Procurei debaixo do travesseiro e encontrei uma nota de um dólar, rasgada exatamente no meio. Minha filha disse: "A fadinha deixou metade de um dólar para você e a outra metade está debaixo do travesseiro do papai."

Eu não soube o que dizer.

Simultaneamente me vi num dilema. Todas aquelas mensagens sobre "dinheiro não nasce em árvores" e como era importante para minha filha aprender o valor do dinheiro me vieram à mente como uma enxurrada. Eu deveria usar essa oportunidade para lhe ensinar a não desperdiçar dinheiro, explicando que uma nota de dólar rasgada ao meio não valia nada?

Percebi que esse era um momento em que a minha resposta podia deixar minha filha alegre ou triste. Ainda bem que preferi arquivar a lição e lhe dizer que estava muito orgulhosa com a sua disposição de ser tão generosa com o seu único dólar. Enquanto agradecia à fadinha por sua magnanimidade e aguçado sentido de justiça ao dar ao pai e a mim partes iguais, os olhos da minha filha respondiam com um brilho suficiente para iluminar o quarto.

VOCÊ ESTÁ CRIANDO UM ESPÍRITO PALPITANTE COM A SUA PRÓPRIA RUBRICA

Criar filhos nos expõe com frequência a situações conflituosas entre a nossa mente e o nosso coração, de tal forma que a tarefa de educar uma criança pode ser comparada a andar na corda bamba. Uma única resposta mal dada pode desencorajar uma criança, enquanto que o comentário correto é capaz de fazê-la subir às alturas. A cada momento podemos escolher construir ou derrubar, incentivar ou congelar.

Quando nossos filhos estão apenas sendo eles mesmos, não estão preocupados com o que nós, pais, geralmente estamos obcecados. Como as pessoas encaram os fatos, as realizações, a condição de ter sucesso – nada disso que preocupa os adultos está na agenda de uma criança. Em vez de verem o mundo com ansiedade, as crianças tendem a mergulhar de cabeça na experiência da vida, dispostas a arriscar tudo.

Na manhã em que a fadinha esteve no meu quarto, minha filha não estava pensando no valor do dinheiro ou na questão egoica de eu ficar ou não impressionada por ela ter repartido o seu dólar. Tampouco estava preocupada por me acordar tão cedo. Ela simplesmente manifestava o seu eu maravilhosamente criativo, expressava com alegria a sua generosidade e o encantamento com a descoberta de seus pais diante da surpreendente visita da fadinha.

Como mãe, várias vezes me vi presenteada com oportunidades de responder a minha filha como se ela fosse uma pessoa real como eu mesma, com a amplitude de sentimentos que eu experimento – o mesmo desejo saudoso, a mesma esperança, excitação, imaginação, criatividade, a mesma sensação de deslumbramento e capacidade de me encantar. Mas, como muitos pais, tendo a ficar tão presa na minha própria agenda que muitas vezes perco a oportunidade que esses momentos me propiciam. Eu me vejo tão condicionada a pregar sermões, tão orientada a ensinar, que é muito comum ficar insensível às formas maravilhosas pelas quais minha filha revela a sua singularidade, mostrando-nos que é um ser diferente de qualquer outro que já caminhou neste planeta.

Quando você cria seus filhos, é crucial perceber que não está educando um "minieu", mas um espírito que palpita com a sua própria marca registrada. Por essa razão, é importante separar quem você é de quem cada um de seus filhos é. Filhos não são propriedade nossa. Quando sabemos disso bem lá no fundo da nossa alma, talhamos a forma de criá-los segundo as necessidades *deles*, em vez de moldá-los para se encaixarem nas *nossas* necessidades.

Em vez de satisfazermos as necessidades individuais de nossos filhos, nossa tendência é projetar neles nossas próprias ideias e expectativas. Mesmo imbuídos das melhores intenções de encorajá-los a serem verdadeiros com eles mesmos, a maioria de nós cai sem querer na armadilha de impor a eles a nossa agenda. Consequentemente, o relacionamento entre pais e filhos com frequência embota o espírito de uma criança em vez de estimular. Essa é uma razão fundamental para muitos de nossos filhos crescerem perturbados e, em muitos casos, atormentados por disfunções.

Todos nós entramos na jornada de criar filhos imaginando como ela será. Na sua maior parte, essas visões são fantasias. Temos crenças, valores e suposições que jamais examinamos. Em geral, nem vemos uma razão para questionar nossas ideias porque acreditamos estar "certos" e não termos nada a repensar. Baseados na nossa visão de mundo não examinada, inconscientemente estabelecemos rígidas expectativas em relação à forma de expressão de nossos filhos. Não percebemos que, ao impor nossos modos aos nossos filhos, limitamos o espírito deles.

Por exemplo, se somos muito bem-sucedidos no que fazemos, provavelmente esperamos que nossos filhos o sejam também. Se somos artistas, podemos forçar nossos filhos a serem artistas. Se tínhamos ótimos resultados na escola, tendemos a carregar uma tocha para nossos filhos serem brilhantes. Se não fomos bem na universidade e, como resultado, lutamos na vida, talvez vivamos com medo de que nossos filhos sejam como nós, o que nos incentiva a fazer de tudo para afastar tal possibilidade.

Queremos o que consideramos ser "o melhor" para nossos filhos, mas, para isso, podemos facilmente esquecer que a questão mais importante é o direito deles de serem *eles mesmos* e levarem suas próprias vidas de acordo com seu espírito único.

Crianças habitam um mundo de "é", não um mundo de "não é". Elas chegam a nós com seus seres transbordando de potencial. Cada um de nossos filhos tem o seu destino particular para viver – o seu próprio *carma*, se você preferir. Como as crianças carregam dentro delas um esquema, com frequência já estão em contato com quem elas são e o que querem ser no mundo. Somos escolhidos como seus pais para ajudá-las a *realizar* isso. O problema é que, se não prestarmos muita atenção a elas, roubamos-lhes o direito que têm de viver os seus destinos. Acabamos impondo-lhes a nossa própria visão, reescrevendo os seus propósitos espirituais segundo nossos caprichos.

Não é de surpreender que falhemos em sintonizar com a essência de nossos filhos. Como podemos ouvi-los, quando muitos de nós mal nos escutamos? Como podemos sentir o espírito deles e escutar o bater de seus corações, se não podemos fazer isso na nossa própria vida? Quando nós, como pais, perdemos a nossa própria bússola, não é de espantar que tantas crianças cresçam sem direção, desconectadas e desencorajadas? Ao perdermos o contato com nosso mundo interior, mutilamos a nossa habilidade de sermos pais a partir de nosso ser essencial, como criar filhos conscientemente exige.

Tendo dito isso, quero neste livro lançar um salva-vidas aos pais que estão apenas tentando sobreviver – especialmente aqueles com filhos adolescentes. Estou consciente, pela minha experiência com muitos adolescentes, de que, se você tiver um filho na adolescência com quem vem lutando para permanecer conectado, ainda dá tempo. Claro, se tiver filhos mais novos, quanto mais cedo começar a construir uma forte conexão, melhor.

Criar Filhos Inconscientemente É por Onde Todos Nós Começamos

Uma das tarefas mais desafiadoras que qualquer um de nós assume é a de trazer ao mundo outro ser humano e criá-lo. Mas a maioria de nós aborda essa tarefa como jamais faria na vida profissional. Por exemplo, se tivéssemos que chefiar uma organização de um bilhão de dólares, elaboraríamos uma missão estudada com todo o cuidado. Trataríamos de conhecer o nosso objetivo e como alcançá-lo. Ao buscar realizar a nossa missão, estaríamos familiarizados com o nosso pessoal e com o potencial a extrair dele. Como parte da estratégia, identificaríamos as nossas próprias forças e imaginaríamos como capitalizá-las, assim como identificaríamos nossas fraquezas de forma a minimizar o seu impacto. O sucesso da organização seria o resultado de se *criar estratégias* para o sucesso.

É útil nos perguntarmos: "Qual é a minha missão ao criar filhos, minha filosofia para educá-los? Como manifesto isso na minha interação no dia a dia com meu filho, ou minha filha? Terei mapeado uma missão previdente, cautelosa, como se estivesse dirigindo uma grande organização?"

Formem vocês um casal, estejam separados ou sejam solteiros ou solteiras, seria benéfico pensar na sua abordagem para criar filhos à luz da pesquisa sobre o que funciona ou não. Muitos de nós não consideram como o nosso modo de educar afeta nossos filhos, o que poderia nos fazer mudar a nossa abordagem. O nosso método inclui especialmente ouvir o espírito do nosso filho? Estaríamos dispostos a mudar a forma de interação com nosso filho, se ficar evidente que o que estamos fazendo não funciona?

Cada um de nós imagina que está sendo o melhor pai ou mãe possível. E a maioria é realmente gente boa que ama muito os filhos.

Certamente não é por falta de amor que impomos a nossa vontade aos filhos. A origem está na falta de *consciência*. A realidade é que muitos de nós não estão conscientes da dinâmica que existe no relacionamento com nossos filhos.

Nenhum de nós gosta de pensar em si mesmo como inconsciente. Pelo contrário, é um conceito que tendemos a rejeitar. Somos na maioria tão defensivos que, basta alguém dizer uma palavra sobre como criamos os filhos, reagimos logo. Entretanto, quando começamos a perceber, reprogramamos a dinâmica que compartilhamos com eles.

Nossos filhos pagam um preço alto quando nos falta consciência. Paparicados, medicados em excesso e super-rotulados, muitos deles são infelizes. Isto porque, vítimas de nossa inconsciência, nós lhe legamos nossas próprias necessidades não resolvidas, expectativas não satisfeitas e sonhos frustrados. Apesar das nossas melhores intenções, nós os escravizamos à herança emocional que recebemos de nossos pais, prendendo-os ao debilitante legado de nossos ancestrais. A natureza da inconsciência é tal que, até ser metabolizada, irá passar de geração a geração. Somente por meio da conscientização o ciclo da dor que gira nas famílias pode terminar.

Para se Conectar com Seus Filhos, Primeiro Conecte-se *Consigo Mesmo*

Até compreendermos exatamente *como* estivemos operando num modo inconsciente, tendemos a resistir a nos abrir para uma abordagem baseada em ideais totalmente diferentes daqueles em que temos confiado.

Tradicionalmente, a criação de filhos tem sido exercida de forma hierárquica. Os pais governam de cima para baixo. Afinal de contas, a criança não é um ser "inferior" a ser transformado por nós, a parte mais culta? Porque as crianças são menores e não sabem tantas coisas como nós, supomos que temos o direito de controlá-las. Na verdade, porque estamos acostumados ao tipo de família em que os pais exercem o controle, talvez nem nos ocorra que esse arranjo pode não ser bom para nossos filhos *ou* para nós mesmos.

Do lado dos pais na equação, o problema da abordagem tradicional à criação dos filhos é que ela enrijece o ego com seus delírios de poder. Visto que nossos filhos são tão inocentes e propensos à nossa influência, eles tendem a oferecer pouca resistência quando lhes impomos o nosso ego – uma situação com potencial para fortalecê-lo.

Se você quer alcançar um estado de pura conexão com seu filho, pode fazê-lo deixando de lado qualquer noção de superioridade. Não se escondendo por trás de uma *imagem* egoica, você será capaz de tratar seu filho como uma *pessoa real* como você mesmo.

Uso a palavra "imagem" em conexão com o ego intencionalmente, portanto quero deixar claro exatamente o que quero dizer com "ego" e seu termo associado "egoico". Na minha experiência, as pessoas tendem a pensar no ego como o seu "eu", no sentido de quem elas são como *pessoa*. A palavra "egoico" então se referiria a uma noção inflada de nós mesmos tal como a que associamos com vaidade.

Crucial para uma compreensão deste livro é o fato de que estou usando esses termos num sentido bem diferente.

Quero propor que aquilo que consideramos como nosso "ego" não é o nosso *verdadeiro* eu. Vejo o ego mais como um *retrato* de nós mesmos que carregamos na mente – um retrato que temos de nós mesmos e que pode estar muito longe de quem somos no nosso ser essencial. Todos nós crescemos com essa autoimagem. Ela começa a se formar quando somos jovens, em grande parte baseada nas nossas interações com os outros.

"Ego", como estamos usando o termo, é uma noção *artificial* de nós mesmos. É uma *ideia* que temos a respeito de nós mesmos com base principalmente nas opiniões dos outros. É a pessoa que *acreditamos* que somos e *em quem pensamos como* sendo. Essa autoimagem é sobreposta a quem realmente somos na nossa essência. Uma vez formada a nossa autoimagem na infância, tendemos a conservá-la pelo resto da vida.

Embora essa ideia de quem somos seja estreita e limitada, nosso eu básico – nosso ser fundamental, ou essência – não tem limite. Existindo em completa liberdade, ele não espera nada dos outros, não tem medo e nenhum sentimento de culpa. Enquanto vivermos em tal estado, ele pode *parecer* estranhamente desligado, mas, na verdade, nos fortalece para nos conectarmos com outras pessoas de um modo realmente significativo porque é um estado *autêntico*. Uma vez desapegados de nossas expectativas de como as outras pessoas "deveriam" se comportar e as confrontando como são de verdade, a aceitação que inevitavelmente demonstramos com relação a elas leva naturalmente à conexão. Isso porque a autenticidade ressoa automaticamente com autenticidade.

Porque estamos tão próximos de nosso ego, a ponto de imaginarmos que é isso que somos realmente, ele pode ser difícil de se perceber. De fato, muito diferente das exibições mais óbvias de ego, tais como orgulho e grandiosidade, ele tende em geral a ficar disfarçado, que é como nos ilude a acreditar que é o nosso eu genuíno.

Como um exemplo da maneira que o ego se mascara de nosso verdadeiro eu, muitos de nós não têm consciência de que *muitas de nossas emoções são o ego disfarçado*. Por exemplo, quando dizemos: "Estou zangado", imaginamos que o nosso ser essencial é que está zangado. A realidade pode ser bem diferente. É possível que, em certo nível, estejamos, na verdade, resistindo a uma situação que surgiu, preferindo nos apegar a como *pensamos* que as coisas *deveriam* ser. Se então desencadeamos a nossa raiva em cima dos outros, torna-se uma manifestação explosiva de ego.

Como sabemos por experiência pessoal, nossa fixação com a raiva ou outras emoções, tais como inveja, desapontamento, culpa ou tristeza, acaba por causar um sentimento de separação entre nós mesmos e os outros. Isso acontece porque, sem reconhecer a nossa raiva como uma reação egoica, acreditamos que ela é parte de quem essencialmente *somos*. Mascarando-se como nosso verdadeiro eu, vinculações egoicas obscurecem nossa habilidade para permanecer num estado de alegria e unidade com todos.

Às vezes nosso ego é canalizado através de nossa profissão, nossos interesses ou identidade nacional. Dizemos para nós mesmos: "Sou um jogador de tênis", "Sou religioso" ou "Sou americano". Nada disso é quem somos por dentro. Melhor, são papéis aos quais nos apegamos, muitas vezes sem nem perceber, de modo que logo eles criam uma noção de "eu". Se alguém questiona um de nossos papéis, sentimo-nos ameaçados, imaginando que *nós* estamos sendo atacados. Quando isso acontece, em vez de nos desapegarmos da nossa noção de "eu", tendemos a nos fixar a ela mais fortemente. Essa fixação ao ego está na raiz de muitos conflitos, divórcios e guerras.

Não quero dizer que o ego seja "ruim" e que não deveria existir. Pelo contrário, o ego *em si mesmo* não é bom nem mau; simplesmente *é*. É um estágio no nosso desenvolvimento que serve a um propósito muito parecido com o da casca de ovo na qual um pintinho se forma até chocar. A casca de ovo tem um papel durante a formação do pintinho. Entretanto, se a casca ficasse ali além do período em que serve a um propósito protetor, em vez de quebrar e ser descartada, ela asfixiaria o desenvolvimento do animal. Da mesma forma, o ego precisa ser progressivamente descartado em favor do ressurgimento de nosso verdadeiro eu das névoas da infância.

Embora não possamos ficar de todo livres do ego, criar conscientemente nossos filhos exige que nos tornemos cada vez mais *cientes* da influência dele. A consciência é transformadora e é a essência do surgimento de um pai ou mãe conscientes. Quanto mais nos tornamos conscientes, mais reconhecemos todos os modos em que temos vivido nas garras do condicionamento não examinado desde a nossa própria criação, e depois partilhando isso com nossos filhos. No decorrer deste livro, veremos uma variedade de exemplos de como isso acontece, a partir da vida de pessoas que apresentarei a você.

Tornar-se ciente do fato de que o seu ego não é quem você realmente é, e como ele opera iludindo você a acreditar que é, requer observar esses momentos quando um pequeno espaço se abre e você se pega pensando, experimentando emoções ou se comportando de modos que não são totalmente fiéis a si mesmo. Quando você começar a notar estes momentos, vai se ver distanciando-se espontaneamente do seu ego.

Você Pode Construir um Sentimento de Afinidade na Sua Família

A criação consciente dos filhos personifica o nosso desejo de experimentar a *unidade* inerente ao relacionamento com eles, que é uma parceria e muito diferente, em caráter, da dominação que os pais em geral exercitam.

Na busca de restaurar uma experiência de unidade entre seus filhos e você mesmo, o caminho leva à descoberta da comunhão com o *seu próprio eu esquecido*. Esse é o caso, porque estabelecer uma parceria significativa com seus filhos fará inevitavelmente que você preste atenção ao desenvolvimento do seu próprio eu autêntico. Conforme a sua crescente consciência desintegra a hierarquia pais e filho, ela espontaneamente equaliza as disputas na sua família. Afastar-se do comportamento egoico – renunciar às suas opiniões de como as situações *deveriam* ser, e como as pessoas *deveriam* agir – vai lhe permitir descer do seu pedestal de dominação.

Como nossos filhos são tão moldáveis, com frequência ignoramos o convite para *nos* moldarmos no parceiro espiritual de nossos filhos. Entretanto, ao prestar atenção a quem está, aparentemente, *sob o nosso controle*, temos uma oportunidade de nos livrar de *toda necessidade de controlar*. Ao nos proporcionarem um meio de descartar a casca de ovo do nosso ego e se tornarem livres para viver como o nosso verdadeiro estado de *ser* permite, nossos filhos facilitam a nossa evolução. Nós nos encontramos expostos ao potencial verdadeiramente transformador da jornada da criação dos filhos.

Com o mito de que o relacionamento entre pais e filhos deva ser rompido numa só direção, o circular potencial dessa jornada fica visível, ao descobrirmos que nossos filhos contribuem para o nosso crescimento de modos talvez mais profundos do que jamais contribuímos para o deles. Embora uma criança apresente-se numa forma "inferior", suscetível aos caprichos e comandos de um pai mais poderoso, é exatamente o status aparentemente menos poderoso que tem o potencial para despertar a maior transformação num pai ou mãe.

Ver a paternidade e a maternidade como um processo de metamorfose espiritual nos permite criar o espaço psíquico para atrair as lições dessa jornada. Como pai ou mãe, à medida que você for capaz de reconhecer que seus filhos estão na sua vida para promover uma noção renovada de quem *você é*, você vai descobrir o potencial deles para liderá-lo na descoberta do seu próprio ser verdadeiro.

Em outras palavras, embora você acredite que o seu maior desafio é educar bem os seus filhos, existe uma tarefa ainda mais essencial de que precisa cuidar, que é o fundamento da paternidade/maternidade eficientes. Essa tarefa é a de ascender-*se* ao indivíduo mais alerta e presente que puder ser. A razão pela qual isso é central para a boa criação dos filhos é que eles não precisam de nossas ideias e expectativas, nem da nossa dominação e controle, apenas que nos mantenhamos sintonizados com eles por intermédio de nossa *presença* engajada.

Como a Conscientização Muda a Forma de Criarmos Nossos Filhos

Conscientização não é uma qualidade mágica conferida aos poucos que têm sorte. Em vez de cair do céu, é um estado que emerge como parte de um processo.

Para se envolver nesse processo, é útil saber que a consciência não é uma súbita e total ausência de falta de inconsciência. Pelo contrário, a consciência emerge progressivamente da falta dela. Quem anda pelo caminho da consciência não é diferente dos outros, exceto por ter aprendido a explorá-la em busca do seu potencial de percepção acentuada. Isso significa que a consciência é acessível a *todos* nós. Na verdade, a mágica no relacionamento entre pais e filhos é que ela constantemente nos apresenta oportunidades para nos elevarmos a um estado de consciência intensificada.

Embora acreditando que temos o poder de criar nossos filhos, a realidade é que nossos filhos têm o poder de *nos* elevar à condição dos pais que eles precisam que sejamos. Por essa razão, a experiência de criar filhos não é a de pais *versus* filho, mas de pais *com* filho. O caminho para a integridade está no colo de nossos filhos, e tudo que precisamos é garantir um lugar. Conforme eles nos mostram o caminho de volta para a nossa própria essência, eles se tornam nossos maiores despertadores. Se falharmos em segurar a mão deles e não segui-los enquanto nos conduzem pelo portal da consciência ampliada, perdemos a chance de caminhar em direção à nossa própria iluminação.

Quando falo de nossos filhos nos transformando como pais, nem por um momento imagine que eu esteja defendendo a renúncia da nossa influência sobre eles e nos tornando seus lacaios. Por mais que a criação consciente dos filhos implique escutá-los, honrar sua essência e estar plenamente presente junto a eles, ela também trata de limites e disciplina. Como pais, devemos proporcionar aos filhos não apenas os elementos básicos de abrigo, alimento e educação, mas também ensinar-lhes o valor da estrutura, da apropriada contenção de suas emoções e habilidades, como a de testar a realidade. Em outras palavras, ser um pai ou mãe consciente engloba *todos* os aspectos de se criar um filho para ser um membro perfeito, equilibrado, da raça humana. Portanto, não há nada de "permissivo" em se criar os filhos conscientemente, e, ao longo deste livro, veremos exemplos de pais aprendendo a *ser* verdadeiramente pais ou mães de uma maneira construtiva que habilite seus filhos a se tornarem maduros do ponto de vista emocional e comportamental.

Sendo esse o caso, penso ser importante para mim explicar por que reservei a informação *específica* que desejo partilhar com relação à disciplina para o último capítulo. A abordagem consciente à disciplina está fundamentada na nossa habilidade de *exercitar a presença real* com nossos filhos. É crucial que pais percebam que essa abordagem só funciona quando eles aprenderam pela dinâmica pais e filhos *como estar presente* junto aos filhos, o que é algo que se desenrolará capítulo por capítulo conforme prosseguimos nesta jornada.

A metamorfose paterna ou materna é a chave para um salto na conscientização humana. Entretanto, quando os pais me procuram, em geral não estão em busca de uma forma de crescimento pessoal. Pelo contrário, estão ansiosos para encontrar respostas para o comportamento dos filhos. Esperam que eu tenha uma varinha de condão que transformará seus filhos em jovens com uma resoluta e saudável psique. Mostro que a criação consciente dos filhos é mais do que aplicar estratégias engenhosas. É a filosofia de uma vida inteira envolvendo um processo que tem o poder de transformar ambos, pais e filhos, em um nível elementar. A única maneira significativa para pais e filhos se relacionarem é como parceiros espirituais em *mútuo progresso espiritual*. Por isso, a criação consciente dos filhos vai além das técnicas cujo objetivo é fixar um comportamento específico, envolvendo os aspectos mais profundos do relacionamento entre pais e filhos.

A beleza da abordagem consciente para criar um filho é que, em vez de tentar aplicar uma técnica e esperar que seja a correta para a situação em particular, a conscientização nos informa a cada momento como melhor agir. Por exemplo, quando minha filha rasgou uma nota de um dólar ao meio, seria necessária uma censura ou um elogio? Eu permiti que meu ser interior me guiasse, o que, na nossa unidade, ressoou com o ser interior dela. Mesmo quando nos exigem que disciplinemos, a conscientização nos mostra como fazer isso de um modo que fortaleça o espírito dos nossos filhos em vez de enfraquecê-lo.

Quando você reúne coragem para abandonar o controle inerente numa abordagem hierárquica e entra no potencial espiritual de uma dinâmica circular pais-filhos, você se verá cada vez mais livre de conflitos e lutas de poder. A dinâmica entre pais e filhos se torna, então, uma experiência transcendente, repleta de comovedoras trocas merecedoras de seres que reconhecem o privilégio de encontrar um parceiro espiritual. Ao nos rendermos à unidade de um relacionamento consciente entre pais e filhos, alçamos a criação de filhos do puramente físico para a esfera do sagrado.

CAPÍTULO 2

A Razão Espiritual para Termos Filhos

Apesar de todas as evidências de que muitas de nossas estratégias para criar filhos não funcionam e, com frequência, saem pela culatra, a maioria de nós se fixa na abordagem inconsciente que detonou originalmente as dificuldades que estamos vivenciando com nossos filhos.

A fim de mudar para um modo mais eficaz de nos relacionarmos com nossos filhos, devemos estar dispostos a enfrentar e resolver questões íntimas que se originam na forma como *nós* fomos criados. A não ser que aceitemos essa transformação, provavelmente criaremos nossos filhos com certa irreverência, ignorando o grito do espírito deles e cegos à sua sabedoria. Somente na medida em que, como pais e mães, estejamos sintonizados com nosso próprio ser, saberemos como ajudar nossos filhos a se harmonizarem com suas essências únicas.

Por essa razão, criar filhos de forma consciente requer que passemos por uma transformação pessoal. De fato, sei por experiência própria que o relacionamento entre pais e filhos existe primeiro para a transformação *dos pais* e apenas secundariamente para a criação dos filhos.

Quando revelo aos pais como eles precisam passar por essas transformações, costumo encontrar resistência. "Por que *nós*?", retrucam, intrigados por eu ter sugerido que *eles* é que precisam mudar. Quando explico que a única maneira de seus filhos obterem mudanças em seu comportamento é seus pais se tornarem mais conscientes, eles tendem a ficar desapontados, incapazes de aceitar que o foco precisa estar na mudança da sua estrutura mental e não na de seus filhos. Vejo que muitos pais têm medo de se abrir para o desconhecido como requer a mudança da inconsciência para a consciência.

Esse caminho não é para os pusilânimes, mas para aquelas almas corajosas que desejam experimentar a afinidade com os filhos. Nossos filhos vêm para nós para que possamos reconhecer nossas feridas psíquicas e reunir coragem para transcender as limitações que elas nos causam. Conforme revelamos como nosso passado nos guia, aos poucos nos tornamos capazes de criar filhos conscientemente. Até lá, por mais que tentemos tornar consciente o modo como os criamos, a inconsciência infiltra-se em nossas interações com eles à menor provocação.

Quero acentuar que não faz sentido desejar que a sua inconsciência não exista. Pelo contrário, compreender as ramificações da inconsciência e se tornar ciente das suas consequências pode motivar uma pessoa a embarcar no penetrante autoexame exigido para se tornar um pai ou mãe eficiente.

Nisso seus filhos são seus aliados, visto repetidamente espelharem a sua inconsciência, proporcionando-lhe, assim, sucessivas oportunidades de despertar da modorra. Considerando que as crianças merecem pais conscientes, não é nosso dever para com elas permitir que nos transformem pelo menos tanto quanto buscamos transformá-las?

Enquanto os detalhes precisos da transformação pela qual cada um deve passar são únicos para nós como indivíduos, a natureza dessa transformação é, de muitas maneiras, universal. Daí que uma abordagem consciente à criação dos filhos insiste com os pais para que tratem questões que são as marcas de autenticidade da consciência, como:

Estou me permitindo ser levado para um despertar
   espiritual maior através do meu relacionamento com
   meus filhos?

Como posso criar meus filhos atento ao que eles realmente
   precisam de mim, e assim me tornar o pai que eles
   merecem ter?

Como posso me alçar acima do meu próprio medo de
   mudar e me transformar, para enfrentar as exigências
   do espírito do meu filho?

Ouso ir contra o sistema e criar meus filhos a partir de um
   ponto em que a vida interior é muito mais valorizada
   do que a exterior?

Reconheço cada aspecto da criação dos meus filhos como
   um chamado para a minha evolução superior?

Sou capaz de perceber o caráter sagrado do meu
   relacionamento com meus filhos?

Como uma *Criança* Pode Despertar um *Adulto*?

Certa criança entra em nossa vida com seus problemas individuais, suas dificuldades, teimosias e desafios temperamentais a fim de nos ajudar a nos tornarmos conscientes de quanto ainda temos de crescer. A razão pela qual isso funciona é que nossos filhos são capazes de nos levar aos vestígios de nosso passado emocional e evocar sentimentos profundamente inconscientes. Por conseguinte, para compreender onde a nossa paisagem interna precisa se desenvolver, não precisamos olhar mais longe do que o olho atento de nossos filhos.

Quer geremos inconscientemente situações nas quais nos sentimos como quando éramos crianças, ou lutemos desesperadamente para não fazer isso, de alguma forma é inevitável experimentar emoções idênticas às que sentíamos quando jovens. Isso porque, a não ser que conscientemente integremos os aspectos não integrados da nossa infância, eles nunca nos abandonam, mas repetidamente se reencarnam no nosso presente, depois se mostram de novo em nossos filhos. Daí que, ao nos oferecerem um reflexo da nossa inconsciência, nossos filhos nos concedem uma inestimável dádiva. Considerando que eles nos proporcionam oportunidade para reconhecer nossa inconsciência da forma como ela se manifesta aqui e agora, temos uma chance de nos libertar das garras do nosso passado de modo que não sejamos mais governados pelo nosso condicionamento primitivo. Nossos filhos também refletem nosso sucesso ou fracasso nessa aventura, mostrando-nos, portanto, em que direção prosseguir.

Porque interagimos com nossos filhos baseados na nossa criação, antes de sabermos disso – apesar das nossas melhores intenções – nos vemos recriando as dinâmicas da nossa própria infância. Deixe-me ilustrar como isso acontece contando-lhe a respeito de uma mãe e filha que tive o privilégio de ajudar. Jessica foi uma boa aluna e filha ideal até os 14 anos. Entretanto, durante os dois anos seguintes ela se transformou no pior pesadelo da sua mãe. Mentindo, roubando, frequentando bares noturnos e fumando, ela se tornou rude, rebelde e até violenta. Estar com a filha, cujos humores flutuavam minuto a minuto, deixava Anya ansiosa. Provocada demais por Jessica para conter suas emoções, ela desencadeava a sua fúria na filha, gritando, berrando e xingando com palavrões a que uma criança jamais deveria ser submetida.

Anya sabia que o comportamento da filha não justificava essas explosões de raiva exageradas, mas ela não podia controlar a sua ira nem compreender de onde vinha. Sentindo-se incompetente, achando-se um fracasso como mãe, ela era incapaz de proporcionar a conexão de que Jessica precisava.

Ela acabou confessando a uma conselheira escolar que tinha começado a se cortar.

Quando soube como Jessica estava sofrendo, Anya entrou em contato comigo pedindo ajuda. "É como se eu tivesse seis anos de novo", ela me disse. "Quando minha filha grita comigo, sinto-me como quando minha mãe gritava comigo. Quando ela bate a porta na minha cara e me exclui do seu mundo, sinto-me como se estivesse sendo punida, como se tivesse feito alguma coisa errada. A diferença é que, enquanto com meus pais eu jamais podia protestar, gritar ou berrar, agora eu não consigo parar. Todas as vezes que minha filha me faz sentir como meus pais me faziam, é como se meu mundo se espatifasse ao meu redor, e eu perco a sanidade mental."

A única maneira pela qual podíamos destravar a inconsciência que a filha de Anya provocava nela era revisitando o seu passado, em particular a sua família de origem. O pai de Anya era emocionalmente frio, o que significava que ela se sentia faminta de afeto. A mãe "nunca estava presente", ela explicou. "Mesmo quando estava fisicamente, era como se não estivesse. Eu tinha sete ou oito anos quando comecei a conhecer a solidão."

Tão grande era a dor do isolamento de Anya e a falta de aceitação por seus pais, que ela resolveu criar uma nova personalidade. "Decidi que começaria a agir como mamãe, então papai começaria a me amar tanto quanto a amava." A mãe de Anya estava sempre arrumada, bem-vestida, acima de tudo. "Eu mudei de menina para uma mulher adulta da noite para o dia." Anya lembra. "Comecei a me exercitar como louca e era brilhante na escola."

Infelizmente, por mais responsável que ela se tornasse, nunca era boa o suficiente para seu pai extremamente rígido. Um incidente em particular levou a um momento decisivo. Como Anya conta: "Lembro que um dia meu pai ficou aborrecido comigo porque eu não estava sentada quieta para fazer meu dever de casa. Um homem de poucas palavras, ele me levou para o canto do quarto e ergueu meus braços. Em seguida dobrou meus joelhos e me jogou no chão. Fiquei ajoelhada durante duas horas com os braços erguidos. Ele não disse uma palavra o tempo todo. Minha mãe também não ousou dizer nada. Ninguém me olhava nos olhos. Acho que o que me magoou mais do que a punição foi a falta de reconhecimento. Eu chorei e pedi perdão, mas ninguém parecia me ouvir. Depois de duas horas, meu pai me disse para eu me levantar e começar a estudar. A partir desse dia, jurei que jamais me meteria em confusão de novo. Engoli a minha raiva e me escondi sob camadas de ressentimento."

Da mesma maneira que aprendeu a ser a criança "perfeita", Anya treinou a filha Jessica para ser a sua pequena autômata, privada de expressão emocional, super-responsável, perfeitamente controlada e arrumada. Entretanto, sendo um espírito diferente, a filha só pôde copiar a rigidez de sua mãe durante a infância. Assim que se sentiu capaz, ela se libertou. Não tendo nenhuma noção de centro, o seu pêndulo emocional agora oscilou para o extremo oposto. Quanto mais ela se rebelava, mais Anya se tornava controladora e dominadora. Finalmente, Jessica perdeu o controle. Foi aí então que ela começou a se cortar.

Em todo comportamento da filha, Anya só via as suas próprias feridas, causadas pela raiva, rejeição e traição de seus pais para com ela. Em vez de ver a rebeldia de Jessica como um grito de socorro, ela a interpretava como desestabilizadora do seu papel como mãe. Isso servia de lembrança de como seus pais a faziam sentir-se impotente e inútil quando criança. Somente agora, em vez de se tornar a "filha perfeita" como tinha sido todos aqueles anos atrás na casa de seus pais, como mãe ela mesma revidou. A tragédia era que ela estava lutando com a *pessoa errada*.

Anya não tinha consciência de que a filha estava se comportando normalmente dadas as circunstâncias da sua criação rígida. Ela não podia ver que Jessica estava dizendo: "Basta com a charada. Acorde e note que eu sou um indivíduo único com necessidades diferentes de você. Você não pode me controlar mais."

Ela de fato estava gritando pela liberdade que Anya jamais pôde reivindicar para si mesma. Ela foi a porta-bandeira da guerra não combatida da própria mãe. Embora parecesse "má" aos olhos do público, estava na verdade sendo uma filha obediente, representando o passado não vivido de sua mãe por ela. Com seu comportamento antissocial, ela estava facilitando que a mãe finalmente expressasse tudo que ficara preso dentro dela durante décadas.

Em termos da jornada para se tornar uma mãe consciente, a "ruindade" de Jessica era um serviço para sua mãe, a oportunidade para ela revisitar o ressentimento e pesar da sua infância. Assim Anya estava finalmente se permitindo gritar, liberando a sua toxicidade emocional. Nossos filhos são generosos assim, dispostos a se tornarem receptáculos para nossas emoções confusas para que finalmente nos libertemos. É nossa relutância em caminhar na direção dessa liberdade que cria a ilusão de que nossos filhos são "maus" e devem estar agindo com malícia.

Se você compreender que o comportamento inadequado de seus filhos é um chamado para mais conscientização da *sua* parte, será capaz de ver as oportunidades que eles lhe oferecem para crescer de outra forma. Em vez de reagir a eles, você olha para dentro de si mesma e pergunta *por que* reagir. Ao perguntar, você abre espaço para que a consciência se manifeste.

Só quando foi capaz de revisitar a sua infância e revelar a sua raiva pelos pais é que Anya pôde libertar sua filha da armadilha de "perfeição" em que ela mesma vivera toda a sua vida. Ao embarcar no processo de se libertar, ela começou a liberar as camadas de fingimento em que havia se envolvido, lentamente emergindo como uma pessoa vibrante, divertida e despreocupada, cheia de alegria. Sua apologia a filha por todas as cargas que havia insensivelmente colocado sobre ela permitiu a Jessica curar as suas próprias feridas. Mãe e filha estavam se ajudando mutuamente a emergir dos seres autênticos que tinham realmente sido o tempo todo.

Os modos como o passado influencia nosso presente são indeléveis, no entanto, paradoxalmente difíceis de ver. Por isso é preciso alguém próximo para espelhar para nós as feridas do nosso passado, razão pela qual os filhos são capazes de ajudar a nos libertar. Infelizmente, com frequência não lhes permitimos cumprir seu propósito espiritual em nossa vida. Em vez disso, buscamos fazer com que satisfaçam *nossos* planos e fantasias egoicos.

Como podemos guiar, proteger e cuidar de nossos filhos no mundo físico, e renunciar rigorosamente a todo sentido de dominação do espírito deles, a não ser que tenhamos nutrido um espírito livre dentro de *nós mesmos*? Se seu espírito foi esmagado por pais que estavam divorciados de sua própria liberdade emocional, existe o risco de que você esmague seus próprios filhos. Você pode inconscientemente gerar neles o mesmo sofrimento que suportou durante a sua infância, passando a dor que foi transmitida durante gerações. Por isso é tão importante nos libertar conscientemente de nosso estado inconsciente e avançar para um modo iluminado de ser.

Como Aprender a Ser Consciente

Um pai, ou mãe, não busca respostas sobre criação de filhos fora desse próprio relacionamento, mas confia que possam ser encontradas por ambas as partes, pais e filhos, dentro da dinâmica entre eles. Por essa razão, a criação consciente dos filhos é aprendida pela verdadeira *experiência* de nos relacionarmos com eles, não pela leitura de livros que oferecem soluções rápidas ou assistindo a aulas que enfatizam apenas técnicas. A abordagem consciente incorpora valores que emanam do relacionamento. É claro, criar filhos assim requer uma plena e intencional participação dos pais, pois apenas pela interação com a própria consciência em desenvolvimento do pai, ou da mãe, pode a mudança ocorrer dentro de uma criança.

Essa abordagem aceita o relacionamento entre pais e filhos *como ele é*, depois introduz o elemento de consciência. Em outras palavras, a criação consciente dos filhos usa o envolvimento comum, momento a momento, com nossos filhos para promover a conexão autêntica. Porque essa abordagem é altamente relacional, não pode ser empacotada como uma receita médica. Pelo contrário, como afirmado antes, é uma filosofia de vida, o que significa que cada lição está intrinsecamente conectada com todas as outras, de modo que nada fica separado, isolado do tecido da unidade familiar.

Usando o momento presente como um laboratório vivo, interações no dia a dia têm o potencial para ensinar inestimáveis lições.

O mais comum dos momentos nos proporciona oportunidades para nutrir a autodefinição, a resistência, a tolerância, a conexão, tudo isso surge da presença. Não há necessidade de grandiosas intervenções ou estratégias encenadas. Usamos o que temos diante de nós para introduzir uma mudança de perspectiva, tanto em nós mesmos como em nossos filhos. Assim, as situações mais simples tornam-se portais inspiradores para transformação. Mais uma vez, você verá isso em ação na vida de indivíduos sobre os quais falarei conforme prosseguimos.

Porque, como pais, queremos desesperadamente que o comportamento de nossos filhos se "conserte" agora mesmo, sem termos de passar pelo difícil processo de nos mudar primeiro, é preciso enfatizar que a abordagem consciente não mudará uma família da noite para o dia. Este livro não é um manual de "como fazer" porque esses manuais não entendem a *natureza do momento presente* da criação consciente dos filhos. O que eu quero deixar claro é que o "como fazer" está inserido em cada situação à medida que ela surge, e não é encontrado num conjunto de instruções. Este livro é sobre como usar o relacionamento entre pais e filhos para se *tornar* consciente, de modo que possamos distinguir o que é necessário na vida de nossos filhos *no momento que surgir um problema*. Pelo acúmulo de muitos momentos conscientes ao longo do tempo, emerge uma dinâmica familiar consciente, que altera radicalmente o campo de jogo do que acontece em muitas famílias. Para essa dinâmica atenta se tornar uma realidade é preciso paciência.

Nem é a meta mudar um comportamento *particular*. Nossa preocupação não é "como colocar meu filho para dormir" ou "como fazer meu filho comer". A principal tarefa é colocar fundamentos espirituais tanto na vida do nosso filho como na nossa. Isso promove uma mudança no modo elementar pelo qual nos relacionamos com nossos filhos, com o resultado que o comportamento deles entra *automaticamente* em linha conforme eles se tornam conscientes de quem realmente são, e fiéis a si mesmos. Mudanças comportamentais são uma consequência de uma mudança no relacionamento.

Uma vez que o nosso método de criar filhos esteja alinhado com a conscientização, a maneira precisa como as coisas se implementam perde a importância. Se a fundação é forte, a vida construída sobre ela será uma vida construtiva. Mais uma vez, é por essa razão que coloquei o capítulo sobre disciplina no final – não para minimizar a sua importância, mas para ressaltar que, a não ser que a disciplina surja num campo de conscientização, será ineficaz no longo prazo.

Para caminhar pela trilha da criação consciente dos filhos, não adianta adotar a abordagem do tudo ou nada. Pelo contrário, pais compreensivos pegam um pedaço aqui outro ali, conscientes de que até a mínima mudança nas vibrações dentro de uma família tem o poder de alterar a conscientização de todos. Portanto, tenha em mente ao ler que o modo consciente de criar filhos que descrevo é algo em que entramos passo a passo.

Repito: tudo começa *neste* momento, agora, e na mais comum das situações.

UM PAI CONSCIENTE NÃO SURGE DA NOITE PARA O DIA

Como criar filhos não é um exercício intelectual, mas uma troca molecular, energética, instante a instante, na qual nossa psique interage com a de nossos filhos, a não ser que estejamos conscientes de como os estamos influenciando num determinado momento, vamos criá-los sem dar ouvidos às suas verdadeiras necessidades. Por essa razão, a capacidade de ver – *realmente* ver – nossos filhos distintos de quem somos é a nossa maior dádiva para eles. Inversamente, nossa maior fraqueza como pais é a nossa incapacidade de respeitar o caminho de uma criança conforme ele se manifesta.

Para criar nossos filhos conscientemente, temos de nos tornar astutos observadores do nosso próprio comportamento quando estamos com eles. Desse modo, podemos começar a ficar atentos aos nossos roteiros inconscientes e impressões emocionais conforme eles surgem naquele momento.

Ao buscarmos ser conscientes de como interagimos com nossos filhos, podemos achar que estamos repetindo os mesmos padrões de comportamento apesar das nossas melhores intenções. Quando isso acontece repetidas vezes, nos perguntamos se a nossa inconsciência vai acabar um dia. Pode ser desencorajante.

O fato é que o pai ou a mãe consciente não surge da noite para o dia. Criar filhos conscientemente é ao mesmo tempo uma prática diária e de uma vida inteira sendo testemunhas vigilantes da nossa própria inconsciência. Cada vez que nos tornamos cientes de um elemento de comportamento inconsciente, por menor que seja, ocorre uma mudança energética. Ao nos pegarmos num momento inconsciente e sendo capazes de nos desprender dele, expandimos a nossa consciência.

A clareza de mente e espírito tem um preço. Todos nós temos gerações de matéria inconsciente para integrar. A inconsciência, pela própria natureza, não será – na verdade, *não pode ser* – reprimida. Não importa o que a nossa consciência deseja, ela tem o seu próprio ritmo. Ela vai vazar em nossos hábitos, pensamentos, emoções e presença sem nem percebermos. Somente testemunhando nossa inconsciência conforme nossos filhos a refletem para nós é que somos capazes de integrá-la.

Ao concluir este capítulo, quero ter certeza de que está claro em nossas mentes que consciência e inconsciência não são polaridades, não estão em duas extremidades de um espectro. A inconsciência não é nossa inimiga. Pelo contrário, ela proporciona a plataforma na qual surge a consciência, se estivermos dispostos a permitir isso.

Consciência não é um estado a que se chega, um destino. Depois de nos tornarmos conscientes, não quer dizer que não vamos mais ter momentos de inconsciência. Pelo contrário, viver conscientemente é um processo em andamento. Ninguém é totalmente consciente, e podemos ser conscientes em um aspecto de nossa vida e não em outro – conscientes na maneira de agir em determinado momento, mas inconscientes no momento seguinte. Tornar-se consciente é *testemunhar* a própria inconsciência, o que progressivamente a faz consciente. Por essa razão, não há necessidade de tratar a nossa inconsciência como se fosse o bicho-papão. Não é nada para se temer, mas é o portal para o desenvolvimento como seres humanos completos.

CAPÍTULO 3

LIBERTE SEUS FILHOS DA NECESSIDADE DA SUA APROVAÇÃO

Sem percebermos, atamos nossos filhos a nós ao amarrá-los à nossa aprovação, tornando-os escravos de como nós os julgamos. Ou constantemente os deixamos famintos de aprovação, ou fazemos com que se tornem dependentes dela.

Você pode imaginar como deve ser para uma criança ter fome da nossa aprovação e temer a nossa desaprovação? Como isso deve ser diferente de saber que ela é incondicionalmente aceita e respeitada!

Todas as crianças percebem que o comportamento delas às vezes as coloca em apuros, mas isso não é o mesmo que não serem aceitas e respeitadas por quem fundamentalmente são. Por isso é tão crucial que, como pais, nos libertemos da ilusão de que é nosso papel aprovar quem as crianças são. Quem somos nós para julgá-las? Elas precisam saber que, pelo simples fato de estarem nesta Terra, têm o direito à aprovação de quem elas intrinsecamente são. *Nós* não lhes damos esse direito. Só pelo fato de respirarem, elas têm o direito de dizer o que pensam, expressar seus sentimentos e incorporar o seu espírito. Esses direitos lhes são conferidos pela certidão de nascimento.

Pode ser uma surpresa ouvir que *tanto* a desaprovação *como* a aprovação são tentáculos de controle. Embora possamos elogiar nossos filhos e comemorar seus sucessos, é muito fácil introduzir a nódoa de aprovação e desaprovação, que rapidamente afeta como eles sentem a respeito do seu ser básico.

Sejam nossos filhos artistas, acadêmicos, assumidores de riscos, desportistas, músicos, sonhadores ou introvertidos, isso nada tem a ver com a consideração que temos por eles. Numa escala maior, não é nossa posição aprovar ou desaprovar se nossos filhos são religiosos, gays, do tipo que se casa, ambiciosos ou manifestam qualquer outro traço. Embora o comportamento de uma criança esteja sujeito à modificação que a coloque mais de acordo com o seu ser essencial, seu íntimo deve ser incondicionalmente celebrado.

Quando nossos filhos escolhem uma religião diferente da nossa, uma profissão que não é a que sonhamos para eles, uma orientação homossexual ou se casam com alguém de outra raça, a forma como reagimos é um barômetro de como estamos conscientes. Somos capazes de reagir a eles com a percepção de que têm o direito de manifestar o seu ser interior da sua maneira única?

Nossos filhos precisam crescer sabendo que o que eles são merece ser homenageado. Claro, os pais dirão que homenageiam seus filhos. Afinal de contas, não comemoram os aniversários de seus filhos, levam ao cinema, compram presentes para eles, gastam fortunas na loja de brinquedos? Se isso não é homenagear o ser de uma criança, então o que é?

Sem percebermos, com frequência aprovamos nossos filhos por suas ações, em vez de simplesmente por existirem. Homenagear o ser de nossos filhos significa permitir que existam sem as armadilhas de nossas expectativas. É deleitar-se com sua existência sem que eles tenham de fazer nada, provar coisa alguma ou alcançar qualquer tipo de meta.

Não importa como se manifeste, a essência deles é pura e amorosa. Quando respeitamos essa essência, eles confiam que compreendemos que o seu mundo interior é bom e digno, independentemente do que se manifeste externamente. Nossa capacidade de permanecer conectados com a essência deles, firmes naqueles períodos em que o mundo externo deles pode estar se desmoronando, transmite a mensagem de que eles têm um valor imenso.

Deixe-me sugerir como você pode deixar que seus filhos saibam que são aceitos simplesmente por eles mesmos, bem diferente de ser por causa de qualquer coisa que façam:

Eles estão descansando, e você lhes diz como são amados.

Eles estão sentados, e você lhes diz como fica feliz em se sentar ao lado deles.

Eles estão andando pela casa, e você os interrompe para dizer: "Obrigado/a por estar na minha vida."

Eles seguram a sua mão, e você lhes diz como gosta de segurar a mão deles.

Eles acordam de manhã, e você lhes escreve uma carta dizendo como é abençoado/a por vê-los como a primeira coisa de manhã.

Você os pega na escola e lhes diz que sentiu muitas saudades deles.

Eles sorriem, e você lhes diz que o seu coração bate forte.

Eles o beijam, e você lhes diz que adora estar com eles.

Sejam bebês ou adolescentes, seus filhos precisam saber que só por existirem eles encantam você. Precisam saber que não precisam fazer nada para conquistar toda a sua atenção. Merecem sentir que só por terem nascido ganharam o direito de serem adorados.

Crianças que crescem com uma noção intrínseca de "retidão" tornam-se adultos que carregam para sempre a marca de conexão interna e, consequentemente, resistência emocional. Elas aprendem cedo que é o seu espírito que significa mais num relacionamento, e é a isso que vão recorrer para navegar por suas experiências como adultos. Operando a partir dessa conectividade intrínseca, elas não precisam buscar aprovação externamente, não têm sede de galardões, mas homenageiam quem elas são por sua própria noção de aprovação.

Aceitação É Fundamental

Aceitar nossos filhos como eles são requer que renunciemos às nossas ideias de quem "deveriam" ser – uma renúncia que é semelhante a uma morte psíquica – e entremos num estado de pura comunhão com eles para que possamos responder-lhes à medida que precisem de nós.

Ao morrermos para nós mesmos da forma como nos conhecíamos, temos a oportunidade de nascer de novo junto ao espírito florescente de nossos filhos. Para isso acontecer, só precisamos nos submeter à aventura da paternidade/maternidade que está em constante mutação. Nossos filhos guiarão o caminho. Por isso criar um filho pequeno é a nossa maior oportunidade de mudança. Se estivermos abertos para isso, nosso filho agirá como nosso guru.

Pode-se ver como isso funciona com Anthony e Tina, que vinham lutando havia anos com as dificuldades de aprendizado do filho. Um casal bem-sucedido na vida, eles eram incapazes de aceitar as limitações escolares do menino. As dificuldades de aprendizado de Sean não se restringiam aos estudos, mas também englobavam a sua capacidade de sociabilizar e lidar com a vida em geral. Na verdade, ele não podia ser mais diferente das fantasias que seus pais tinham a seu respeito nem se tentasse. Embora Anthony, seu pai, fosse um astro do tênis e entusiasta das corridas de bicicleta, Sean detestava as atividades ao ar livre, tinha pavor de insetos, e preferia jogar videogames ou ler no seu quarto.

Exasperado com a personalidade idiossincrática do filho, Anthony o menosprezava diariamente. Tina, a mãe, uma advogada muito qualificada, acreditava que os homens deviam ser fortes e dominantes, o que significava que se sentia irritada com os modos hesitantes do filho. Tentando "fazer dele um homem", ela queria que ele frequentasse academias de ginástica, usasse roupas mais ousadas e conversasse com meninas mesmo morrendo de medo delas.

Deveres de casa e épocas de provas eram períodos máximos de estresse e brigas. Sean não conseguia dar conta das exigências da educação vigente – fato que os pais não aceitavam. Embora pai e mãe tivessem abordagens diferentes para lidar com o filho, ambos eram abusivos, xingavam o menino e gritavam com ele, ridicularizando a sua incapacidade de aprender matemática básica, e não permitindo que se alimentasse até ter dominado um conceito. Quando conversei com eles, continuavam enfatizando: "Nosso filho não é retardado. Não pertence a 'essas' pessoas da educação especial."

Brigas aconteciam todos os dias naquela casa. Se não eram Sean e o pai brigando, eram Sean e a mãe. Anthony e Tina chegaram a um estado tal de desespero tentando criar o filho que deixaram de agir em equipe, aos poucos se ressentindo um com o outro e inevitavelmente se afastando. Quando anunciaram que tinham decidido se divorciar, não foi surpresa para mim, nem o motivo que deram: "Não suportamos o comportamento de Sean. Ele está colocando uma cunha entre nós. Não conseguimos mais lidar com ele. Ele nos deixa loucos."

Quando disseram a Sean que estavam se separando por causa dele, Anthony e Tina imaginavam que isso o faria abandonar o seu "mau" comportamento. Tendo encontrado no filho um alvo para o seu sofrimento, eles realmente acreditavam que, não fosse Sean, os dois seriam felizes juntos. Embora vissem o comportamento dele como uma afronta pessoal, na verdade era uma dolorosa lembrança de seus fracassos como um casal. Sean, por sua vez, havia crescido tão acostumado a ser o receptáculo da angústia de seus pais que representava totalmente o papel do demônio.

Foi só quando se dispuseram a ver como a sua negatividade se originava da sua incapacidade básica de aceitar o filho que Anthony e Tina embarcaram no processo de transformação, que exigiu deles enfrentar a sua ansiedade com relação ao jeito diferente de Sean. Ao se tornarem cientes de seus padrões inconscientes, começaram a notar como os despejavam em cima de Sean, que então representava esses padrões, causando-lhes, portanto, mais problemas.

Conforme Anthony e Tina perceberam como vinham infligindo a sua própria agenda ao filho, começaram a tratar o verdadeiro problema, o seu relacionamento como um casal. Depois de muitos meses sofridos de trabalho na fissura no seu casamento, conseguiram libertar Sean do peso de carregar a dor deles.

Embora não aprovemos um determinado comportamento, devemos sempre, inequívoca e sinceramente, aprovar o direito dos nossos filhos de serem quem eles são. Aceitar nossos filhos nos capacita a criá-los sem julgamentos, lidando com eles de forma neutra. Reagir a eles como precisam ser respondidos, em vez de com um reflexo do nosso próprio condicionamento no passado, requer rendição inequívoca ao conhecimento de quem eles são, o que ainda serão e o que podem nos ensinar sobre nós mesmos no processo.

Não Há Nada de *Passivo* na Aceitação

A aceitação é quase sempre considerada passividade. É um erro crasso. A aceitação não pode ser apenas uma decisão intelectual, mas deve envolver todo o nosso coração e mente. Quero enfatizar que a aceitação é tudo menos passiva. É um processo altamente ativo, intensamente vivo.

Para ilustrar com o que a aceitação se parece na prática, vou contar para você como John e Alexis reagiram ao filho Jake, que estava crescendo de um modo que não era típico de um garoto. Sem aderir a esportes e jogos barulhentos, Jake era quieto e artístico, preferindo as artes e a dança. Em consequência, mesmo quando pequeno, seus pais tinham de suportar vê-lo sofrer as implicâncias de seus colegas. Ocorreu a eles que o menino poderia ser gay, embora não quisessem rotulá-lo apenas porque evidenciava traços tipicamente femininos, em vez de masculinos. Embora às vezes lutassem com o desejo de que ele fosse igual à maioria dos outros garotos, deixavam de lado as suas preocupações, alimentando o gosto dele por música e dança. Enquanto observavam e esperavam, Jake começou a se desenvolver como o tipo de macho bom e sensível que estava destinado a ser.

Se Jake fosse gay, John e Alexis queriam que ele seguisse a sua orientação sexual por si mesmo. Quem ele era nesse aspecto da sua vida era irrelevante, porque viam a sua sexualidade como uma das muitas magníficas manifestações da sua essência. Quando Jake era maltratado por seus colegas, os pais procuravam não eliminar a sua dor, mas ajudá-lo a suportá-la.

Quando Jake cresceu, John e Alexis intencionalmente criaram uma comunidade de amigos que incluía tanto gays como heterossexuais. Queriam que ele soubesse que, se e quando estivesse pronto para revelar a sua homossexualidade, haveria um círculo de indivíduos ao seu redor que o aceitariam. Consequentemente, já bem entrado na adolescência, chegou o dia em que ele lhes revelou a sua sexualidade. Sem dizer uma palavra, seus pais escancararam os braços. Como haviam aceitado o filho da forma *como ele era* desde o início, ele foi capaz de alimentar o seu eu autêntico sem condições, julgamentos ou culpa. A família inteira respeitou a sua vida como ela era.

Aqui estava uma família que não precisava do filho para representar as suas fantasias ou satisfazer seus sonhos. Não usaram o filho para curar suas próprias feridas não resolvidas ou defender seus egos. Quem ele era na sua essência era nitidamente diferente deles. A capacidade de criar espaço entre nós mesmos e nossos filhos ajuda a favorecer a maior união.

Não Crie Seus Filhos com uma Abordagem Padronizada

Quando você é capaz de respeitar o desdobrar da jornada particular do seu filho ou filha, você os ensina a alimentar a própria voz interior e simultaneamente respeitar a voz dos outros. Isso promove a capacidade deles de entrarem em relacionamentos de um modo que reflete uma saudável interdependência. Como o caminho de cada indivíduo emerge do seu próprio e único modo, não existe mais uma dependência tóxica do outro. Isso qualifica seus filhos para a idade adulta, na qual uma saudável interdependência é a marca registrada de relacionamentos íntimos bem-sucedidos.

Aceitar os filhos requer o desprendimento de roteiros de vida tóxicos e envolvimento de cada filho num nível celular. Quando você se sintoniza com a singularidade do seu filho, percebe que é inútil tentar criar com uma abordagem padronizada. Pelo contrário, cada filho requer algo diferente de você. Algumas crianças precisam de um pai ou mãe suaves e gentis, enquanto outras precisam que sejam mais assertivos – mesmo "encarando-os". Uma vez aceitando a natureza básica de seus filhos, você pode contornar o seu estilo para enfrentar o temperamento deles. Fazer isso significa abandonar as fantasias a seu próprio respeito como certo tipo de pai ou mãe e evoluir para o pai ou a mãe que precisa ser para o filho em particular diante de você.

Antes de me tornar mãe, eu tinha uma visão de quem meu filho ou filha seria. Quando soube que ia ter uma menina, tive inúmeras expectativas a seu respeito. Certamente, pensei, ela teria todos os meus atributos positivos. Ela seria gentil, suave e com tendências artísticas. Seria inocente e infinitamente dócil.

Quando o espírito da minha filha começou a se desenvolver, percebi que ela não era nada do que eu havia previsto. Ela era gentil, sim, mas de um modo vigoroso e assertivo. Ela tem uma abordagem do tipo bate-leva e pode ser áspera e teimosa. Também não tem nada de artista. Sua mente é sonhadora como a minha, mas extremamente mecânica e lógica. No temperamento, em vez de ser "inocente" ou até crédula, ela é maliciosa e esperta. Mais do que tudo, ela não é puxa-saco, papel do qual nunca ousei sair quando criança. Pelo contrário, ela é quem ela é, sem se arrepender.

Foi um desafio aceitar a realidade da filha que havia entrado no meu mundo. Tive de recalibrar minhas expectativas, abandonar minhas fantasias. Tão apegada eu estava a quem pensava que ela *seria* que, por muito tempo, não conseguia acreditar em quem ela era. Aceitar o fato de que *essa* é a filha com a qual fui abençoada mostrou-se mais difícil do que na verdade lidar com ela. Não é assim com a maioria de nós como pais e mães? Com frequência é o ajuste de nossas expectativas, e não a realidade em si, o obstáculo que devemos saltar.

Quando aceitamos nossos filhos pelo que eles são, erramos ao acreditar que significa deixá-los passivamente continuar com um comportamento que pode ser destrutivo. Passividade não é o que tenho em mente. Estou falando de aceitar o *ser* de nossos filhos, o estado *como é* de suas naturezas. Aceitar é fundamental. Ajustar o comportamento deles para estarem mais de acordo com seus seres essenciais vem mais tarde.

Se nossos filhos estão se comportando de um modo que consideramos "mau" como um desafio, a resposta adequada é firmeza. Se eles estão sendo "maus" porque estão tendo dificuldade para lidar com emoções dolorosas, precisamos ser compreensivos. Se estão carentes e pegajosos, talvez precisemos ser carinhosos e atenciosos, ou – se fomos excessivamente carinhosos e não incentivamos a independência neles – talvez precisemos ajudá-los a se sentirem contentes consigo mesmos e confortáveis sozinhos. Se estão se sentindo tranquilos e em privacidade, precisamos lhes dar espaço e respeitar o desejo deles de liberdade. Se estão sendo turbulentos e brincalhões numa hora adequada, precisamos permitir que se espalhem na sua alegria sem interferências. Se estão fazendo bagunça na hora do dever de casa, precisamos contê-los e trazê-los para um estado de atenção e concentração.

A aceitação de nossos filhos pode assumir a forma de qualquer uma das frases a seguir:

Aceito que meu filho seja diferente

Aceito que meu filho seja quieto

Aceito que meu filho possa ser teimoso

Aceito que meu filho demore para se interessar por coisas ou pessoas

Aceito que meu filho seja cordial

Aceito que meu filho se irrite rapidamente

Aceito que meu filho goste de agradar as pessoas

Aceito que meu filho resista a mudanças

Aceito que meu filho tenha medo de desconhecidos

Aceito que meu filho possa se comportar mal

Aceito que meu filho seja mal-humorado

Aceito que meu filho seja gentil

Aceito que meu filho seja tímido

Aceito que meu filho seja retraído

Aceito que meu filho seja mandão

Aceito que meu filho seja rebelde

Aceito que meu filho seja um seguidor

Aceito que meu filho seja temperamental

Aceito que meu filho fique abaixo da curva em ginástica

Aceito que meu filho não seja motivado como a maioria

Aceito que meu filho minta às vezes quando pressionado

Aceito que meu filho possa ser dramático demais

Aceito que meu filho ache difícil ficar sentado quieto

Aceito que meu filho tenha o seu próprio modo de ser no mundo

Aceito que meu filho seja a sua própria pessoa única

Aceito que, para progredir, meu filho precise de limites firmes.

Você Só Vai Aceitar Seu Filho, ou Filha, na Medida em que Você se Aceitar

Aceitar nossos filhos por quem eles são traz consigo outro componente: aceitar o tipo de pai ou mãe que você precisa ser para uma criança em particular.

Quando aceitei que minha filha era muito mais maliciosa do que eu lhe havia dado crédito, fui capaz de mudar a minha abordagem com ela. Era hora de tratá-la como a menina esperta que era, em vez de como a Senhorita Inocente que eu havia esperado que ela fosse ser. Em vez de estar sempre dois passos atrás dela, o que me fazia ficar magoada com ela por sua capacidade de me tornar indefesa, aprendi a pensar dois passos à sua frente. Ela sempre fora capaz de ser mais esperta do que eu e começar a pensar dois passos à sua frente, porque finalmente eu compreendia como ela era esperta, me permitia evitar a sua esperteza que se exibia como manipulação. Como sou grata por ter abandonado o meu desejo de ser a mãe da minha fantasia e, em vez disso, me tornar a mãe que minha filha precisava que eu fosse.

Nossa capacidade de aceitar nossos filhos está diretamente associada à nossa de nos aceitarmos – como somos atualmente e pelo que temos potencial para nos tornarmos. Afinal de contas, como podemos esperar criar nossos filhos para serem livres pensadores e corajosos, se nós mesmos não somos assim? Como podemos criar filhos independentes, autônomos, se nós mesmos não somos independentes e autônomos? Como podemos criar outro ser humano, outro espírito, se o nosso próprio ser foi em grande parte rejeitado, nosso espírito sistematicamente reprimido?

Pode me ser útil compartilhar com você algumas das áreas nas quais estou aprendendo a me aceitar:

Aceito que sou um ser humano antes de ser mãe

Aceito que tenho limitações e muitos defeitos, e isso está o.k.

Aceito que nem sempre sei o caminho certo

Aceito que muitas vezes tenho vergonha de admitir os meus próprios fracassos

Aceito que frequentemente perco o meu centro pior do que minha filha

Aceito que posso ser egoísta e irracional ao lidar com minha filha

Aceito que às vezes sou desajeitada como mãe

Aceito que nem sempre sei como reagir a minha filha

Aceito que às vezes digo e faço a coisa errada com minha filha

Aceito que às vezes estou cansada demais para ser razoável

Aceito que às vezes estou preocupada demais para estar presente para minha filha

Aceito que estou tentando o máximo, e isso é bom o suficiente

Aceito minhas imperfeições e minha vida imperfeita

Aceito meu desejo de poder e controle

Aceito meu ego

Aceito o meu desejo de consciência (mesmo que muitas
   vezes me sabote quando estou para entrar nesse
   estado).

Quando somos incapazes de aceitar nossos filhos, é porque eles abrem velhas feridas em nós, ameaçando algum apego do ego ao qual ainda nos agarramos. A não ser que enfrentemos, porque não podemos aceitar nossos filhos pelo que eles são exatamente, vamos sempre procurar moldar, controlar e dominá-los – ou nos deixaremos dominar por eles.

É essencial perceber que qualquer barreira que experimentemos quando se trata de aceitar plenamente os nossos filhos se origina do nosso próprio condicionamento no passado. O pai ou a mãe incapaz de aceitar o seu próprio ser em toda a sua glória jamais será capaz de aceitar seus filhos. A aceitação deles segue de mãos dadas com a aceitação de nós mesmos. Somente na medida em que nos respeitamos, respeitaremos nossos filhos.

Se nós mesmos temos certa mentalidade de vítima, provavelmente vamos nos dizer: "Aceito que meu filho é, e sempre será, rebelde." Isso não é aceitação, mas resignação. Inversamente, ter uma mentalidade vitoriosa e nos dizer: "Aceito que meu filho é um gênio", não é aceitação, mas grandiosidade.

Quando moldamos nossos filhos para satisfazerem nossas expectativas, resistimos a quem eles são, o que significa semear as sementes de disfunção. Em contraste, aceitar nossos filhos pelo que eles são a qualquer momento gera uma sensação de liberdade e espaço interior. Não nos definindo mais pela nossa necessidade de controlar, entramos em afinidade. Começando de onde nossos filhos estão, não de um lugar na nossa imaginação, estamos posicionados para *ajudá-los a se moldarem* de acordo com quem eles acham que são na sua essência.

Quando falo de quem nossos filhos "acham que são", é importante reconhecer que esse é um estado fluido. Esquecemos que eles não são entidades fixas, mas seres sempre em evolução que estão constantemente se transformando. Se somos apegados à nossa própria noção de nós mesmos de uma forma rígida e não nos reconhecemos como seres que estão sempre evoluindo, inevitavelmente faremos o mesmo com nossos filhos. Determinamos quem eles são, ego a ego, e reagimos a eles desse modo entalado. É por isso que continuamos cometendo erro após erro. A maioria de nós nem sabe quem são nossos filhos *agora*, muito menos permitir que a novidade deles momento a momento emerja.

Para se ver livre da estereotipia, você tem de entrar realmente no presente e reagir aos seus filhos com total abertura. Você teria de se perguntar: "Eu conheço mesmo quem é meu filho? Posso criar o espaço dentro de mim mesmo para conhecer meu filho a cada novo dia, um dia após o outro?" Para fazer isso é preciso ficar em silêncio na presença dos seus filhos, libertando-se de todas as distrações, e sintonizando-se com eles num estado de curiosidade e prazer.

CAPÍTULO 4

UM GOLPE NO NOSSO EGO

Dar aos seus filhos a total aceitação que merecem vai expor você ao diamante da tradição espiritual: a chance de *perder o seu ego*.

Como pais, é difícil não ser egoico. Só por dizermos: "Este é *meu* filho", entramos no ego. Na verdade, raramente *não* estamos no ego quando se trata de nossos filhos, pois não há nada que tomemos mais pessoalmente do que como se saem no colégio, como eles se parecem, com quem se casam, onde moram, como ganham a vida. Poucos pais permitem que os filhos existam sem vê-los como uma extensão do seu próprio ego.

Perguntei a um grupo de pais por que tinham filhos. As respostas incluíam: "Queria experimentar como era", "Adoro crianças", "Queria ser mãe", "Queria uma família" e "Queria provar a todos que podia ser uma boa mãe". Em cada caso, a razão para querer filhos estava impregnada de *ego*. Isso sem dúvida é o que acontece com muitos de nós.

Criar e educar filhos é uma jornada que tende a começar com um alto nível de narcisismo egoico, uma energia que levamos para o nosso relacionamento com nosso filho. A consequência é que podemos com facilidade, embora em muitos casos inadvertidamente, cair na armadilha de *usar* nossos filhos para satisfazer alguma necessidade em nós mesmos, o tempo todo na ilusão de que estamos amando, dando de nós mesmos, cuidando. Nós os usamos para tentar curar nosso eu partido, usamos para colocá-los em papéis na família que não são deles por direito, usamos para nos dar uma noção de valor, e usamos para engrandecer a nossa ilusão da importância que temos no mundo.

Achamos difícil acreditar que muitos de nós nos tornamos pais, pelo menos em parte, para *satisfazer o nosso próprio anseio*. A não ser que percebamos a força com que nosso ego nos motiva e gradualmente nos livremos de nossa identificação com ele, criaremos nossos filhos a partir deste falso estado, que nos tornará incapazes de nos conectarmos com o eu essencial deles.

Como o Ego Funciona?

Vimos que o nosso ego é um apego cego à *imagem* que temos de nós mesmos, o retrato de nós mesmos que carregamos na cabeça. Todo o nosso modo de pensar, nos emocionar e agir está enraizado nessa autoimagem.

Para ganhar um melhor conhecimento do ego, lembre-se de que observei antes que, ao sugerir aos pais que *eles* devem mudar para o comportamento dos filhos melhorar, eles insistem que estou errada. Então apresentam várias explicações para o motivo de o seu relacionamento com os filhos ser como é.

Achamos difícil aceitar passivamente que pode haver uma parte de nós que contribuiu para qualquer negatividade que estejamos experimentando em nossa vida, preferindo colocar a responsabilidade da nossa situação em fatores no mundo à nossa volta. Quando tudo que sabemos de nós é a imagem que temos de nós mesmos, a ideia de ter de mudar ameaça a nossa identidade, por isso é que nos defendemos vigorosamente e esperamos em vão que os outros na nossa vida é que mudarão.

O ego está em operação sempre que nos encontramos apegados a um padrão de pensamento ou sistema de crença. Muitas vezes nem reconhecemos que estamos apegados até sermos provocados emocionalmente. Entretanto, sempre que a raiva, o controle, a dominação, a tristeza, a ansiedade ou até uma emoção positiva tal como a felicidade assumir e nossa noção de "retidão" reinar suprema, estamos no ego. Quando operamos a partir dessa posição rígida de "retidão", trazemos para a nossa realidade uma suposição, um ideal ou um julgamento já formulados. Se uma situação ou um indivíduo não se conformar com a nossa vontade, reagimos para controlar a situação ou o indivíduo, trazendo-os para o nosso domínio.

Vivendo num estado egoico, deixamos de ver os outros pelo que eles são no seu verdadeiro ser, na sua essência. Um exemplo clássico é o de Stuart, cujo filho Samuel era um jovem vibrante, cheio de energia que era bom em tudo que fazia. Samuel era excelente como ator, desejando mais do que tudo entrar para a escola de teatro. Stuart se opunha a isso. Um imigrante de primeira geração, a vida inteira ele havia trabalhado em empregos instáveis, como operário, com baixos salários, o que o fazia querer mais do que tudo a segurança de um emprego estável para seu filho, não uma carreira de ator com suas incertezas e instabilidades.

Na hora de se inscrever numa faculdade, Samuel quis escolher escolas com bons programas para teatro, enquanto o pai insistia para que ele frequentasse uma escola de comércio. Os dois brigavam todos os dias. Finalmente, Stuart ameaçou Samuel de que, se ele se inscrevesse numa escola de teatro, não o ajudaria com as mensalidades e o eliminaria da sua vida para sempre. Ao ver o quanto isso significava para o pai, Samuel cedeu. Sendo o jovem inteligente que era, foi aceito na Business School de Columbia e foi em frente para ter uma próspera carreira.

Mesmo que Samuel reconheça que foi sua a decisão de abandonar a carreira de ator, ele ainda está magoado com o pai por negar a sua paixão. O estilo de vida proporcionado pela sua carreira corporativa não começa a compensar a alegria de espírito e senso de propósito que sentia no palco. Para ele, representar era sua verdadeira vocação – uma expressão da sua essência, o seu verdadeiro ser. Agora, atolado em hipotecas e empréstimos estudantis, ele não se sente livre para mudar de curso.

O pai de Samuel criou o filho de um lugar de pura projeção. Na raiz da sua ansiedade com a escolha de uma carreira pelo filho estava um roteiro emocional que carregava dentro dele que dizia que "incerteza é ruim". Consumido pela ansiedade que havia sofrido como imigrante de primeira geração, procurava controlar o destino do filho.

Desde que os pilares do seu ego permaneçam intactos, como no caso do pai de Samuel, você vai lutar para viver autenticamente; e se não for autêntico, terá dificuldade em permitir que seu filho seja autêntico. Criar filhos a partir do ego é viver com o mandato de que o seu jeito é o certo. Consequentemente, você insiste que seus filhos – como aconteceu com Samuel – entrem no *seu* mundo e *percam a oportunidade de entrarem no deles*. Infelizmente, é provável que você se sinta muito competente quando seus filhos estão sob o seu domínio, dispostos a seguir a sua palavra como evangelho.

Nossos apegos ao ego são uma máscara para nossos medos, o maior deles é render-se à misteriosa natureza da vida em si. Quando partimos do ego, em vez do puro ser, não nos conectamos com o ser essencial de nossos filhos. Como resultado, eles crescem desconectados com a sua própria essência e, portanto, desconfiam da conexão que têm com tudo que existe. Abordar a vida com medo enrijece a emergência dos seus seres genuínos, desinibidos, desafetados. Nosso ego, portanto, precisa ruir para permitir que nossa autenticidade emerja, o que por sua vez liberta nossos filhos para crescerem fiéis a si mesmos.

Se nos libertarmos de nosso ego e simplesmente observarmos o desenvolvimento de nossos filhos conforme a vida espontaneamente os livra dele, eles se tornam *nossos* professores. Em outras palavras, viver autenticamente nos permite deixar de olhar nossos filhos como telas em branco nas quais podemos projetar nossa imagem de quem deveriam ser, vendo-os em vez disso como companheiros de viagem na jornada, *mudando-nos tanto quanto nós os estamos mudando*.

A questão é, você está disposto a desistir de pensar que você "sabe", descer do seu pedestal egoico de autoridade e se permitir aprender com essas criaturas que são muito capazes de viver num estado de consciência sem ego?

Viver autenticamente, em vez de no ego, é aceitar a contínua evolução, percebendo que estamos sempre em fluxo, sempre um trabalho em progresso. A autenticidade requer que tenhamos acesso a esse aspecto profundo, silencioso, de nosso ser que, não obstante, é audível sob o tumulto do que estiver acontecendo na nossa vida. Embora sustentado e guiado pelo ambiente externo, esse estado autêntico de ser não *precisa* do ambiente externo para existir. Pelo contrário, requer uma sincronia com a nossa mente e uma conexão momento a momento com nosso corpo.

Quando vivemos autenticamente, ainda podemos ter o relacionamento, a casa, o carro e outros luxos a que o ego é atraído (as coisas que o pai de Samuel tanto queria que ele tivesse), mas o propósito para o qual essas coisas existem é totalmente diferente. Se o nosso relacionamento, a nossa casa, emprego, carro e outras circunstâncias exteriores são aquilo de que dependemos para nos fazer felizes, estamos escravizados ao ego. Se existem para que possamos servir aos outros satisfazendo o nosso propósito, elas favorecem o nosso compromisso com nosso ser essencial.

Embora a maneira como o ego se manifesta seja diferente em cada pessoa, existem padrões comuns que ele segue no seu caminho para a autoinduzida armadilha – vários estilos universais de ego. É útil ter um quadro claro de como funciona cada um deles.

O Ego de Imagem

Quando uma jovem mãe recebeu um telefonema do escritório do diretor da escola informando que seu filho de nove anos estava lutando com outro menino, ficou arrasada. Incapaz de acreditar que seu precioso filho tinha se tornado uma "daquelas" crianças, ela se sentiu envergonhada e atarantada. O que fazer? Como reagir?

Na defensiva, essa mãe se viu culpando todo mundo. Ela discutiu com o diretor, com os professores, com os pais do outro menino, insistindo que seu filho tinha sido erroneamente acusado. Escreveu cartas para o superintendente distrital sobre como seu filho havia sido acusado injustamente.

Sem perceber, o ego dessa mãe fez esse incidente ser *sobre ela mesma*, como se a *sua* competência é que estivesse em questão. Incapaz de se separar do comportamento do seu filho o suficiente para vê-lo pelo que era, ela fez um escândalo desproporcional. Foi como se *ela* tivesse sido atacada pessoalmente – como se *ela* é que tivesse sido chamada à sala do diretor e repreendida por não ser uma boa mãe. O desfecho foi que em vez desse menino de nove anos experimentar as consequências naturais dos seus atos, com as quais poderia ter aprendido, ele se sentiu culpado e com vergonha pelo modo como sua mãe agiu.

Muitos de nós caímos na armadilha de permitir que o nosso sentido de valor fique emaranhado com o comportamento de nossos filhos. Quando eles se comportam de um modo que não é a norma, nos sentimos pessoalmente responsáveis. Incapazes de separar nosso ego da situação, exageramos o comportamento deles.

Nenhum de nós gosta de ser visto como um pai ou uma mãe incompetente. Nosso ego precisa que sejamos vistos como um pai superlativo. Sempre que nos sentimos menos perfeitos do que desejaríamos ser, ficamos ansiosos porque acreditamos que "decaímos" aos olhos dos outros. Então reagimos de um modo emocional.

O Ego de Perfeição

A maioria de nós abriga fantasias de perfeição, mas é o nosso apego a essas fantasias que nos impede de aceitar como a nossa vida realmente é.

Por exemplo, quando uma mãe planejou o bar-mitzvá do filho, gastou mais de 30 mil dólares nos arranjos, aperfeiçoando cada detalhe. Apesar de ter se agitado com os preparativos durante meses, no dia ela ainda estava extremamente ansiosa.

No final, a ocasião foi pontuada pelo que essa mãe viu como um desastre após o outro. O dia começou com uma inesperada tempestade de raios. Por sorte ela havia previsto essa possibilidade e mandara armar uma tenda. Depois o DJ ficou preso no trânsito, com isso ele se atrasou uma hora. Logo em seguida, a mãe notou que o filho estava um tanto embriagado e estava sendo desagradável na frente dos parentes dela e de amigos da alta sociedade.

Sentindo-se totalmente constrangida, a mãe estava arrasada – e lívida. Embora conseguisse manter a sua imagem de mãe perfeita na presença dos convidados, ela explodiu a sua fúria sobre todos à sua volta quando eles partiram, arruinando a festa do filho e o envergonhando na frente dos amigos, que iam passar a noite na casa. Logo após a sua explosão, ela brigou com o marido, em seguida criou uma cena com o DJ. Como a ocasião não estivera à altura das suas expectativas, ela deixou todo mundo infeliz.

Quando nossa vida não vai de acordo com o planejado e reagimos com resistência e velocidade emocional, é porque nos sentimos ameaçados. Conforme se desfaz a fantasia de como a vida "deveria" ser, nossa necessidade egoica de controlar as coisas se revela. Incapazes de aceitar que nossos amados e a vida em si não são nossos autômatos, que não estão aqui para se curvarem à nossa vontade, impomos o nosso desejo maníaco de "parecer" de certo modo sobre todos e tudo. O que não conseguimos ver é que ao nos apegarmos à fantasia de que a vida deve ter um final de contos de fadas isso muitas vezes é ao custo do bem-estar daqueles a quem amamos.

Quando criamos nossos filhos segundo a abordagem tradicional, nós os encorajamos a nos respeitar como superiores porque foi assim que fomos criados. Para sermos bons pais, sentimos que precisamos ser oniscientes e onipotentes. Mal percebemos que, ao nos retratarmos como tão competentes, fomentamos a inibição e o medo nos nossos filhos. Eles nos olham e veem uma imagem tão fora de alcance que os faz se sentirem incrivelmente pequenos. Assim, imprimimos neles a ideia de que são "menos do que" nós, o que os desencoraja a entrarem em contato com a sua própria competência.

Quando nossos filhos nos veem como sempre "sabendo de tudo", sempre ali com a solução perfeita ou a opinião correta, crescem acreditando que precisam ser do mesmo modo. Inconfortáveis com nossas imperfeições e resistentes a expor nossas falhas, nós os ensinamos a disfarçar as suas imperfeições e supercompensar suas fraquezas. O que eles *realmente* precisam aprender é que *perfeição é um ideal do tolo*.

O objetivo não é ser impecavelmente "perfeito", como a mãe tentou ser com relação ao bar-mitzvá do filho, mas aceitar o nosso eu "perfeitamente imperfeito" – e, no caso dessa mãe, aceitar o fato de que seu filho também é imperfeito como ela e pode atrapalhar tudo no momento mais inadequado. É importante libertar nossos filhos da ilusão de que sempre "damos um jeito" – algo que só podemos fazer depois de *nos* libertarmos das garras de sermos pais "perfeitos".

Quando você se sente confortável reconhecendo as suas falhas e erros diários, não de um modo autoflagelante, mas sem dar muita importância, transmite aos seus filhos que erros são inevitáveis. Ao rir dos seus erros e prontamente admitir as suas inseguranças, você se retira do pedestal da admiração. Deixando de lado a hierarquia, você encoraja seus filhos a se relacionarem com você de ser humano para ser humano, de espírito para espírito.

Que pena que a mãe que organizou o bar-mitzvá não pudesse rir de todas as coisas que deram errado. Se tivesse feito isso, teria ensinado ao seu filho uma das mais valiosas lições que ele poderia aprender – a da total aceitação do *que é*, incluindo o seu comportamento errado.

Tudo que precisamos fazer é servir de modelo. Quando nossos filhos percebem que estamos perfeitamente tranquilos com a nossa aceitação, isso encoraja uma noção de competência dentro deles. Ao nos divertirmos com nossas tolices, ensinamos aos nossos filhos a não se levarem a sério demais. Ao estarmos dispostos a nos fazer de tolos quando tentamos coisas novas, nós os ensinamos a explorar a vida sem se preocupar muito com a sua "aparência" ou desempenho.

Eu me pergunto se a mãe que planejou o bar-mitzvá com tanta perfeição algum dia fez intencionalmente alguma tolice na frente do filho, dançando e cantando, ou fez algo fora do seu elemento para demonstrar que é humana e falível. Isso encoraja nossos filhos a sair da sua zona de conforto e entrar em território pouco familiar. Eu me pergunto se ela brincava com seu filho e os amigos dele infantilmente, sem hesitar em dobrar os joelhos e zurrar feito uma mula ou ser o príncipe sapo. Quando nossos filhos nos veem descer ao nível deles, isso equaliza a dinâmica entre nós, permitindo que eles se conectem conosco de um modo brincalhão, não ameaçador. Gostaria de saber também se essa mãe um dia se permitiu tropeçar, cair, quebrar, borrar, manchar, chorar e ficar com raiva na frente do seu filho, dentro dos limites, em vez de tentar esconder esses aspectos da sua humanidade. Ela alguma vez demonstrou não se importar se a sua casa não estava perfeitamente limpa, as unhas não estavam perfeitamente feitas, a maquiagem não estava perfeitamente no lugar? Quando agimos assim, mostramos aos nossos filhos que "bom o suficiente" certamente é bom o suficiente.

Prestamos a nós mesmos e aos nossos filhos um favor quando aceitamos as nossas limitações e transpiramos uma "tranquilidade" por estarmos bem. Desse modo, nossos filhos são encorajados a se sentirem confortáveis com quem eles são, capazes de ver humor e leveza em si mesmos, e, portanto, se desapegarem da impossível rigidez do seu ego.

O Ego de Status

Status é um problema enorme para muitos pais. Por exemplo, quando um estudante não foi aceito em nenhuma das melhores faculdades às quais se candidatou, sendo aceito em vez disso por uma faculdade estadual local, seus pais ficaram envergonhadíssimos. Chocados com a notícia, não tinham ideia de como contar aos parentes e amigos que o filho frequentaria uma escola "abaixo do padrão", especialmente porque eles haviam se formado respectivamente em Yale e Columbia.

Quando esses pais revelaram ao filho o seu enorme desapontamento, ele soube que os havia decepcionado. Na visão dos pais, o filho não só havia falhado com eles, mas também desperdiçado um legado familiar muito valorizado. Sentindo o peso da vergonha, o rapaz ingressou num curso vestibular para medicina, esforçando-se mais do que nunca para provar aos pais que merecia a aprovação deles, perdendo assim, ainda mais, o contato com o seu verdadeiro eu.

Muitos de nós alimentamos ideais rígidos do que significa ter sucesso. Temos padrões de comparação externos tais como um emprego com ótimo salário, um carro vistoso, uma casa elegante, o bairro perfeito, amigos chiques e daí por diante. Então, quando falhamos nessa tarefa, perdemos o nosso emprego ou somos forçados a perceber que nossos filhos não são tão voltados para o sucesso, sentimos como se tivéssemos falhado de algum modo fundamental. Imaginamos que o nosso cerne foi ameaçado, o que nos irrita.

Quando estamos apegados a ideais, nós os impomos aos nossos filhos, insistindo que preservem nossa persona de competência cuidadosamente construída. Não vemos que cada um deles é um ser com sua própria vocação, nem percebemos que apenas pelo pleno reconhecimento do espírito único e autônomo de nossos filhos podemos aproveitar as oportunidades espirituais inerentes à parentalidade.

É crucial abandonar todas as ideias do por que seus filhos são os indivíduos que são inerentemente e se guardar contra qualquer tendência a fazê-los "errados". O seu desafio como pai ou mãe é permitir que o espírito do seu filho emerja sem o seu domínio. Você pode abandonar o incansável impulso de fazer de seus filhos extensões de si mesmo? Está disposto a incentivar neles o espaço interno que os possibilitará florescerem livres da sua necessidade de projetar neles a sua vontade?

Para isso acontecer, você vai precisar criar um espaço interior dentro *de si mesmo* que esteja livre da tendência de possuir e controlar. Somente então pode enfrentar seus filhos como realmente são, não como você deseja que sejam, aceitando-os plenamente sem apego a qualquer visão que possa ter para eles.

Quando você se relaciona com seus filhos respeitando quem eles são a qualquer momento, você os ensina a respeitar a si mesmos. Se, por outro lado, procura mudá-los do seu estado presente, alterando o comportamento deles para satisfazer a sua aprovação, você transmite a mensagem de que o ser autêntico deles é inadequado. O resultado é que seus filhos começam a adotar uma *persona*, que os afasta de quem realmente são.

Abandonar o apego à sua visão de parentalidade e o desejo de escrever o futuro do seu filho é a mais dura morte psíquica que se pode suportar. Ela exige que você largue todas as agendas anteriores e entre num estado de puro desprendimento e rendição. Pede que você se prive de suas fantasias de como pensava que seu filho seria, reagindo em vez disso à verdadeira criança na sua frente.

O Ego de Conformidade

Nós humanos gostamos de pensar em nós mesmos como criaturas orientadas para produção. Preferimos ir do ponto A ao ponto B. Queremos que nossas interações na vida sejam ordenadas, organizadas. Infelizmente, a vida não vem num pacote caprichado. Ela não nos dá soluções fáceis, respostas prontas. Em vez de ser ordenada e organizada, ela não é nada disso – especialmente se tratando de parentalidade. É por isso que pais e mães têm a maior dificuldade com um filho que sai do molde familiar, escolhendo ser quem ele quer ser, fazendo o que ele quer fazer, mesmo que isso signifique ser a ovelha negra. Se uma criança ameaça o nosso apego egoico à conformidade, experimentamos um tumulto emocional.

Lembro-me de uma adolescente que era sempre diferente. Mais lenta do que seus amigos e difícil de lidar, ela sofria de mais colapsos emocionais do que outras meninas, o que testava a paciência de seus pais ao limite. Era preguiçosa, enquanto os pais eram exatamente o oposto. Era sonhadora, enquanto os pais eram práticos. Não se preocupava com sua aparência, enquanto para seus pais a aparência era de vital importância.

Embora não quisesse ser, essa adolescente sabia que era um constrangimento para os pais. Era muito cansativa para sua mãe extremamente ambiciosa, que havia se esforçado muito para abrir o seu próprio lugar na sociedade. A realidade é que ela não sabia como se tornar a filha que seus pais queriam que fosse. Por mais que tentasse, nada jamais era bom o suficiente.

Quando resistimos ao modo de ser de nossos filhos, quase sempre é porque no fundo alimentamos a noção de que estamos de alguma maneira "acima" do que está acontecendo, especialmente se o que estiver acontecendo for algo que acreditamos ser um caos. Nós nos dizemos que, embora o que consideramos aspectos indesejáveis da vida possa acontecer com os outros, eles simplesmente não podem e não devem acontecer conosco. Aceitar a falibilidade comum da vida e expor a nossa própria falibilidade é simplesmente ameaçador demais. Ao recusar aceitar a vida *como ela é*, ficamos atolados no nosso apego à ideia de que somos superiores às pessoas comuns. Um filho que transgride essa imagem de nós mesmos parece nosso inimigo.

Diferente da adolescente que acabei de descrever, lembro-me de uma moça de vinte anos que tinha sido a filha perfeita, seguindo o modelo dos pais em tudo, sobressaindo-se em tudo, sendo em geral um encanto. Quando ela entrou para o Peace Corps e começou a viajar pelo mundo, seus pais não podiam se sentir mais felizes. Entusiasmados com a dedicação da filha com os desprivilegiados, era como se ela refletisse as suas melhores qualidades.

Nas suas viagens, essa jovem se apaixonou por um rapaz da Índia. Quando decidiram se casar, seus pais não aprovaram, afirmando que ela "podia conseguir coisa melhor". Numa tentativa para impedir o casamento, o pai deixou de falar com ela. A mãe, embora não tão drástica no seu comportamento, não fez mistério de como estava descontente com a escolha da filha, subestimando o seu futuro marido em todas as oportunidades.

A jovem sentiu-se torturada. Sendo uma pessoa que gostava de agradar, no final ela rompeu com esse homem, casando com alguém da sua própria classe social e raça anos depois. Até hoje, essa mulher se lembra daquele jovem indiano como sendo a sua alma gêmea e sabe que jamais amará alguém do mesmo modo. Ela também percebe que foi fraca demais, porque desistiu do seu amor por causa do desejo dos pais, uma escolha que ela terá de suportar.

Muitos de nós alimentamos a fantasia de que, de todas as pessoas com que temos de lidar na vida, pelo menos nossos filhos se curvarão ao nosso desejo. Se não se curvarem, ousando em vez disso viver as suas próprias vidas, marchando segundo as suas próprias músicas, nos sentimos insultados. Quando nossos métodos mais discretos de conquistar a concordância falham, nos tornamos mais enfáticos e insistentes, simplesmente incapazes de suportar a ideia de que nossos filhos estão desafiando a nossa vontade. Claro, a alienação que resulta disso é o motivo de nossos filhos mentirem para nós, até às vezes trapaceando e roubando, e podem chegar tão longe a ponto de deixarem de falar conosco.

À medida que sejamos capazes de abandonar a nossa necessidade de conformação, seremos capazes de entrar num relacionamento mutuamente intenso e recíproco com nossos filhos. Meios hierárquicos de se relacionar focados na "autoridade" são coisas do passado.

O Ego de Estar "no Controle"

Quando somos criados por pais que valorizam o controle emocional acima da expressão emocional, aprendemos cedo como monitorar com muito esforço nossas reações emocionais, eliminando aquelas que evocam desaprovação. Como acreditamos que um surto de expressão emocional é uma fraqueza, suprimir nossas emoções torna-se uma tática automática.

Simultaneamente, desenvolvemos padrões rígidos para aqueles à nossa volta, assim como para a própria vida. Sentimos necessidade de exercer controle sobre a vida, julgando situações e expressando desaprovação. A ilusão de superioridade nos dá a sensação de que somos responsáveis por nossas emoções e estamos de alguma forma acima das excentricidades da vida.

Exercer poder sobre os outros pelo controle, críticas, censuras, sentimento de culpa, julgamentos ou demonstrando nosso "conhecimento" superior é indício não de uma alma superior, mas de uma alma empobrecida. Se nunca é testemunha de seus pais num estado de fraqueza ou infantilidade, muito menos como seres humanos simplesmente desajeitados e vaidosos, como pode uma criança se arriscar a revelar as suas próprias fraquezas?

Crescendo enrijecidos dessa maneira, paramos de explorar, assumir riscos e, portanto, cometer erros. Temos a silenciosa desaprovação de nossos pais. Como "simplesmente sabemos" que vão desaprovar, jamais embarcamos na verdadeira aventura da vida, pelo contrário, jamais nos arriscamos, sempre protegidos. Claro, como estamos "no controle", na escola somos reconhecidos por nossos professores como anjinhos, um rótulo que vem com o custo da autenticidade.

Com essa marca egoica, nossa tendência é ver poder e controle como um meio de segurança. Como fomos levados a acreditar que a vida está dividida entre os que exercem poder, com frequência por virtude da idade mais avançada ou conhecimento, e aqueles que não têm poder, dizemos a nós mesmos: "Devo sempre estar 'junto' e no controle das minhas emoções. Devo sempre ser lógico, pragmático e 'bem informado'." Crianças que crescem com essa visão de mundo tornam-se adultos incapazes de acessar o seu poder de decisão interior. Como pais, é provável que lancem a sua necessidade de controle principalmente sobre aqueles privados de direitos, tal como quando estão criando seus próprios filhos ou como professores na escola. Elas se tornam adultos incapazes de tolerar qualquer desrespeito pelo seu status, usando o seu papel para promover inibição nos outros.

Raramente testemunhei um relacionamento mais litigioso do que o de Christopher e Jaden, seu enteado de dezessete anos. Jaden estava atormentado com a separação dos pais e muito naturalmente transferia a sua angústia para o seu novo padrasto. Christopher interpretava a rejeição de Jaden por ele sendo profundamente pessoal. Ele não suportava não ser tratado como o chefe da casa e exigia que Jaden o respeitasse, ficando com raiva quando não era respeitado como queria. Incapaz de entrar na pele de Jaden e ver as coisas pela sua perspectiva, ele não conseguia lidar com a rejeição emocional do rapaz por ele.

Preocupado com a sua falta de poder sobre o enteado, Christopher entrava em conflito com Jaden diariamente, encurralando-o de uma forma que não deixava ao adolescente outra opção a não ser retaliar. Brigava também constantemente com sua nova esposa por causa de Jaden, insistindo com ela para tomar um partido e ameaçando abandoná-la se não conseguisse mudar o filho.

As coisas ficaram tão ruins que Jaden mal se sentia à vontade para sair do quarto quando estava sozinho em casa com Christopher, muitas vezes esperando até a mãe voltar. No seu desespero para abafar a dor e a raiva que sentia, ele começou a andar com a turma errada e consequentemente começou a faltar às aulas.

Christopher estava inseguro nos seus novos papéis de marido e padrasto. Em vez de ficar consciente do próprio conflito interior, ele via Jaden como a causa da sua infelicidade. Não era capaz de reconhecer que, embora sejamos todos indivíduos únicos com nossos próprios caminhos para seguir da nossa própria maneira especial, não existe separação *fundamental* entre "eu" e "você", pois estamos todos juntos nesta jornada. Se Christopher tivesse entendido isso, teria visto que estava usando Jaden como um disfarce para a sua própria dor. Teria percebido que, atacando Jaden, estava tentando obliterar seus próprios sentimentos de inadequação. Teria também compreendido que a falta de respeito de Jaden por ele era um espelho da sua própria falta de respeito por si mesmo. Não havia controle que pudesse mudar isso.

Como o padrão egoico de necessitar estar no controle é transmitido de geração em geração, os filhos desses pais muitas vezes crescem tentando ser perfeitos em tudo, a ponto de serem obsessivamente detalhistas. Incapazes de expressar suas emoções, eles tendem a guardá-las dentro dos seus corpos, tornando-se rígidos. Por causa da sua forte rigidez, que se manifesta intelectualmente como preto e branco com relação a quase tudo, essas crianças são com frequência censuradas por seus colegas. Isso porque, sem perceberem, elas se revelam como superiores ao comportamento diário de seus colegas, que veem como "imaturos". Essas crianças raramente relaxam, muito menos se soltam. Você não vai encontrá-las comendo melancias com a cara enfiada na fruta. Usam guardanapo, faca e colher.

Ironicamente, crescer com essa visão de mundo restrita pode produzir pais que permitem que seus filhos se comportem sem controle exatamente porque isso foi o que não lhes permitiram fazer. Acostumados a serem controlados, esses pais permitem que seus filhos *os* controlem, duplicando o controle sob o qual viveram quando eles mesmos eram jovens.

Em contraste, se os pais são incapazes de tolerar as suas próprias emoções quando as coisas não vão de acordo com o planejado, seus filhos absorvem essas emoções, que então formam o seu repertório emocional. Esses indivíduos são provocados a toda hora, aparentemente sob a ilusão de que, se reagirem com bastante intensidade, a vida se curvará à sua vontade.

Quando uma pessoa com essa marca egoica sofre um revés em algum aspecto de sua vida e fica exasperada, seu exaspero é uma tentativa de camuflar a sua insegurança. Não acostumada a ficar quieta com o doloroso sentimento de impotência numa situação, seu ego converte a sua insegurança em indignação e raiva. A raiva é um poderoso estimulante, seduzindo-nos a acreditar que somos fortes e estamos no controle. Paradoxalmente, quando estamos nas garras da ira, estamos tudo menos no controle. Somos prisioneiros do ego.

Você Pode Fazer a Transição do Seu Ego

Descobri que é bom para os pais saber diferenciar entre essência e ego quando compartilho com eles exemplos de respostas a seus filhos que vêm do ego, em contraste com aquelas que vêm da essência. É a diferença entre vir do pensamento ou do nosso coração – do modo como imaginamos que as coisas *deveriam* ser ou da aceitação do *que é*.

Exemplos de reações egoicas que surgem da fixação no resultado de uma situação, na perfeição, nos códigos postais, nos balanços de banco, na aparência, na riqueza ou sucesso são:

Sermões: "Se eu fosse você..."

Opiniões: "Se você perguntar..."

Julgamentos: "Eu gosto...", ou "Eu não gosto...".

Ordens: "Não fique triste", "Não chore", "Não tenha medo".

Controle: "Se você fizer isso, eu farei aquilo", ou "Não vou aceitá-lo assim".

Exemplos de respostas que fluem da essência, que é o nosso *ser* autêntico, incluem:

"Eu o vejo", acolhendo o indivíduo como ele é.

"Eu compreendo você", aceitando a pessoa como ela é.

"Eu ouço você", respeitando a pessoa como ela é.

"Você é completa assim como é", respeitando a integridade de cada um de nós.

"Este momento entre nós é perfeito como ele é", percebendo a integridade da vida em si.

Nosso ego pode ser ativado numa fração de segundo, colocando-nos nas suas garras antes mesmo que percebamos o que está acontecendo. Somos particularmente suscetíveis a isso sempre que disciplinamos nossos filhos. Se estivermos num estado de agitação, frustração ou fadiga, as chances são de estragarmos o processo disciplinador. Muitos de nossos erros ao estabelecermos limites com nossos filhos se originam do nosso conflito interno, da nossa ambivalência ou cansaço – que é quando o ego quase sempre se manifesta mais.

Somos obrigados a *não* transferir o nosso estado emocional para nossos filhos, não importa qual seja a provocação. Se estivermos cientes da nossa tendência a reagir com o ego, reconheceremos que estamos num estado frágil e que nosso julgamento pode estar errado. Somente quando estamos num estado neutro podemos esperar reagir ao comportamento deles do modo que se justifique.

Sempre que reagimos ao nosso filho, ou nossa filha, cabe a nós perceber que, pelo fato de a criança ter absorvido a sua noção de identidade de nós em primeiro lugar, estamos de fato reagindo a pedaços do nosso próprio eu que estão refletidos na criança. É por isso que raramente vemos nossos filhos pelo que eles são, mas os imaginamos como um "minieu", o que, é claro, solidifica o nosso eu. Não percebemos isso, mas durante a maior parte do tempo, quando pensamos que estamos reagindo aos nossos filhos, estamos reagindo aos pedaços de *nós mesmos* que eles interiorizaram. É por isso que nos vemos excessivamente identificados com nossos filhos, com os seus sentimentos e com seus problemas. Incapazes de separar nossas emoções das emoções deles, e sermos objetivos e racionais, na realidade estamos nos identificando com algo do nosso próprio passado. Nesse processo psicológico bastante complicado, sem querer reprimimos a capacidade deles de serem quem são, atando-os à nossa psique de um modo que não precisam.

O desgaste do ego que pode ser iniciado com a parentalidade é uma maravilhosa dádiva tanto para nós mesmos como para nossos filhos. Entretanto, isso implica passar por um período precário. Quando os pilares do nosso ego começam a ruir, como é preciso acontecer se vamos criar outro espírito conscientemente, esse desmoronamento surge num contexto no qual os fundamentos do nosso próprio eu verdadeiro ainda não foram construídos.

Essa fase de transição, que em geral acontece entre o nascimento de nossos filhos e seus primeiros anos de escola, resulta numa sensação de perda seguida de confusão. Conforme nossos filhos se tornam mais independentes, nos vemos diante do vazio em nossas próprias vidas – um vazio durante tanto tempo habitado por nossos filhos que agora parecem precisar cada vez menos de nós. Esse processo se intensifica nos anos da adolescência e, especialmente, quando eles saem de casa. À medida que procuramos nos reinventar, temos medo do que vamos ver no espelho. Para alguns de nós, faz tanto tempo desde que pensamos em nós mesmos como separados de nossos filhos que ficamos aterrorizados com a ideia. Sentimentos de culpa, tristeza e apreensão brotam quando imaginamos voltar ao espaço personalizado chamado "eu". Entretanto, se reentrarmos no espaço do "eu" com uma noção do nosso potencial regenerativo, começaremos a experimentar nosso próprio ser inato e, por fim, florescemos no que somos realmente.

De todos os modos – se estamos dispostos – nossos filhos nos levam a lugares em nossos corações de cuja existência não sabíamos. Assim, afrouxam a garra do nosso ego e nos ajudam a expandir a noção do nosso verdadeiro eu, nos permitindo acessar a nossa capacidade de amar incondicionalmente, viver plenamente no momento presente e entrar na experiência da consciência.

Que dádiva, então, ter nossos filhos em nossas vidas de modo que possamos viajar juntos, beneficiando-nos mutuamente pela contínua exposição da nossa inconsciência, conjugada com inúmeras oportunidades de mudar do ego para um modo de ser mais autêntico.

CAPÍTULO 5

SEU FILHO ESTÁ FAZENDO DE VOCÊ UM ADULTO?

Sendo absorventes, nossos filhos se embebem de todas as nossas futilidades e insanidades. Por essa razão, devemos estar atentos às emoções que experimentamos e indevidamente jogamos em cima deles. Só podemos ensinar aos nossos filhos aqueles *insights* que inculcamos em nossa própria vida. Se nossos filhos nos veem constantemente transferindo nossos sentimentos para os outros e testemunham como acusamos os outros pela falta que experimentamos na nossa vida, é assim que vão viver também. Se observam como atraímos oportunidades para a introspecção e somos prontamente capazes de admitir nossas faltas, aprenderão a não temer o que diz respeito às suas falhas e serão capazes de transcendê-las.

Criar filhos conscientemente significa que nas nossas interações com nossos filhos perguntamos: "Estou lidando com meu filho de um modo consciente ou estou sendo provocado pelo meu passado?" O foco está sempre em nós como pais, exigindo que olhemos para dentro e perguntemos: "O que estou trazendo agora para este relacionamento que pertence a mim e não é para meu filho receber?"

Especialmente nos primeiros anos, os pais funcionam como espelhos para seus filhos. Consequentemente, se você é incapaz de acessar a *sua* alegria, será incapaz de ser um espelho para a alegria dos seus filhos. Assim eles são impedidos de acessar um aspecto essencial de seus seres. Como é triste para uma criança não ser capaz de usufruir da sua essência espontaneamente alegre!

Nossa consciência e inconsciência são transmitidas não apenas por um sofrimento patente, mas também pela energia que transpiramos só pela nossa presença, mesmo quando não dizemos nem fazemos nada. Assim nossos filhos captam muita coisa pela maneira como nós os abraçamos todas as manhãs, como reagimos quando quebram nosso vaso favorito, como lidamos num acidente de trânsito, como nos sentamos e conversamos com eles, se realmente olhamos para o que eles nos mostram e se estamos interessados no que dizem. Eles notam quando nos intrometemos na sua vida com perguntas e exigências não autorizadas, e sentem quando nos afastamos deles ou pronunciamos censuras. Eles se comovem quando elogiamos seus sucessos, mas sofrem quando os desprezamos por seus fracassos. Estão conscientes do que é estar na nossa presença quando sentamos em silêncio com eles, e do campo de energia de aceitação e rejeição que experimentam à nossa volta. Cada uma dessas trocas instante a instante transmite consciência ou inconsciência.

Como você pode dar a seus filhos se não se permite primeiro ser satisfeito com a água do seu próprio poço? A não ser que esteja satisfeito, você vai usar seus filhos para completá-lo. Vai ensinar a eles como viver com seus temores não reconhecidos, seu vazio rejeitado, suas mentiras esquecidas – o tempo todo sem perceber que está fazendo isso. Tal é o poder do esquecimento não reconhecido.

Enfrente a Sua Reatividade

Através de nossos filhos, conseguimos poltronas na plateia para complexas representações dramáticas de nossa imaturidade, conforme eles evocam em nós fortes emoções que podem nos fazer sentir como se não estivéssemos no controle – com todas as frustrações, inseguranças e angústias que acompanham essa sensação.

Claro, nossos filhos não nos "fazem" sentir assim. Eles simplesmente despertam os problemas emocionais não resolvidos da nossa infância. Não obstante, como eles são vulneráveis e, acima de tudo, impotentes, nos sentimos livres para acusá-los de nossa reatividade. Somente enfrentando o fato de que o problema não são os nossos filhos, mas a nossa inconsciência, a transformação pode acontecer.

Como nos tornamos tão reativos? Não só herdamos certos roteiros e papéis egoicos de nossa família de origem, como também herdamos uma característica emocional. Sob cada papel e roteiro está uma marca emotiva. Isso porque, quando crianças, estamos num estado de *ser*, não de ego, o que significa que nossas defesas não estão formadas e somos suscetíveis à energia emocional à nossa volta. Interagimos energeticamente com a emotividade de nossos pais, absorvendo a marca emocional deles, até essa energia se tornar nosso próprio selo emocional. A não ser que em algum ponto da nossa vida nos tornemos conscientes das emoções que absorvemos de nossos pais, vamos inevitavelmente transferir essa marca para nossos próprios filhos.

Como não fomos ensinados, seja por nossos pais ou pela sociedade, a acessar a tranquilidade interior e encontrar as raízes da dor e do prazer dentro de nós mesmos, somos reativos a circunstâncias externas. Visto que não aprendemos a simplesmente observar nossas emoções, respeitá-las, sentar com elas e crescer a partir delas, nossas reações a estímulos externos tornam-se cada vez mais emocionalmente tóxicas, o que é a raiz de todos os ciclones dramáticos.

Quando somos criados para suprimir nossas emoções mais obscuras, elas formam uma sombra da qual somos eliminados. Quando emoções são separadas de nossa consciência, ficam adormecidas, prontas para serem ativadas a qualquer momento, por isso tantos de nós explodem do nada. Sempre que essas emoções são detonadas pela sombra de outro, ficamos aborrecidos com a pessoa que evocou em nós essas emoções. Mais uma vez, deixe-me enfatizar que ninguém poderia evocar tais emoções em nós se elas já não fizessem parte da nossa sombra. Sem perceber isto, procuramos aliviar o nosso desconforto de ter de nos defrontar com a nossa sombra projetando estas emoções no outro. Então o vemos como o vilão na situação. Temos tanto medo de enfrentar nossas emoções reprimidas que quando as reconhecemos em outra pessoa ficamos com ódio, que leva ao desafio, à vitimização e, algumas vezes, ao assassinato do indivíduo.

Por que pais e filhos tendem a entrar em choque quando chega a adolescência? Por que os casamentos se desfazem? Por que as pessoas exibem racismo e cometem crimes abomináveis? Essas situações ocorrem quando estamos divididos na nossa própria sombra, nosso sofrimento interior. Por exemplo, quando sofremos provocações quando crianças, a não ser que resolvamos a nossa própria dor, seremos incapazes de tolerar a dor de nossos filhos quando eles são provocados. Num momento como esse, é provável que promovamos nos nossos filhos uma incapacidade para lidar com suas emoções, ou uma crença de que em nenhuma circunstância eles devem se mostrar vulneráveis. Acreditando que precisam parecer poderosos e no controle, eles aprendem a ser machos mesmo que não se sintam fortes. Em inúmeros meios sutis, nossos próprios problemas de poder e controle se impõem a nossos filhos.

Quando pessoas e circunstâncias nos pressionam, podemos facilmente começar a acreditar que a vida está contra nós. Adotamos um roteiro de vida de martírios, imaginando que ela "nos persegue" ou está "nos enganando" de alguma maneira, mesmo que seja simplesmente neutra. Podemos começar a acreditar que a vida *sempre* é cruel.

A realidade é que não existe nenhum inimigo "lá fora". A pessoa que detona uma reação em nós está apenas sendo uma pessoa, a situação apenas uma situação. Nós a consideramos inimiga só por causa da nossa incapacidade de compreender e dominar nossa sombra interna, que projetamos nela.

A melhor reação ao ser provocado é reconhecer a sua carga emocional como um sinal de que alguma coisa está errada dentro de você. Em outras palavras, reatividade emocional é uma razão para se recolher, focalizando no seu próprio crescimento. Uma vez que perceba que não existem inimigos, apenas guias para o crescimento interior, tudo que representa um papel na sua vida se torna espelho de seu eu esquecido. Desafios da vida, portanto, passam a ser oportunidades emocionalmente regenerativas. Quando você encontra um obstáculo na sua vida, seja uma pessoa ou situação, em vez de vê-lo como um inimigo ao qual reagir, você para e se pergunta: "O que eu percebo que está me faltando?" Você reconhece que a falta percebida no seu ambiente surge por causa de uma sensação *interna* de alguma coisa que está faltando.

Essa percepção o convida a avaliar a pessoa ou a situação pela bondade dela em servir de espelho para a sua sensação de falta. A ruptura entre você e o outro então não está mais presente porque não se trata mais de um "outro" separado, mesmo que a pessoa seja um indivíduo distinto, mas é um espelho de seu estado interior. Você percebe que trouxe esta lição espiritual para sua vida porque o seu ser essencial deseja mudanças no seu comportamento diário.

Visto que nenhuma outra jornada é capaz de evocar mais reatividade em nós do que a paternidade, ou maternidade, ser pai ou mãe nos convida a tratar as reações que nossos filhos detonam em nós como oportunidades de crescimento espiritual. Ao colocar a nossa sombra emocional diante dos holofotes como nunca antes, criar filhos nos dá uma maravilhosa oportunidade de domar a nossa reatividade. A jornada da criação deles tem o potencial para ser uma experiência especialmente regenerativa tanto para os pais como para os filhos, quando cada momento é um encontro de espíritos, e tanto pais como filhos avaliam que cada um dança numa trilha espiritual que é única, de mãos dadas, mas sozinhos. Percebendo isso, reagimos um ao outro criativamente, em vez de uma forma destrutiva.

Descubra a Sua Herança Emocional

Todos nós somos provocados diariamente por todos os tipos de coisas. Como pais e mães, somos muito suscetíveis a provocações porque nossos filhos estão sempre à nossa volta e constantemente precisando de nós.

Entretanto, da próxima vez que seus filhos fizerem você ficar de mau humor, em vez de reagir frustrado, pare para ver o que significa a provocação. Essa disposição para olhar para dentro, que não exige examinar a *causa* do seu mau humor, apenas a simples consciência de que ela vem de dentro do seu próprio eu e não das ações da outra pessoa, permitirá que você suspenda seus pensamentos por tempo suficiente para desviar-se da sua reatividade e criar uma reação que seja mais fundamentada.

A maioria de nós é capaz de identificar nossas provocações num nível superficial, tais como: "Me sinto provocada quando meu filho me desrespeita", "Me sinto provocada quando minha filha não faz o seu dever de casa", ou "Me sinto provocada quando minha filha pinta os cabelos". Essas são as razões superficiais que nos provocam. Mas o que em nós está sendo na verdade provocado? O que, basicamente, estamos sentindo?

Ser provocado é estar resistindo ao que possa estar acontecendo na sua vida. Ao reagir, estamos dizendo: "Não quero essa situação; não gosto das coisas como elas são." Em outras palavras, quando resistimos ao modo como a vida se manifesta em nossos filhos, nosso parceiro íntimo ou nossos amigos é porque recusamos a aceitar a vida da forma *como ela é*. A razão para isso é que a visão ideal de nós mesmos a qual estamos apegados – nosso *ego* – está sendo abalada, o que está nos ameaçando. Nesse estado, nos desviamos da capacidade de ser habilidosos e criativos na nossa resposta, reagindo ao invés disso. A maneira como essa reação se manifesta depende de nossos roteiros, papéis e herança emocional únicos.

Conscientização significa estar atento, realmente atento, para tudo que estamos sentindo. Implica ser capaz de responder à realidade na nossa frente *como ela se desenvolve no momento*. Essa realidade talvez não seja o que nos dizemos que deveria ser, mas *é o que é*.

Estar conscientes significa que abordamos a realidade com a percepção de que a vida simplesmente *é*. Fazemos uma escolha consciente de fluir com a corrente, sem qualquer desejo de a controlar ou necessidade de que seja diferente do que é. Cantamos o mantra: "É o que é." Isso significa que criamos nossos filhos *como nossos filhos são*, não como poderíamos desejar que fossem. Exige aceitar nossos filhos na sua forma *como é*.

Mencionei antes que, ao recusarmos aceitar a nossa realidade – sejam nossos filhos como eles são ou nossas circunstâncias –, imaginamos que se ficarmos bastante zangados, bastante tristes, bastante felizes, ou dominadores o bastante, as coisas vão mudar. O oposto é o que acontece. A incapacidade de aceitar a nossa realidade na sua forma *como é* nos mantém atolados. Por essa razão, não a *resistência*, mas a *aceitação* da nossa realidade é o primeiro passo para mudá-la.

Renunciar ao controle nos permite participar da vida do ponto de vista de procurar aprender. Aprendemos as nossas melhores lições reagindo à vida na sua forma *como é*. A chave é começar com *o que é*, não com *o que não é*. Reagimos aos nossos filhos onde eles estão, em vez de empurrá-los para onde queremos que eles estejam.

Está vendo como é simples aceitar o *como é* na criação dos filhos? Mesmo que eles estejam sofrendo, tristes ou fingindo um ataque, você pode aceitar esse estado como natural e, portanto, sadio? Você pode reconhecer a perfeição disso, exatamente como é? Uma vez tendo aceitado o estado *como é* do seu filho, mesmo quando isso significa os acessos de raiva dele, com sua aceitação surge uma pausa. Dessa pausa emerge uma compreensão de como responder, em vez de reagir.

Crescendo com pais explosivos, mal-humorados, distantes ou emocionalmente manipuladores, uma criança aprende que a vida é para ser combatida. Situações devem ser "administradas", controladas, desencadeando nossas emoções. Nosso lema passa a ser: "Como você ousa?", "Como isso ousa?", e "Como eles ousam?".

Pessoas que ostentam esse estilo emocional carregam uma pesada noção de direitos, que faz com que repetidamente se digam coisas como: "Eu mereço coisa melhor." Acreditando que a vida lhes deve apenas experiências agradáveis, elas tentam evitar o sofrimento a qualquer custo. Quando a vida não cumpre o esperado, rapidamente acusam outra pessoa, declarando: "A culpa é deles." Elas então fazem valer os seus direitos: "Tenho direito de estar aborrecido!"

Quando os filhos de pais com essa marca se tornam pais, provavelmente reagem com raiva aos seus próprios filhos. Se uma criança se desvia dos planos de seus pais para ela, marchando no seu próprio ritmo, em vez de se conformar com os decretos deles, o pai ou a mãe talvez recorram à violência a fim de controlar o filho. Crianças educadas assim aprendem o temor, não o respeito. Elas acreditam que a única maneira de mudar é dominando os outros, o que leva a criar seus próprios filhos para um dia serem eles mesmos ditadores, hostis nas suas reações ao mundo e talvez até violentos.

Como mencionado antes, existe sempre a possibilidade de que uma criança que foi totalmente subjugada pela raiva de seus pais termine com uma noção tão baixa de valor que, anos mais tarde, esse pai ou essa mãe recrie nos seus próprios filhos sombras desses pais raivosos, abusivos. Sentindo-se inseguros demais para exigir respeito, esses pais então permitem que seus filhos se tornem narcisistas, o que os leva a serem dominados por sua própria prole.

Como Você Pode Integrar a Sua Dor?

Crianças muito naturalmente sentem todas as suas emoções sem bloqueá-las. Espontaneamente elas se rendem ao sentimento puro, depois liberam a emoção conforme ela passa. Dessa maneira, suas emoções fluem e refluem como ondas.

Nós, adultos, temos quase sempre medo de nos render às emoções. Achamos difícil tolerar sentimentos como rejeição, medo, ansiedade, ambivalência, dúvida, tristeza. Portanto, fugimos de nossos sentimentos seja enterrando-os pela evitação, resistindo a eles ou deslocando-os para pessoas e situações fora de nós mesmos através da reatividade emocional. Muitos de nós recorremos à intelectualização, cirurgias plásticas, gordas contas bancárias ou redes sociais maiores como um modo de evitar ter de sentir. Ou desviamos nossa dor acusando, ficando ressentidos e expressando raiva pela pessoa que acreditamos ter nos causado sofrimento.

Uma pessoa consciente é capaz não apenas de tolerar suas emoções, mas de aceitá-las – e quero dizer *todas* as suas emoções. Quando não sabemos respeitar nossos próprios sentimentos, não respeitamos os sentimentos de nossos filhos. Na medida em que vivemos num estado de falsidade, nossos filhos aprendem a reprimir os sentimentos deles e, portanto, também entram na falsidade. Se os encorajamos a serem verdadeiros quanto ao que sentem como as crianças são naturalmente, até que os fazemos calar a boca, eles não teriam necessidade de negar suas emoções e não desejariam deslocá-las para os outros. Por essa razão, se desejamos ensinar nossos filhos a viver vidas integradas nas quais assumem a responsabilidade por suas ações, precisamos respeitar *todas* as suas emoções, o que significa que eles não têm necessidade de gerar uma sombra. Dessa maneira passam a apreciar a vida como um tecido sem emendas, no qual todas as ações e relacionamentos estão energeticamente conectados.

Tendo dito isso, é importante notar que existe uma diferença entre reagir emocionalmente e sentir nossos sentimentos. Muitos de nós supomos que, quando estamos zangados ou tristes, estamos sentindo nossos sentimentos. Pelo contrário, com frequência estamos meramente *reagindo*. Sentir verdadeiramente uma emoção significa ser capaz de *lidar* com a incoerência que experimentamos nessa hora, sem desabafá-la nem negá-la, mas simplesmente contendo-a e estando presente com ela.

Sentir nossas emoções sem reagir a elas pode ser aterrorizante. Lidar com nossas emoções significa que devemos estar na solidão, o que é insuportável para muitos de nós. Estamos acostumados demais a ter um pensamento e ser provocado por ele, experimentando uma emoção e reagindo a ela. Por exemplo, se estamos ansiosos, comemos ou nos automedicamos de alguma maneira. Se estamos zangados, temos ímpeto de desabafar ou até explodir com alguém. Sentar e observar nossos pensamentos e sentimentos em silêncio pode não ter sentido para nós, mas é exatamente assim que se aprendem as lições básicas da consciência. Ao testemunhar em silêncio nossos pensamentos e sentimentos, aprendemos a aceitá-los como eles são, permitindo que fluam e refluam dentro de nós sem resistir ou reagir a eles.

Quando você aprender a estar com suas emoções, elas não vão mais perturbá-lo. Na plena aceitação da rendição, que é um tipo muito diferente da mera resignação, você vê que a dor é simplesmente dor, nada mais e nada menos. Sim, o sofrimento dói – é para doer. Entretanto, quando você não alimenta a sua dor seja resistindo ou reagindo, mas lidando com ela, ela se transforma em sabedoria. A sua sabedoria aumentará de acordo com a sua capacidade de aceitar todos os seus sentimentos, de que natureza for. Junto com o aumento da sabedoria vem uma capacidade maior para a compaixão.

Quando aprendemos a aceitar a totalidade de nossas experiências – o fato de que, às vezes, situações simplesmente não seguirão de acordo com um plano, mas têm sua própria vontade –, começamos a dançar com a vida. Conforme nossos filhos nos observam dançando, também aprendem que sentir tudo que estamos sentindo é como crescemos. Eles aprendem a transcender o seu medo de emoções que são incontroláveis e até dolorosas, de modo que nenhuma parte dos seus seres é reprimida.

Como Lidar com o Sofrimento do Seu Filho, ou Filha

Quando nossos filhos estão feridos seja física ou psicologicamente, isso é insuportável para os pais. No caso de dor emocional, queremos resgatá-los, o que em parte é motivado por nossa própria impotência por não sermos capazes de aliviar o sofrimento deles. Ligamos para o diretor da escola, gritamos com o professor, reclamamos com o pai da criança que ousou magoá-los, sem perceber que isso solidifica o sofrimento deles. E também encoraja uma incapacidade de suportar o sofrimento, tanto o deles mesmos como dos outros.

Se quisermos que nossos filhos dominem suas emoções, temos de ensiná-los a se renderem ao que estão sentindo. Isso não é o mesmo que estar preso nas nossas emoções ou reagir. Render-se significa que primeiro aceitamos seja lá em que estado emocional estivermos. Assim encorajamos nossos filhos a experimentar seus sentimentos. Nós os convidamos a abrir espaço para permitir que a dor já presente *neles* tenha uma presença *no ambiente*.

Um exemplo do que acontece com uma criança quando não lhe permitimos que o seu sofrimento tenha uma presença é o de uma garotinha de oito anos, ligeiramente gorda e com óculos de lentes grossas, que era alvo com frequência de implicâncias e repúdio por parte de seus colegas. Muito consciente da sua aparência, ela fazia força para se encaixar convencendo a mãe a lhe comprar roupas, bolsas e sapatos da última moda. A mãe, uma mulher jovem e elegante, ficava ansiosa para satisfazer a filha. Nesses dias a menina voltava para casa e chorava no seu quarto durante muito tempo, muitas vezes recusando-se a comer ou fazer o dever de casa, a mãe não suportava isso. Ela se sentia envergonhada pela aparência física da filha, o que a fez comprar uma esteira e contratar uma nutricionista, forçando-a a se exercitar e comer menos calorias. Ia com ela ao cabeleireiro regularmente e comprou lentes de contato para a menina. Telefonando para a escola, ela exigiu uma reunião com os professores, pedindo que a filha não fosse mais colocada em ostracismo por seus colegas. Além de contratar um terapeuta para ajudá-las a aguentar a situação, ela começou a tomar pílulas para acalmar a sua ansiedade.

A incapacidade dessa mãe de lidar com o sofrimento da filha, sem falar em ajudá-la a lidar com seu próprio sofrimento, negou a essa menina a oportunidade de sentir as suas emoções. Em vez de lhe permitirem se sentir magoada e sem privilégios, fizeram que ela acreditasse que mudando a sua aparência seus colegas a aceitariam.

Desse modo, ela estava aprendendo que emoções dolorosas são dolorosas demais para se lidar com elas e precisam ser varridas para baixo do tapete ou, melhor ainda, camufladas por várias formas de "fazer", tais como acusar os outros ou consertar a sua aparência. Como todo o esforço estava direcionado para suprimir a sua dor e disfarçá-la, sem nenhum esforço para lidar tranquilamente com ela, a filha errou começando a acreditar que sua persona externa valia mais do que o seu mundo interior de sentimentos. Claro, ela precisava desesperadamente de instrumentos para lidar com a rejeição.

Quando se permite aos nossos filhos sentir seus sentimentos, eles são capazes de liberá-los curiosamente rápido. Eles saem do sofrimento compreendendo que a dor é apenas mais uma sensação. A expectativa da dor é muitas vezes mais insuportável do que a verdadeira dor. Quando nossos filhos experimentam a dor *na sua forma pura*, sem alimentá-la com resistência ou colorindo-a com uma reação, a dor se transforma em sabedoria e perspectiva.

Uma vez processadas as suas emoções, as crianças não sentem necessidade de se apegarem a elas muito tempo depois de terem passado, como os adultos tendem a fazer. Elas sabem intuitivamente que, como o fluxo e o refluxo do oceano, a dor vem em ondas – e assim como vem, também vai embora. A razão pela qual nós adultos achamos que a dor vai ficar para sempre é que nossos pensamentos ficaram enredados nela com base num vestígio do passado. É na mente que a dor continua a existir, não na situação propriamente dita. Por isso não a abandonamos.

Parte do nosso problema é que não estamos acostumados a lidar sozinhos com a dor. Preferimos projetá-la nos outros, enganando-a em nosso drama emocional através de culpa, acusação ou raiva. Ou recorremos a um hábito pouco saudável, talvez abusando de comidas, álcool, ginástica, drogas ou remédios. Dessas e de outras formas, buscamos administrar o sofrimento canalizando-o externamente, o que no longo prazo o perpetua. O antídoto é *lidar* com nós mesmos e testemunhar a nossa dor, sabendo bem que ela se origina do nosso apego ao ego.

Uma vez nossos filhos tendo aprendido a aceitar a dor como uma parte natural e inevitável da vida, eles não a temem tanto, mas simplesmente reconhecem: "Estou sofrendo agora." Em vez de intelectualizar, julgando e resistindo, ficam pensando nisso em silêncio. Nós lhes ensinamos isso sentando com eles quando são novinhos. Se eles precisam falar, falarão, e tudo que é exigido de nós é o reconhecimento de um movimento de cabeça ou uma frase como: "Entendo." Não há necessidade de lógica, torcidas ou de discorrer sobre a experiência. Apenas permita um espaço para isso na casa.

Também, se a dor permanecer por um tempo, nós a tornamos uma experiência sem importância, tirando dela todo o drama. Talvez possamos falar a respeito disso em termos de "uma coisa", com cores, diferentes apetites e humores. Acima de tudo, não pretendemos que nosso filho, ou filha, fique "feliz" apesar do seu sofrimento. Ao contrário, pretendemos que seja *autêntico*.

Um Passo de Cada Vez

Tornar-se não reativo começa com o conhecimento de que o que até agora consideramos como "nós somos assim mesmo" não é de fato quem realmente somos, mas o produto da inconsciência. O processo de perder a nossa reatividade acelera conforme a nossa percepção se aprofunda. Talvez não paremos logo de gritar com nossos filhos, embora agora gritemos por oito minutos, em vez de dez. Isso porque, em parte, enquanto gritamos, de repente percebemos que estamos nos comportando inconscientemente e nos controlamos.

Talvez ainda fiquemos ansiosos por alguma coisa que nosso filho faz, mas em vez de gerar intensa agitação mental que resulta num dia inteiro de drama emocional, somos capazes de nos acalmar depois de uma hora mais ou menos, baixar a reatividade e reprimir a ansiedade simplesmente observando-a.

Quando pais me dizem que estão preocupados porque perderam o controle de suas emoções diante do filho, esperam que eu os julgue ou os culpe. Em vez disso, eu os parabenizo. Eu digo: "Agora sabemos como é o seu inconsciente, o que é um importante passo à frente." É na realidade um importante passo à frente, porque a maioria das pessoas no mundo não tem noção de que a sua reatividade é uma manifestação de inconsciência. Perceber isso sobre nós mesmos é um enorme avanço.

É vital aceitar inequivocamente que vamos deixar escapar a nossa inconsciência de tempos em tempos. Os pais conscientes sabem como usar a emergência da sua inconsciência de um modo que no fundo é saudável. Eles sabem como reconhecer uma reação, se bem que depois do fato. Não temem confrontar a sua inconsciência. Vivem segundo o ditado: "Eu espero ser provocado, dificultado, dominado, e me envolver na criação egoica dos filhos às vezes. Entretanto, usarei as lições embutidas nessas ocasiões para evoluir como pessoa e ajudar meus filhos a evoluírem também."

Como pais, muitas vezes somos forçados a reagir aos nossos filhos com velocidade alucinante, seguindo nossos fortes instintos, muitas vezes sem parar para refletir antes de escolhermos a resposta. Antes de percebermos, aumentamos sucessivamente uma determinada dinâmica e imediatamente nos vemos presos numa equação negativa com nossos filhos.

Certa vez trabalhei com um pai solteiro, Peter, que estava tendo muita dificuldade com o filho de quinze anos, Andrew. O relacionamento deles estava chegando a um estado de disfunção. Andrew estava manifestando os clássicos sintomas de um adolescente rebelde – isolando-se do pai, conversando pelo computador até altas horas da noite, não fazendo os deveres de casa, faltando às aulas e fumando maconha.

Peter estava furioso. Eles haviam compartilhado um relacionamento íntimo quando Andrew era mais novo, mas nos últimos anos suas únicas conversas tinham sido intensas discussões. Em determinado ponto, Andrew havia pedido para morar com os avós em outro estado, o que Peter não apoiou porque os avós eram idosos. Dia após dia, pai e filho se desentendiam por causa de tarefas domésticas e deveres de casa, com Andrew dizendo que já tinha feito os deveres, embora nem tivesse tocado neles.

Durante uma noite especialmente agitada, Peter se viu tão exausto que ameaçou nunca mais falar com o filho, depois saiu furioso de casa. Enquanto caminhava agitado ao redor da sua propriedade, ele me telefonou para relatar: "Não sei mais o que fazer. Esse garoto se recusa a me respeitar ou os meus modos. Aqui estou eu, deixando tudo de lado para estar com ele, e tudo que ele faz é ser irritante e desafiador. Ele não faz nenhum esforço. Estou enjoado e cansado com o modo como ele me trata. Se não quer ser meu filho, então que seja assim. Também não vou mais me esforçar. Posso ser tão desinteressado quanto ele. A partir de hoje, não serei mais amoroso ou paciente. Estou lavando as minhas mãos."

Incapaz de ver que estava num estado mental excessivamente reativo, Peter se tornou ainda mais explosivo. Encerrando a nossa conversa por telefone, ele entrou no quarto do filho, desligou o computador da tomada, em seguida jogou-o no chão. Quando Andrew protestou, Peter deu-lhe um tabefe e lhe disse que lamentava que ele tivesse nascido.

Peter estava passando pelo que inúmeros pais de adolescentes passam. Embora pareça que um pai possa ser perdoado por suas reações nessa hora, tendemos a esquecer que essa dinâmica começou muitos anos antes. O que iniciou como uma batalha de vontades e busca de controle havia aumentado aos poucos para um traumático relacionamento para ambos.

Inextricavelmente envolvido no seu próprio drama emocional, na sua própria interpretação das motivações do filho e no seu próprio sentimento de falta de poder, Peter deixou-se ficar tão profundamente irritado que perdeu todo o controle sobre si mesmo. Quando reagimos assim pela nossa própria necessidade de poder e controle, deixamos de perguntar: "O que meu filho precisa de mim que não tenho sido capaz de lhe dar até agora?" Esse pai havia muito tinha deixado de escutar o que seu filho realmente precisava dele.

É possível que Andrew lembrasse a Peter a sua própria infância, espelhando inadequações que ele havia se esforçado para superar ao longo dos anos. Talvez estivesse tão apegado ao roteiro de controle que não podia suportar que seu filho se desviasse nem um pouco das suas expectativas. Talvez estivesse tão envolvido na ideia de perfeição que não podia tolerar o fato de que Andrew fosse imperfeito. É também provável que Peter visse o filho como um reflexo do tipo de pai que ele era, uma questão sem dúvida entremeada de culpa pelo fato de ter se divorciado da mãe dele anos antes. Seja qual for a motivação subjacente, estava claro que Peter havia levado isso para o lado pessoal, o que havia provocado uma reação egoica. Andrew, como fazem todas as crianças, aproveitou-se do fato de que seu pai havia perdido a conexão com seu próprio eu autêntico.

Peter havia criado muitas interpretações negativas em torno do comportamento do filho, todas eram pessoais. Essas interpretações envolviam julgamentos como "meu filho não se preocupa com meus sentimentos", "meu filho me desrespeita" ou "meu filho está me desafiando de propósito". Nenhuma dessas interpretações servia para melhorar o estado mental seja de Peter ou de Andrew, mas é assim que a maioria de nós reage a situações nas quais nos sentimos desconfortáveis.

Sempre que fazemos interpretações personalizadas do comportamento dos outros, arriscamos a mergulhar em caldeirões de emoções perturbadoras. Se fizéssemos interpretações neutras, despersonalizadas, não sofreríamos as consequências de emoções negativas. As de Peter não evidenciavam nenhuma neutralidade, muito menos curiosidade sobre o comportamento do filho. Nenhuma sugeria que "meu filho está sofrendo e precisa de ajuda", "meu filho está pedindo ajuda e não sabe como se comportar agora", ou "meu filho precisa que eu tenha paciência enquanto passa por essa difícil fase de confusão de identidade". Em vez disso, as interpretações de Peter para o comportamento de Andrew geravam intensa resistência mental, tornando-o incapaz de responder de um modo *como é*. Responder *como é* causa não só aceitação, mas reverência pelo caminho único do indivíduo.

A interpretação acontece numa fração de segundo, quando decidimos que algo está em sintonia com nossos apegos ao ego, ou não. Desde que a vida espelhe nossos apegos ao ego, estamos bem. No momento que ela ousa contradizer nossas hipóteses profundamente sustentadas de como as coisas devem ser, perdemos o nosso centro.

Toda disfunção envolve nossas interpretações profundamente personalizadas do que acontece à nossa volta. O triste subproduto disso é que nossos filhos ficam se sentindo a causa de nossos humores, o que resulta em culpa e pode levar a uma sensação de falta de valor. Dessa posição, eles então reagem a nós. É crucial reconhecer que as sementes dessa equação estão no julgamento inicial que fazemos em resposta ao comportamento deles.

Nossos filhos não *pretendem* nos provocar; estão apenas sendo eles mesmos. Ser provocado é uma parte inevitável de qualquer relacionamento, portanto não há espaço para nos acusarmos ou a qualquer outra pessoa. Entretanto, somos responsáveis por examinar nossas reações inconscientes para que possamos limitá-las. A razão pela qual entramos num estado de inconsciência cega é que temos uma carga emocional não resolvida, que emerge em resposta aos nossos filhos estarem sendo simplesmente crianças.

Ser provocado está intimamente conectado aos roteiros de vida e aos papéis que representamos. Por exemplo, talvez digamos para nós mesmos: "Mereço mais respeito." Quando interpretamos o comportamento de nossos filhos como falta de respeito, é um indício de que temos uma noção grandiosa de direitos. Alguém que não nos respeita o bastante provoca automaticamente a nossa indignação narcisista. Dizemos a nós mesmos: "Sou melhor do que isso. Como uma pessoa ousa se comportar assim comigo?"

Se apenas compreendêssemos o poder de nossas interpretações.

Pode-se ver como é distorcida a nossa visão das coisas no caso de uma bela jovem que ficou afastada da família por mais de quinze anos. Quando a família finalmente resolveu se reunir, na véspera, a jovem teve um sonho vívido no qual observava a família duelando, o que naturalmente a deixou paralisada de medo. Conforme o duelo prosseguia, ela se aproximou mais. De repente, percebeu que eles não estavam segurando espadas. "Oh", ela pensou, "eles não estão duelando – estão dançando!" Ao acordar do sonho, soube que havia recebido uma mensagem daquela sua parte que ansiava por reconciliação. Naquele momento, reconheceu que podia escolher como interpretar a sua realidade. A reunião de família se revelou um momento essencial de cura que acelerou a sua jornada espiritual.

O primeiro erro no nosso caminho para a ativação do ego é o de criar uma interpretação profundamente personalizada dos acontecimentos. Com nossos filhos, a nossa interpretação imediata quando eles não seguem "o plano" é que *eles* estão errados, e que estão agindo assim porque não respeitam a nossa autoridade. Não podemos ver que é nossa *interpretação* que monta o cenário para a disfunção. Nem podemos ver que o verdadeiro problema é que nos sentimos ameaçados de alguma forma.

Quando nos envolvemos nesse tipo de drama, é porque nos recusamos a enfrentar a realidade *como a realidade é*. Impomos o nosso passado à nossa situação presente, o que gera em nós uma enorme ansiedade, favorecendo os nossos piores temores. Nosso estado maníaco então nos faz julgar rapidamente, o que nos dá a sensação de que ao menos estamos *fazendo alguma coisa*, quando estamos tomando decisões que são prejudiciais a todos os envolvidos. É assim então que geramos dramas, confundindo ser *maníaco* com ser "intencional".

Vamos voltar a Peter e Andrew por um momento. E se Peter tivesse sido capaz de enfrentar a rebeldia do filho com uma abordagem *como é*? Sem impor nenhum tipo de julgamento ou interpretação ao comportamento do filho, – e mais importante de tudo, ficar *ele mesmo* fora da equação –, ele diminuiria a sua rigidez, liberando, portanto, muito espaço interno e se permitindo a flexibilidade para ser criativo na sua resposta ao filho. Quando abrimos espaço interno, descobrimos novos modos de enfrentar nossos filhos, o que é agradavelmente diverso de estar sempre envolvido nas mesmas batalhas. Quando vem de uma necessidade de "fazer" alguma coisa, isso nos divorcia do nosso fluxo de criatividade. A vida então é pai competindo com filho, uma batalha pela supremacia de egos.

Apenas na medida em que vivemos num estado de *ser* somos capazes de abordar circunstâncias na nossa vida com abertura e rendição. Livres de nossos julgamentos sufocantes, somos então capazes de interagir com a real situação diante de nós como cada uma requer, em vez de partir de projeções inconscientes. Quanto mais afiamos essa habilidade para enfrentar a vida num estado neutro, sem atribuir "bondade" ou "maldade" ao que estamos enfrentando, mas simplesmente aceitando a sua característica *como é*, menor a nossa necessidade de interpretar todas as dinâmicas como se girassem em torno de *nós*. Nossos filhos podem então ter seus acessos de raiva sem nos provocar, e podemos corrigir o comportamento deles sem descontar neles os nossos ressentimentos, culpas, medos ou desconfianças residuais.

Quando os indivíduos na nossa vida têm permissão para serem donos de suas próprias emoções sem todos ficarem tropeçando nos dramas emocionais dos outros, começamos a aceitar plenamente todas as nossas emoções, sabendo que são *simplesmente emoções*. Agora vemos a vida com todo o seu espectro de cores. Nós a experimentamos sem precisar estreitá-la nas limitantes categorias de "bom" *versus* "ruim" ou "eu" em oposição a "você". A vida é rica demais, complexa demais para ser categorizada. As pessoas são inerentemente não quantificáveis.

O QUE É PRECISO PARA DOMAR A SUA ANSIEDADE

Como vimos no caso de Peter, ele rapidamente chegava a um estado de ansiedade e tensão interna. Carregava dentro dos seus ossos uma rigidez que o filho naturalmente captou, equipando-o para a batalha também.

Ansiedade é o modo de reagirmos aos nossos julgamentos mentais. Reconhecer quando estamos ansiosos é uma das coisas mais importantes que podemos fazer por nós mesmos para a preservação de nossos relacionamentos.

Quando ficamos ansiosos, algo bem lá no fundo de nós foi detonado. Se estamos sempre atentos, nos perguntamos: "Por que estou sendo provocado agora?" Depois de fazer essa pergunta, permanecemos num estado de abertura, tomando cuidado para não projetar nos outros a nossa ansiedade. Ela vem de algo não resolvido dentro de nós e continuaria existindo independentemente de a pessoa ou acontecimento que está provocando estar presente. Se um conjunto de circunstâncias não nos provocou, algo mais o fará.

Ansiedade é uma emoção natural da qual não se escapa. Em vez de vê-la como algo que precisamos controlar, somos solicitados a aceitar que é natural e a testemunhá-la em silêncio. Aceitar a nossa ansiedade, permitindo que ela exista, é uma prática essencial dessa jornada. Se não aprendermos a testemunhá-la, é provável que nos tornemos dominados por nosso estado interior e reajamos cegamente a ela. Estamos preparados para envolver outros num modo reativo, talvez passageiro – ou, inversamente, mergulhar na depressão. De uma maneira ou de outra, inevitavelmente deixamos uma trilha de consequências desnecessárias. Somente pela consciência não nos separamos da nossa ansiedade nem as descontamos nos outros.

A vida acontece, pura e simplesmente. Não importa o quanto tentemos administrá-la, ela tem uma força além da lógica ou coerência. Quando nadamos no oceano, deixamos que a água leve o nosso corpo. Não protestamos: "Como essa onda ousa ser tão alta? Devia ser baixa." Aceitamos que não temos domínio sobre o oceano. Na verdade, achamos a imprevisibilidade das ondas excitante. Por que, então, quando se trata de relacionamentos ou acontecimentos na nossa vida somos incapazes de simplesmente concordar com eles? A vida não é inerentemente boa ou ruim, mas, como as ondas nos oceanos, ela simplesmente *é*. A única maneira de viver a vida é entrar nessa sua qualidade *como é*. Se formos capazes de aceitar a qualidade *como é*, então a nossa ansiedade passará sobre nós. É quando reagimos que a transformamos num tsunami.

A ansiedade de Peter fez com que ele entrasse em confrontos diários com o filho. Essas confrontações aos poucos foram crescendo e se tornando brigas, depois eventos verdadeiramente lamentáveis e evitáveis. Tivesse Peter envolvido Andrew num estado mental neutro, seguindo com a natureza *como é* da situação, buscando uma conexão autêntica com o filho, Andrew teria reagido de outra forma. Isto o teria colocado em posição de ter uma certa influência, permitindo-lhe talvez atenuar um pouco o seu comportamento negativo. Em vez disso, ele não deixou a Andrew outra opção senão se tornar excessivamente reativo.

Ninguém vence quando agimos num estado reativo inconsciente. Dramas emocionais só podem levar ao sofrimento. Boa parte do nosso sofrimento é criada por nós mesmos. A não ser que aprendamos a nos livrar de nossas interpretações negativas, ficaremos para sempre atolados num padrão emocional destrutivo após o outro.

A boa notícia é que a vida é uma parceira maravilhosamente disposta na nossa jornada para um modo de ser mais consciente. Ela nos assiste em todos os níveis, e tudo que precisamos fazer é nos abrir e receber. Uma grande vantagem é que nossos filhos são infinitamente flexíveis. Ao seguirmos nesta jornada, podemos ter certeza de que eles crescerão junto com o nosso crescimento, mesmo quando esta estrada estiver repleta de sofrimentos. Saber disto permite que nos dediquemos à jornada sem hesitação, nada ocultando, confiantes de que tudo funcione para o bem-estar tanto de nós mesmos como de nossos rebentos.

CAPÍTULO 6

A Vida É Sábia

Visto que a maneira como criamos nossos filhos espelha quem somos, alterar esse estilo requer que compreendamos o modo como nossas respostas a situações que surgem no dia a dia encarnam a nossa visão de mundo.

Pergunte a si mesmo: Como reajo quando a vida não se revela como eu gostaria? Eu imediatamente me censuro, dizendo para mim mesmo: "A culpa deve ser minha?" Adotamos a atitude oposta, declarando: "Mereço coisa melhor; como isso ousa acontecer comigo!" Eu digo para mim mesmo: "Não tenho sorte; a vida é tão injusta!" Essas reações revelam que a sua visão de mundo está baseada na crença de que a vida acontece *fora* de você – que é essa "coisa" inexplicável desencadeada por forças fora do seu controle.

Quando você se julga "afortunado" ou "azarado", é porque não está treinado para ver a vida como parceira espiritual na sua jornada para o seu ser autêntico. Entretanto, quando você entra em si mesmo na busca das lições emocionais que a vida está querendo que você aprenda, tudo que lhe acontece torna-se significativo. Abordando cada acontecimento a partir dessa atitude, não existe "azar" ou "sorte". Todas as situações na vida servem ao propósito do seu desenvolvimento espiritual. Ao perceber isso, você não resiste mais àquelas coisas que considera indesejáveis, enquanto anseia por aquelas que considera agradáveis. Quando você vivencia tudo como um professor em potencial, aceita tudo que a vida lhe manda. Você não entra em guerra com a vida quando ela lhe apresenta um desafio, nem se apaixona por ela quando o trata com bondade. Pelo contrário, você vê o sombrio e o luminoso como oportunidades para se tornar um ser humano mais consciente.

A Própria Vida nos Ensina

Se acreditamos que a vida é essencialmente boa, ou passamos nossos dias esperando cair o outro pé de sapato proverbial porque vemos a vida como pronta a nos pegar, depende de como fomos criados. Entretanto, raramente somos criados com a compreensão de que a vida é essencialmente *sábia*.

Compreender que a vida é um sábio professor, disposto a nos mostrar o nosso eu superior, revoluciona como vivemos e como criamos nossos filhos. Abordamos tudo com uma atitude de que as circunstâncias estão aqui para nos ajudar a vir do nosso eu superior. Vemos a vida como confiável, para nos introduzir a uma autoconexão mais profunda. Sabemos também que ela é inerentemente boa, um espelho de nosso próprio estado interno de bondade. Essa abordagem reconhece que estamos fundamentalmente interconectados com tudo que acontece na nossa vida, de modo que somos cocriadores da realidade em que vivemos. A vida não acontece *para* nós, mas acontece *com* a gente.

Nem o comportamento de nossos filhos acontece num vácuo, mas é uma reação à nossa energia. Isso significa que temos muitas oportunidades de influenciar como eles serão. Embora não percamos tempo impondo a eles avaliações negativas sobre a realidade, poucos de nós lhes ensinamos como podem vivenciar a realidade pelo que ela é. O fato é que as crianças aprendem a se relacionar com suas experiências a partir de como *nós* nos relacionamos com as nossas. Quando elas nos veem constantemente reagindo à realidade, manifestando contínua ansiedade, aprendem a incorporar elas mesmas essa atitude reativa, ansiosa. Ao nos observarem julgar e rotular todas as experiências, elas começam a categorizar o seu próprio mundo.

Se, em vez disso, elas nos observam fluindo com a nossa realidade sem rigidez ou atividade mental pesada, aprendem a reagir à sua própria vida da mesma forma. Ao copiar uma atitude de confiança, e abordar a vida com graciosa naturalidade baseada nessa confiança, ensinamos os nossos filhos a extrair sabedoria de todas as suas circunstâncias, em vez de ver alguns aspectos da vida como "bons" e outros como "maus".

A vida é para ser *experimentada*, não é para lutar contra ela, fugir dela ou envolver-se com ela sem entusiasmo. Embora queiramos fazer mudanças no futuro, ser consciente é estar *com* uma experiência enquanto ela se desenrola, em vez de pensar como gostaríamos de mudá-la. Assumir a responsabilidade sobre a nossa vida de modo que alteremos a qualidade de nossas experiências no futuro vem *depois* de uma experiência.

Quando aceitamos a vida como um guia sábio, ousamos nos confiar aos seus cuidados totalmente, livres de avaliações, julgamentos ou análises. Deixando para trás qualquer sentimento de que a vida é uma ameaça para nós, nos entregamos ao seu fluxo. Quando nos permitimos *sentir* realmente cada experiência conforme ela acontece, depois – em vez de tentar nos apegar a ela – soltá-la no fluxo do momento seguinte, liberamos energia psíquica que de outra forma seria desperdiçada em resistência e reatividade. Essa energia então fica disponível para levarmos uma presença envolvente aos nossos relacionamentos, especialmente com nossos filhos. Como nossos filhos também aprendem a experimentar suas experiências sem a necessidade de "fazer" necessariamente alguma coisa a respeito, entram tranquilos na vida *como ela é*. Eles veem prazer nas experiências mais simples e colhem as recompensas de estarem totalmente presentes no momento.

Como minha filha aprende a aceitar suas experiências no estado *como é*, em vez de desejar afastá-las, sou sincera com ela a respeito dos meus próprios sentimentos sobre as situações que encontro. Se estou exasperada, digo: "Estou exasperada." O fato é que estou de mau humor naquele momento, e tenho *permissão* para estar mal-humorada, embora não para descontar nos outros. Daí que eu reconheço o meu mau humor, mas não *reajo* à situação, não luto com ela – não desabafo o sentimento. Em vez disso, aceito todos os meus sentimentos. Ao fazer isso, eu me vejo mudando espontaneamente para a plena aceitação das circunstâncias.

Similarmente, quando estamos num engarrafamento, eu digo: "Estamos agora num engarrafamento." Desisto de rotular essas experiências como "boas" ou "más", recusando-me a impor a essas experiências do presente coisas acumuladas do meu passado, muito menos a minha imaginação de como o futuro deveria ser. A questão é parar de tentar mudar a realidade de acordo com os seus desejos.

Conforme se aprofunda a nossa noção de quem somos, nosso ser interior se mostra com espaço suficiente para incluir tudo que a vida coloque no nosso caminho.

É Possível *Confiar* na Vida?

Confiando que os mensageiros da vida se aproximam de nós com segredos para revelar sobre quem realmente somos, acolhemos nossos filhos pelas mensagens que *eles* têm para nós. Não os julgamos, culpamos ou nos afastamos deles por iluminarem a nossa inconsciência, mas aprendemos com eles com humildade e gratidão.

Exatamente no pacote em que nossos filhos entram na nossa vida, eles estão aqui para nos ensinar como libertar o nosso ego e aceitar o nosso ser autêntico. Penso em Elizabeth e Matthew, que têm dois filhos, e como o pacote em que cada um desses meninos veio revelou-se a Elizabeth como um presente sábio da vida. Ela foi capaz de ver que aceitar seus filhos exatamente como eles são continha uma poderosa lição para ela.

O filho mais velho de Elizabeth e Matthew, David, é um astro do basquete, um aluno excelente, generoso e piedoso por natureza, e acima de tudo uma alma verdadeiramente sábia. As coisas são um pouco diferentes com o filho mais novo, Deacon. Não tão academicamente astuto, nem atleticamente inclinado, Deacon é um tanto relaxado, desatento, esquecido e preguiçoso. Levando a vida de um modo não tradicional, ele se recusa a ser pressionado pelas regras convencionais da vida, preferindo estabelecer as suas. Sem se preocupar com a aparência, com o que veste ou como é visto, ele resiste à competição e ao sucesso no mundo material, preferindo passar o tempo cuidando dos seus bichinhos, lendo e dando aulas para crianças pobres. Aparentemente sem se comover com os números no seu boletim, ele falta regularmente às aulas, declarando que quer ser fazendeiro orgânico ou ensinar num país do Terceiro Mundo. Porque é um sonhador e não tradicional em todos os sentidos da palavra, ele às vezes é um pesadelo para o pai.

Se Matthew tem dificuldade em aceitar Deacon, ele acha ainda mais difícil conciliar o fato de seus dois filhos serem tão diferentes. Ele se sente orgulhoso quando está com David, mas se sente humilhado e até ressentido perto de Deacon. Ao categorizar seus filhos com base em como eles fazem o seu ego se sentir, ele é incapaz de descobrir as abundantes lições presentes para o seu crescimento.

Elizabeth, por outro lado, "entende" totalmente. Ela vê como David serve para solidificar o seu ego, mas como Deacon o desmorona. "Imagine que mãe terrivelmente egoísta eu seria se só tivesse tido David", ela me confessou. "Graças a Deus por eu ter Deacon para me lembrar de aceitar melhor o que é diferente e não tradicional."

Seu Filho Não Precisa Conquistar a Sua Confiança

Como poucos realmente confiam na sabedoria da vida, as pessoas tendem a projetar nos filhos a sua falta de confiança. Consequentemente, a nossa sociedade acredita que a confiança tem de ser conquistada.

Acredito que não só nossos filhos não precisam conquistar a nossa confiança, como eles precisam saber que confiamos neles implicitamente porque os vemos fundamentalmente confiáveis. Pedir a eles para conquistarem a nossa confiança reflete uma atitude insegura, sedenta de poder, que está carregada de medo e de ego.

Ter confiança implícita neles requer que, como pais, *nós* exibamos uma reverência básica pela vida e confiança nela. O grau em que nossos filhos sentem que confiamos neles reflete a nossa própria confiança ou falta dela. Quando partimos da atitude de que tudo na vida é sábio e, portanto, todas as suas manifestações são boas, vemos nossos filhos assim. Enquadramos todos os erros como emergindo de um lugar puro. Se é assim, onde existe espaço para não confiar em nossos filhos? Por outro lado, se estamos ansiosos e duvidamos da nossa habilidade para transformar as lutas da vida em ouro espiritual, por mais que asseguremos aos nossos filhos que tudo vai dar certo, inconscientemente transmitimos a mensagem oposta.

Como pais, comunicamos confiança e desconfiança das maneiras mais sutis. As perguntas que fazemos aos nossos filhos, os sermões que lhes pregamos e os conselhos não solicitados que lhes damos, tudo isso transmite confiança ou desconfiança. Por exemplo, quando perguntamos repetidas vezes aos nossos filhos se estão bem, acreditando que estão passando por algum problema, sem querer comunicamos a nossa própria ansiedade e, portanto, a nossa desconfiança da vida. Ao vigiarmos constantemente o que nossos filhos estão fazendo, rondando-os ou precisando saber tudo sobre o mundo deles, comunicamos uma sensação de incerteza que mina a confiança básica neles mesmos. Quanto menos os controlarmos ansiosos, mais comunicamos a mensagem de que não precisamos ficar o tempo todo no controle porque sabemos muito bem que eles são plenamente capazes de cuidar de si mesmos e pedirão ajuda se precisarem.

Quando tomamos decisões por nossos filhos sem lhes dar a chance de planejar o seu próprio curso, nós lhes comunicamos a nossa eficiência e a impotência deles, o que promove uma desconfiança neles. Se, em vez disso, solicitamos as suas ideias e mostramos respeito por elas, mesmo que não possamos sempre incorporá-las nos nossos planos, comunicamos uma profunda reverência pela habilidade deles em contribuir para a discussão. Nossos filhos sentem quando temos um verdadeiro, profundo, respeito por suas opiniões e escolhas. É vital reconhecermos que, embora possam ainda ser pequenos, eles têm uma opinião válida que respeitamos e sempre levamos em consideração. Conforme eles veem que a presença deles é significativa e importante para nós, aprendem a confiar na sua voz interior.

Promovemos a confiança sempre que encorajamos nossos filhos a falarem e serem ouvidos. Eles aprendem a confiar em si mesmos quando lhes dizemos: "Admiro como você expressa os seus pensamentos", e lhes garantimos: "Confio em que você faça a coisa certa." Se acontecer de eles fazerem uma escolha pouco sensata, não permitimos que isso nos faça indicar uma falta de confiança neles, mas simplesmente lhes dizemos com naturalidade: "Você tomou esta decisão e agora está aprendendo com isso." Falta de confiança não entra na equação.

Eu asseguro à minha filha: "Você estará sempre bem, não importa em que circunstância se encontrar, porque esse é o tipo de pessoa que você é." Acima de tudo, comunico uma confiança na capacidade da vida de tomar conta espiritualmente de nós. Uma vez que olhamos para a vida como uma incubadora de consciência, o que existe para não se confiar?

Quando nossos filhos sentem o nosso respeito por suas habilidades para liderarem o caminho, isso lhes dá um poder imensurável. Ao aprenderem que merecem a nossa confiança, isso vai significar o mundo para eles. Naturalmente estarão à altura da nossa confiança.

Como Você Atrai Muitas das Suas Circunstâncias

A vida em si mesma não é boa nem má, mas neutra. Entretanto, cada um de nós tem o poder de escolher como interpretamos nossas experiências, o que afeta muito a natureza delas.

Até nos tornarmos cientes, nossa interpretação de cada uma das coisas que nos acontecem é feita baseada automaticamente em padrões arraigados. Rotulamos nosso mundo segundo como *percebemos* o que está acontecendo, não porque é realmente assim. Por exemplo, se sentimos dor, tendemos a rotular a nossa realidade como "má". Ao fazer isso, estamos *escolhendo* como sentimos a respeito da nossa dor – tal como se nos sentimos tristes, zangados, confusos ou pouco amados. Nossas escolhas são o resultado dos anos de condicionamento que recebemos quando crianças.

Quando você opera a partir da visão de mundo de que a vida, no exato padrão em que ela se desenrola na sua frente, tem para você lições transformacionais, não evita mais as experiências. Pelo contrário, você as convida, sentindo que atraiu essas lições por um anseio inato de se desenvolver espiritualmente.

Quando as pessoas escutam que podem ter provocado o que veem como uma experiência negativa em suas vidas, ficam indignadas: "Isso significa que fui eu que causei o câncer no meu corpo ou o acidente que meu filho sofreu? Como posso ser responsável por um terremoto ou a reviravolta na economia? Não posso ser a causa desses eventos aparentemente aleatórios." Muitos ficam confusos com isso.

No meu próprio caso, a minha confusão se esclareceu quando percebi que existem dois *tipos* de eventos: pessoais e impessoais. Eventos pessoais incluem casamento, parentalidade, trabalho, amizades e situações semelhantes. Através do envolvimento com outro, é óbvio que somos cocriadores da realidade que experimentamos. Eventos pessoais também incluem elementos como nossos hábitos alimentares, escolhas de exercícios, atitudes e níveis motivacionais. Embora talvez gostemos de viver na ilusão de que as coisas simplesmente "acontecem", ajudamos a criar a nossa realidade só por estarmos presentes na dinâmica.

Eventos impessoais são um pouco diferentes e tendem a parecer que só acontecem com a gente. Estou pensando em aspectos da vida tais como a economia, o mau humor do nosso supervisor, o cão barulhento do vizinho, um acidente de carro cuja culpa não foi nossa, uma enchente ou um tornado. Esses eventos parecem aleatórios e imprevisíveis, como se pudessem se precipitar sobre nós sem avisar – e certamente sem a nossa aprovação consciente.

Se estamos negando a loucura potencial da vida, imaginando que de alguma maneira a nossa resistência irá, como num passe de mágica, impedir que coisas nos aconteçam, vamos nos encontrar num caldeirão de frustrações, se não de desespero. Quando esses eventos ocorrem, a chave é a *nossa reação* a essas ocorrências aleatórias. É aqui que vamos fazer uma escolha e dar o nosso consentimento.

Há épocas em que a vida parece insuportavelmente tênue e extremamente imprevisível, muitas vezes nos deixando com uma sensação de ressentimento, o que pode nos levar a adotar uma atitude de resignação. Entretanto, o fato de existir um elemento aleatório na realidade não é motivo para resignação. Não nos fazemos nenhum favor adotando uma sensação de fatalismo, sem assumir o controle sobre a nossa vida.

Nem os caprichos da vida são motivo para paranoia, se estamos sempre imaginando quando seremos atingidos por seus excessos. Pelo contrário, abordamos tudo com total aceitação e um intensificado apreço por cada momento. Aceitar a vida não significa sentir-se derrotado, mas vigorosamente aceitar a sua natureza *como é*. Aceitar a vida *como é* requer atenção a tudo que está diante de nós, depois escolher como reagir. Então, e só então, temos consciência para afetar as circunstâncias em que estamos envolvidos.

Viver a vida com consciência significa ser capaz de dançar na linha sutil entre assumir plena propriedade sobre nossa saúde psicológica e espaço energético, e saber sempre que acontecem coisas que podem nos tirar do nosso eixo. É essa constante interação entre nos responsabilizarmos e nos rendermos que define o nosso viver consciente. Sabemos que acidentes ocorrem, mas também que não têm de determinar a nossa reação. Estamos todos sujeitos à natureza imprevisível e às vezes aparentemente cruel da vida, mas é nossa escolha se vamos viver como vítimas.

Todos nós queremos saber *por que* as coisas acontecem conosco, imaginando que se apenas soubéssemos a razão nos sentiríamos mais seguros. O remédio amargo que todos devemos engolir é que não sabemos o "porquê". Poderíamos postular que eventos acontecem devido à confluência de antigos carmas ou atribuí-los ao acaso. O fato é que as coisas acontecem, e talvez jamais saibamos a razão – se existe uma razão em muitos casos.

Embora não sejamos capazes de dizer por que as coisas acontecem, existem aspectos que podemos comentar que são mais pessoais e, em última análise, mais relevantes. Por exemplo, poderíamos perguntar: "Como essa circunstância em que me encontro pode promover o meu crescimento? A que propósito serve esse turbilhão na minha vida para mim mesma e para outras pessoas?" Essas perguntas têm o poder de transformar um "mau" evento numa experiência indutora de crescimento, pela qual extraímos ouro emocional do que parece tão negativo. Essas perguntas têm o potencial apenas de nos fazer passar do sentimento de culpa para o de propriedade e autoria. Essas perguntas nos autorizam a transcender uma sensação de que a vida nos vitimou.

A escolha da pergunta diferencia a vítima do sobrevivente. A vítima choraminga: "Por que a vida me deu esta luta?" O sobrevivente pergunta: "Como posso usar essa luta para um desenvolvimento maior?" É uma questão de não permitir à nossa identidade ser definida pelo que acontece na nossa vida. Em vez disso, compreendemos que é a forma como reagimos, criativa ou negativamente, que define o nosso destino.

Você Pode se Libertar da Sua Inconsciência

Existe uma técnica muito útil para vigiar nossos pensamentos e emoções. Escrever um diário pode nos ajudar a nos tornarmos cientes do que está acontecendo dentro de nós, e de como atribuímos às coisas interpretações indevidas, porque ele nos permite criar uma pequena distância entre o nosso ser interior e nossos pensamentos.

Para que esse diário seja realmente eficaz, é benéfico usar uma abordagem "automática" ao escrever, o que significa que não pensamos no que vamos colocar no papel, mas simplesmente registramos o nosso fluxo de consciência. Reservando uma hora todos os dias, escrevemos de uma maneira livre, associativa.

Essa escrita afrouxa o poder que o nosso ego tem sobre nós. Ao vermos nossos pensamentos expostos no papel, somos capazes de separar deles a nossa identidade. Percebemos: "São apenas pensamentos." Porque são apenas pensamentos, não precisamos mais nos sentir dominados por eles. Pela rigorosa prática de escrever todos os dias, aprendemos a permitir que nossos pensamentos e as emoções que muitas vezes os acompanham simplesmente existam, não os considerando mais importantes do que são. Ao fazer isso, mergulhamos na tranquilidade que existe debaixo deles, onde reside o nosso verdadeiro ser.

A conscientização também pode ser promovida reservando um período todos os dias para ficarmos sentados em silêncio e sozinhos, com os olhos fechados e atentos à nossa respiração. Basta observar a expiração e a inspiração, conforme a respiração entra e sai das nossas narinas, ou entra e sai do nosso peito. Ter consciência da nossa respiração nos permite entrar no aqui e agora. Focados nela, observamos que, como a nossa respiração, nossos pensamentos e emoções são fugazes. Aceitamos que são *apenas* pensamentos e emoções. Como pensamentos e emoções são por natureza impermanentes, não temos obrigação de nos apegarmos a eles, mas podemos abandoná-los porque não são a nossa identidade. Essa simples prática de colocar um pequeno espaço em torno de nossos pensamentos e emoções nos permite experimentá-los com um distanciamento que nos liberta da compulsão de colocá-los em prática. Ficamos sentados com nossos pensamentos e emoções de um modo não reativo, sem necessidade de descarregá-los na realidade externa. Desse modo, libertamos a nós e aos outros do emaranhado emocional que se origina de estarmos nas garras do condicionamento do nosso passado.

Como isso afeta nossos filhos? Imagine que, como pai ou mãe, o pensamento lhe ocorra: "Meu filho, ou filha, não me escuta." Ou você começa a sentir: "Estou sendo desrespeitado." Em vez de interpretar isso como: "Meu filho é desrespeitoso", ou "Sou um pai que não tem jeito", você se senta com seus pensamentos e emoções. "Por que estou me sentindo provocado?", você se pergunta. Talvez venha a perceber que se sente impotente em alguma área da sua vida que não está relacionada com a paternidade, e seu filho está simplesmente ativando esse sentimento. Ou, quem sabe, perceba que seu filho está provocando os sentimentos de impotência que sentia quando criança. Ao se tornar consciente desses sentimentos, você não age com seu filho de acordo com o que está pensando ou sentindo, mas, pelo contrário, responde de um lugar mais centrado. Mesmo que seu filho precise ser corrigido, o modo como isso é feito é menos cego, menos personalizado.

Ao aprender a não reagir a todos os seus pensamentos e emoções, você demonstra aos seus filhos que os pensamentos e as emoções deles não precisam despertar uma reação, mas podem ser usados para lhe ensinar algo sobre você mesmo. Quando seus filhos descobrem o poder de ficar sentados com seus pensamentos e sentimentos, o próprio espaço interior deles se abre de modo que criam uma conexão com os seus verdadeiros seres.

Ao observar nossos próprios pensamentos e emoções à medida que crescem e se acalmam, passamos a observar o mundo à nossa volta. Isso acarreta aprender que a realidade simplesmente *é*, o que nos capacita a responder de um estado neutro. Afinal de contas, a realidade *é* neutra, permitindo-nos interpretá-la como preferirmos.

Enquanto nos concentramos na nossa respiração, nos perguntamos: "O que na característica *como é* da realidade não estou querendo me render e aceitar?" Quando conferimos o nosso termômetro interno antes de agir, nós nos habilitamos a vir de um lugar consciente. Permitimos que a realidade se revele porque não experimentamos mais um forte impulso para lhe impor o nosso "eu". Nesse estado, estamos livres simplesmente para experimentar.

Quando não conseguimos lidar com a vida na sua forma *como é*, tendemos a nos envolver seja num comportamento que prejudique os outros, tal como controle ou raiva, seja num comportamento derrotista, como comer demais, trabalhar demais, malhar demais, beber demais, automedicar-se ou usar drogas ilícitas, enquanto esperamos que as coisas cheguem à sua forma "deveria ser".

Ao aprendermos a reagir à vida *como ela é*, os momentos mais comuns tornam-se ferramentas de aprendizado que mostram aos nossos filhos como eles podem se desligar da força do seu próprio voluntarioso ego. Por exemplo, se quebramos um ovo sem querer, dizemos: "Ah, o ovo quebrou. Acho que eu não estava prestando atenção." Se estamos presos num engarrafamento, em vez de nos queixarmos, dizemos: "Isso acontece às vezes e não temos controle sobre isso. Então vamos aproveitar para jogar um jogo, cantar uma canção ou apenas descansar." Desse modo, nossos filhos aprendem a não se sentirem ameaçados pelos reveses da vida. Eles descobrem que não somente é possível ficar tranquilos nesse espaço sem se sentirem ansiosos ou emocionalmente reativos, mas também que pode ser um lugar divertido.

Tendo dito isso, quero deixar claro – como enfatizei antes – que não estou falando de abordar a vida de uma maneira: "Eu sou feliz", que não é de modo algum a mesma coisa que ser real. Estou falando de aceitar que uma situação *é o que ela é*. Aí então descobrimos como usar melhor a situação para o benefício de todos. O fato é que às vezes a vida nos presenteia com situações injustas.

Um exemplo é o dia que levei minha filha de três anos ao médico para uma consulta marcada para as 7h30 da manhã. Quando tivemos de esperar duas horas e meia até o médico nos atender – muito tempo para uma criança de três anos –, eu fui franca. O médico se desculpou muito e prometeu que isso não ia acontecer de novo. Foi benéfico para minha filha me observar falando de um lugar de sentimento.

Reagir de um estado mental neutro não significa necessariamente que a nossa reação é neutra. Pelo contrário, ela tem uma qualidade *como é* feita sob medida para uma situação *como é*, não contaminada por um forte condicionamento no passado. Por essa razão, é fácil deixar passar, uma vez que resolvemos nossas emoções no aqui e agora.

Como podemos diferenciar quando é apropriado dizer o que a gente pensa e quando não é? A diferença está no lugar de onde nós estamos vindo. Estamos vindo de um estado egoico inconsciente, de modo que impomos o nosso condicionamento do passado à nossa realidade presente? Ou estamos tendo uma reação autêntica do momento presente que é adequada à situação diante de nós?

Meus comentários para o médico não estavam baseados num passado inconsciente, mas numa situação que cruzava os limites das boas maneiras e da elegância. Eu estava honrando os meus limites. Porque eu não estava cegamente provocada com base no meu passado, fui capaz de falar com suavidade e firmeza. Eu não me sentia pessoalmente ferida nem tinha necessidade de ferir o outro. Depois de ter expressado meus sentimentos, fui capaz de não me importar mais com o assunto. Quando sentimos uma compulsão para mudar o ponto de vista do outro, ou então permitir que ele nos provoque até um estado de irresistível emoção, não estamos mais conscientes, mas em ego.

Aprender a nos desligar de pensamentos e emoções, e consequentemente das circunstâncias externas, pode ser desconcertante. Nós nos perguntamos: "Isso significa que vou deixar de amar os outros? Não vou mais me importar com nada? Vou me tornar uma pessoa fria e sem sentimentos?" Nos ver destituídos de drama emocional é no início perturbador. Tornar-se confortável com esse novo estado de questões internas, acostumar-se a levar uma vida livre de dramas, requer que se passe por um período em que a vida pode parecer vazia. Isso porque nos sentimos como se estivéssemos perdendo um senso de conexão com o mundo real. No devido tempo, percebemos que não estamos perdendo nada, mas aumentando a nossa conexão com o todo da realidade.

Quando nossos filhos observam que estamos menos apegados ao drama emocional, eles acompanham. E descobrem que pensamentos e emoções não passam de pensamentos e emoções.

Está Tudo na Interpretação que Lhe Damos

Deixe-me dividir com você um exemplo de que a forma como imaginamos a nossa experiência faz um mundo de diferença. Um jovem de dezesseis anos sofre de problemas relacionados com autismo, que são acompanhados por fortes ataques de pânico e paranoia. Seus ataques de pânico o deixam ansioso, ele acha extremamente difícil confiar em alguém, o que o leva a dramatizar ou se retrair. Consequentemente, tem muita dificuldade para socializar com seus colegas e até para sair de casa. Sair com ele é uma experiência penosa visto que os ataques de pânico acontecem a qualquer hora, em qualquer lugar, e deixá-lo sozinho em casa também nunca é uma opção. Num dia bom, ele pode ser divertido, calmo, relaxado; infelizmente esses dias são raros.

Os pais desse adolescente são os mais dedicados que já conheci, tendo alterado toda a sua vida para cuidarem da deficiência do filho. Embora estejam com ele 24 horas, sete dias na semana, nem uma vez nos dois anos em que trabalhei com o garoto eles perderam a paciência ou mostraram qualquer sinal de frustração. Eu perguntei ao pai: "Como vocês são tão pacientes, amorosos e esforçados? Não têm vontade de se zangar e berrar para o mundo e gritar: 'Isso não é justo'?"

Ele olhou para mim, intrigado: "O que não é justo?", perguntou. "Que meu filho seja como ele é? Ele é meu filho, e eu o aceito totalmente. Se ele é difícil, isso significa que preciso ser mais paciente. Se está assustado, preciso ser mais delicado. Se está ansioso, preciso lhe dar mais conforto. Eu lhe dou o que ele precisa de mim porque estou aqui para isso."

Aqui estava um homem que havia escolhido viver o seu destino de boa vontade. De jeito algum fazendo o papel de vítima, ele havia escolhido não apenas sobreviver, mas prosperar diante desse desafio. Compreendendo plenamente a sua responsabilidade e papel na dinâmica, ele sabe que a sua abordagem com o filho tem o poder de definir as suas realidades em conjunto. Como um participante na íntegra, ele considera a sua vida uma aventura, não importam as desvantagens.

Vencedores na aventura da vida não estão focados apenas em *por que* a vida se apresenta dessa forma, mas, pelo contrário, concentram-se no seu desejo de crescimento. Aceitando a realidade como ela é, percebem que a vida é como o oceano, com águas que às vezes estão calmas e outras vezes tumultuosas, e se ajustam para seguir com o fluxo. Avaliando a energia ao seu redor, renunciam à sua agenda de como a vida "deveria" ser e reagem às suas situações nas suas formas *como é,* com flexibilidade emocional, em vez de rigidez. Precedendo a intelectualização, eles vêm de um lugar de intuição, com uma sabedoria que reconhece que não se pode jamais saber o "porquê". Em vez de buscar impor a sua vontade à realidade, eles aprendem com ela, abordando tudo que lhes acontece como estudantes, no lugar de vítimas. Sabem que, com frequência, quando a realidade trabalha ao contrário de nossos decretos, as joias da coragem e da esperança brilham. Sabem como moldar suas experiências dentro de uma filosofia que valoriza o fracasso como o maior professor da vida. Quando tudo é visto como uma oportunidade para crescimento, o "bom" e o "ruim" são duas faces de uma única moeda de autodesenvolvimento.

Quando moldamos nossas experiências de um modo que nos permita extrair delas um sentido maior, vemos tudo na vida como um sábio professor. Até a pior das ofertas da vida são consideradas um chamado para nos tornarmos nosso eu superior, de modo que nossos momentos de maior fraqueza se tornam os mais transformadores.

Se vemos a vida como um guia sábio, cada circunstância está repleta de oportunidades para ensinar nossos filhos a dar, receber, a humildade, a paciência, a coragem e o amor. Temos apenas que estar dispostos a identificar essas oportunidades em meio ao lixo. Quando ensinamos nossos filhos a encontrar a lição emocional por trás de cada experiência, nós os ensinamos a aceitarem as suas vidas com prazer. Eles não precisam mais se ver como vítimas. Pelo contrário, são capazes de se apegar a uma noção de autonomia.

Quando nos confrontamos com situações e relacionamentos que menos esperamos, e talvez nem queiramos, temos uma chance de ativar a nossa capacidade de criar sentido e propósito. Muitas vezes isso requer fé de que o que está acontecendo é para o nosso benefício. Em qualquer situação, pode haver oportunidades ocultas para novas descobertas sobre nós mesmos e o nosso mundo. Existem certamente oportunidades para nos tornarmos mais pacientes, humildes e piedosos. Por essa razão, explorar com nossos filhos questões como:

Como essa experiência o fez se abrir?

O que precisa acontecer para você se render a essa experiência?

Existe alguma coisa a que você esteja resistindo ou algo de que tenha medo?

O que você vai levar dessa experiência para a próxima?

Quando nossos filhos nos observam processar as experiências e lidar com a vida como se ela estivesse repleta de ricos sentidos e oportunidades para crescimento, é assim que abordarão seus próprios desafios. Vão aprender a serem amigos de suas experiências e confiar que elas existem para aproximá-los mais da autenticidade.

Abordando a parentalidade com essa filosofia, comunicamos aos nossos filhos a segurança de que a vida não é para ser temida e resistida, mas que ela tem infinita sabedoria em todas as suas formas, cores e dimensões. Ensinamos os nossos filhos a aceitar situações sem reagir a elas, sem lutar contra elas. Dessa maneira, aprendem a se tornarem cocriadores de suas vidas, vendo-as como parceiros com os quais crescer, não um inimigo a ser conquistado.

A vida está aqui para ser o nosso professor, nosso guia e nosso parceiro espiritual. Estamos aqui para revelar a nossa inconsciência e integrá-la. Para esse propósito, nosso passado reaparece no nosso presente. Nossa habilidade para nos libertarmos de suas sombras vai determinar como o nosso futuro será livre. Cada experiência aparece diante de nós para nos ensinar mais a respeito de nós mesmos. Quando a realidade não vai de acordo com nossas expectativas, em vez de reagir nos dizemos: "Renda-se, abandone, desapegue-se, examine a expectativa." Os pensamentos e as emoções são um reflexo de nosso estado interior e exigem observação, não reação.

Forjamos uma conexão com nosso ser interior numa base de momento a momento. Sem medo de ficarmos sentados na nossa solidão, invocamos a tranquilidade interior. Isso nos possibilita fazer uma pausa antes de interpretarmos algo e reagirmos à nossa interpretação. Às vezes a realidade nos apresenta lições de um modo muito duro e severo, mas as aceitamos com calma e confiança, sabendo que esses momentos vieram para nos ensinar o que precisamos para crescer. Em vez de escolher o que gostamos ou não sobre a nossa realidade, somos gratos a todo o contexto por ser um sábio professor, até seus aspectos desafiadores.

Quando podemos enxergar nos outros o que vemos em nós mesmos, percebemos que estamos todos conectados e desejamos uma conexão maior. Somos, portanto, humildes antes de tudo, sabendo que não somos mais nem menos do que os outros, e que quando servimos aos outros servimos ao nosso ser interior. Na verdade, a melhor maneira de darmos aos outros é entrando na nossa condição interior e integrando-a.

A lição mais valiosa que você pode ensinar aos seus filhos é que a vida é o desdobrar do eu consciente. Quando você lhes mostra que a chave para a satisfação está em aceitar as situações sábias em que a vida nos coloca, você está lhes ofertando uma grande dádiva. Com essa perspectiva, eles serão amigos da vida, sabendo que ela busca ser benigna para eles até quando as suas lições podem parecer severas. Quando virem que podem transformar cada experiência em outra que aumente a autoconsciência e promova o crescimento, eles aprendem a considerar a vida como um amigo, um parceiro íntimo na sua jornada para a autoconsciência.

CAPÍTULO 7

O Desafio de Toda uma Vida
O Primeiro Ano de Vida e os "Terríveis Dois Anos"

Na dança de pais e filho, nós nos afetamos de modos complexos, moldando-nos mutuamente e deixando as nossas marcas na psique um do outro. Por essa razão, cada um dos estágios de desenvolvimento de nossos filhos providencia um abundante espaço para a evolução tanto dos pais como do filho, oferecendo-nos portais para uma experiência mais consciente de nós mesmos como pais.

Visitas ao consultório do pediatra em geral não envolvem conversas sobre a conexão íntima entre pais e filhos. Nem elas colocam em foco o imperativo que temos como pais de nos tornarmos cientes de nossa inconsciência e como isso afeta o desenvolvimento de nossos filhos muito mais do que se eles aprendem cedo a ler e escrever ou a escola que frequentam. Ainda mais na sombra está o fato de que, assim como existem marcos físicos e intelectuais que desejamos que nossos filhos alcancem, a jornada da parentalidade nos presenteia como pais com marcos espirituais que precisamos alcançar.

O significado emocional e espiritual de cada estágio do desenvolvimento de nosso filho é muitas vezes obscurecido pelo que pensamos serem preocupações mais "práticas", tais como nutrição, padrões de sono e problemas de comportamento. Por essa razão, para identificar esses marcos, nossos olhos precisam estar treinados para ver cada estágio do desenvolvimento de um modo que transcenda o físico e o cognitivo, indo, ao invés, ao âmago da questão – o relacionamento espiritual entre pais e filho.

A transição para a parentalidade é complexa, exigindo que capitulemos a uma irrevogável perda da nossa identidade como até então a conhecemos. Para criar o espaço interno exigido para aceitar cuidar de um novo espírito, os pilares do nosso velho estilo de vida devem ruir. Quem éramos antes de nos tornarmos pais não existe e não pode existir com a mesma ferocidade. Quando os filhos entram na nossa vida, o impacto deles é indelével, e somos então obrigados a nos reinventar.

Se virmos os vários estágios do desenvolvimento de nossos filhos não só pelas lentes de como eles progridem de acordo com uma escala ou comparação com os outros, mas como uma oportunidade de crescimento espiritual e emocional para ele *e* para nós, começamos a andar por esse caminho como parceiros espirituais, encontrando afinidade no que cada um oferece ao outro.

Vamos ver as lições espirituais na criação de nossos filhos em seções. Depois, no capítulo seguinte, vamos tratar dos anos escolares.

Lições da Infância para os Pais

Assim que chegamos à porta de casa com a nossa trouxinha de felicidade, o nosso estilo de vida muda. Só pelo fato de alimentarmos nossos bebês numa programação não sujeita aos nossos ritmos circadianos é uma enorme mudança. Quando deixamos de ser indivíduos por nós mesmos para ficarmos a serviço de nosso bebê, nossas fronteiras se estendem além de qualquer coisa que podíamos ter imaginado. Recorrer à nossa capacidade de amar e servir ao outro é ao mesmo tempo profundamente emocionante e um choque.

Na fase de bebê, a agenda espiritual básica gira em torno de unidade e união. Isso é quando a ligação mais profunda acontece.

Filhos e pais se impregnam uns nos outros, sincronizando ritmicamente corpo e mente. A respiração, os choros e olhares da criança fundem-se com a característica original biológica e psicológica, criando um novo modelo. O estado mental dos pais, incluindo fantasias, medos, inibições e coragem, é registrado no corpo do bebê de modo celular. Tudo fica armazenado, enriquecendo o sangue, deixando a pele mais macia, reforçando os músculos.

O modo como os pais de uma criança explodem em gargalhadas, ou sorriem hesitantemente, recebem bem a chuva no rosto ou correm para se abrigar, aceitam seus temores ou curvam-se envergonhados, convidam desafios ou sucumbem à dúvida, entram em pânico ou aquietam calmamente o seu bebê quando ele chora – tudo isso é notado pelo bebê, que está absorvendo. É então que os tijolos e o cimento da noção de si mesmo são dispostos, é quando os pais formam pela primeira vez as suas identidades como cuidadores e educadores.

Infância é segurança psicológica e conforto físico. A criança aprende as primeiras vogais da sua linguagem espiritual e grava a primeira marca da sua assinatura espiritual. Como seus pais e primeiros cuidadores respondem às suas principais necessidades físicas e criam uma noção de unidade, monta-se o cenário para todas as dinâmicas posteriores entre pais e filho. Sem ter ainda uma noção clara de quais são os seus limites físicos, o bebê precisa ser mantido próximo do corpo de seus pais ou cuidadores para se sentir seguro e protegido. Assim, ele aprende a confiar no seu mundo externo e desenvolve uma noção de segurança.

Através do dar e receber, criança e pais aprendem a estar numa união simbiótica, cada um contribuindo para o crescimento do outro. Embora pareça que o relacionamento é principalmente de mão única, com os pais servindo ao bebê, é pelo constante serviço que nossos bebês nos permitem acesso às nossas profundidades espirituais. As demandas por cuidados de um bebê nos fazem mergulhar no nosso âmago, onde descobrimos que temos a capacidade de dar, servir e alimentar com a intensidade exigida. Assim, nosso bebê nos mostra a nossa habilidade para transcender nossos próprios desejos egoístas e nos tornarmos presentes para o outro. Dessa maneira, os bebês são reflexos de nossa profunda humanidade.

Nesse estágio, é como se o nosso ser estivesse dizendo ao do nosso filho: "Não sei mais onde você começa e eu termino. Dias e noites se misturam numa névoa de brilho e fadiga. Eu sou elástico, borracha e cera. Curvo-me à sua vontade sem resistência, sem limites, transparente como vidro. Mesmo quando você não está comigo, eu estou com você, imaginando você. Não há momento que eu exista separado de você."

Uma Jornada de Autodescoberta

Sejam quais forem as imagens que tivemos do que seria a jornada da parentalidade – fantasias de momentos róseos repletos do perfume do corpo de nossos bebês, o inegável prazer de pegá-los no colo, a sensação de ter criado uma noção de família e continuidade –, quando a parentalidade desce sobre nós, descobrimos as nossas fantasias ruindo à nossa volta diariamente.

Como um bebê precisa de quem cuide dele 24 horas por dia, sete dias por semana, os primeiros anos de parentalidade são tão exaustivos como excitantes, tão comuns e rotineiros como são espetaculares. Dar ao nosso bebê o que ele precisa na hora é uma enorme responsabilidade psicológica e emocional que tem o potencial de nos drenar energia e sanidade, especialmente se não temos ajuda adicional. Se também estamos fazendo malabarismos com uma carreira, ela pode nos exaurir além de todos os limites concebíveis, empurrando-nos para a beira de um colapso psicológico. Ao descobrirmos que o nosso tempo não nos pertence mais, chegamos à profunda conclusão de que não podemos mais chamar de nossa a nossa própria *vida*. Alguém está no assento do motorista, as necessidades de outra pessoa são mais importantes.

O relacionamento que compartilhamos com nosso bebê só pode ser descrito como uma dança energética profundamente íntima em que almas se unem e destinos se fundem. Quando nos abrimos para essa percepção, com minúsculos passinhos nosso bebê então nos faz valsar até o nosso âmago. Sentimos com uma nova intensidade: amor, culpa, medo, angústia, confusão, insegurança, incrível exaustão. Nunca tendo tido que cuidar de outro ser assim, somos jogados na órbita do incessante dar, que nos confronta com nosso eu superior assim como com o inferior. Descobrimos partes de nós mesmos que não sabíamos existir – a nossa capacidade de amar, dar e servir, e correspondentemente o nosso desejo de controle, poder, valorização e perfeição.

Visto que bebês vivem no momento, livres de qualquer agenda ou desejo de manipular, não podemos nos apegar a fantasias do que "deveria" estar acontecendo se vamos nos envolver com eles. Como para um bebê cada momento é radicalmente novo, não existe agenda nem previsibilidade. Acordado durante horas numa noite e dormindo profundamente na noite seguinte, com cólicas e irritadiço num momento, balbuciando encantado no seguinte, os primeiros seis meses de um bebê especialmente determinam que nos tornemos receptivos ao constante turbilhão e caos até que se crie uma rotina. A primeira infância é realmente um cenário *é o que é*, onde se apegar ao desejo que fosse diferente é uma busca inútil e enorme desperdício de tempo. Por mais impotentes que os bebês sejam, eles é que estão no total controle de seus horários e necessidades. Nós existimos simplesmente para servir.

Servindo, prestamos a nós mesmos um serviço. Ao longo do cuidado diário do nosso bebê, descobrimos a expansão sem fronteiras do nosso coração, tocando a nossa ilimitada capacidade de compaixão e amor incondicional. Como não estamos acostumados a viver no momento atual e a estar sintonizados com as necessidades de outra pessoa de maneira tão intensa, o convite para estar presente para o nosso bebê é um desafio. Viciados como somos no foco incessante nas nossas próprias necessidades, estar presente para o nosso bebê pode ser intimidante, arrasador. Aqueles que reúnem coragem para assumir o desafio descobrem que o ato de dar afrouxa a garra sobre seus egos, oferecendo-lhes uma chance de viver na zona do não eu.

Como nossos filhos nos levam além das estreitas necessidades do nosso ego, ficamos íntimos com nosso potencial para o *altruísmo*.

Reconhecer a nossa capacidade de altruísmo é particularmente crucial durante esse estágio de desenvolvimento do nosso filho, porque o reflexo de um bebê nos olhos dos seus pais é a única validação da sua experiência interior. Imagine se um bebê está aborrecido, mas, em vez de refletir de volta o aborrecimento, a mãe começa a rir ou fica zangada. Essa criança experimenta uma grave dissonância, ficando confusa. Se a mãe se identifica com ela através de um tom de voz tranquilizador e um abraço confiante, o bebê se sente validado na sua emoção e vai se permitir ser acalmado. Assim ele aprende a estar centrado.

Devido à nossa própria preocupação mental, às vezes podemos simplesmente ser incapazes de responder ao nosso bebê de uma forma autêntica. Podemos estar preocupados demais com nossos próprios problemas para estarmos realmente presentes com o nosso filho. Por exemplo, estamos tristes por alguma coisa, talvez sejamos incapazes de refletir uma sensação de alegria. Nesses momentos, talvez nos vejamos perguntando: "Como posso acalmá-lo, se estou numa tempestade internamente? Como posso devolver o seu sorriso, se estou chorando por dentro? Como posso acalmar os seus medos, se eu mesmo estou tremendo? Como posso deixar que você se encontre, se eu mesma estou perdida?" Esses momentos estão fadados a nos acontecer ocasionalmente. Criar um filho muitas vezes exige que deixemos a nossa latejante dor de cabeça, a tristeza ou o desânimo de lado e nos concentremos nas necessidades dele. Nessas ocasiões, a saída para o nosso sofrimento é *através* dele. Simplesmente permitimos que a nossa dor seja o que ela é e simplesmente *estar com ela* da melhor maneira possível.

Criar filhos conscientemente não é "fazer a coisa certa" o tempo todo, mas evoluir juntos. As crianças são muito magnânimas, e não são irreparavelmente prejudicadas por esses momentos em que não somos eficientes. Pelo contrário, elas aprendem a aceitar as próprias limitações quando nos veem aceitar as nossas.

Quando servimos aos nossos filhos de um modo razoavelmente consistente, respeitando a sua dignidade como nossos parceiros espirituais e amigos, entramos num estado de humildade e gratidão. Retribuímos porque recebemos muito. Fazendo isso, criamos um círculo de afinidade duradoura e regeneração espiritual.

Uma Chance de Recuperar o Seu Ritmo

Com um bebê precisamos estar presentes quando ele está com sede, com fome, quando chora, precisa trocar a fralda, deseja brincar e quer dormir. Isso pode ser um desafio, especialmente para aqueles de nós que estão apegados aos estilos tradicionais de vida e de relacionamentos, que estão centrados na verbalização, intelectualização e desempenho. A primeira infância é tudo menos isso.

Como os bebês não operam no reino verbal e intelectual, mas numa existência sonhadora suspensa entre sono e vigília, nem aqui nem ali, somos incapazes de nos comunicarmos com eles pelos meios tradicionais, o que torna a nossa tarefa ainda mais difícil. Responder a essa dificuldade exige que suspendamos todos os modos anteriores de conhecer e nos relacionar, e entrar na energia pura do nosso bebê.

Um bebê nos expõe a um ritmo de vida que já perdemos. A necessidade de experimentar a unidade com nosso bebê requer que olhemos para esse estágio inicial como uma época de redução de velocidade. Temos que nos acalmar e nos manter firmes enquanto cuidamos do bebê, ninamos para dormir ou trocamos mais uma fralda.

Um período de não produtividade, esse estágio no desenvolvimento do nosso filho nos pede que larguemos todos os apegos ao lugar onde estivemos ou para onde estamos indo, clamando, ao invés, pela nossa percepção de que *este momento, aqui e agora, é o único momento importante*. Um bebê convida: "Estou aqui. Fique comigo."

Para estarmos totalmente presentes para as necessidades de nossos bebês é preciso que relacionemos todas as outras exigências com uma prioridade mais baixa. Somente capitulando à nossa nova situação podemos aceitar a beleza do lugar onde estamos agora. Quem entre nós se mostra sensível descobre que não há nada mais importante – nem nossos passatempos, amigos, estilo de vida ou carreira.

Devido ao ritmo lento e aos minúsculos desenvolvimentos de um bebê, somos desafiados a mudar de velocidade, intensidade e direção de todo o nosso estilo de vida. Percebemos rapidamente que "sucesso" na vida de um bebê é medido de um modo totalmente diferente. Uma "grande" coisa é um sorriso, o balançar de uma perna ou um chocalho na mãozinha. Esses são marcos.

Para alguns pais, reconfigurar a sua noção de "grande" e saborear o diminuto e comum pode ser mesmo um salto. Mas é nesse desmantelar de ego do seu apego ao extraordinário, ao maravilhoso, ao dramático, e ao espalhafatoso que nossos bebês nos oferecem as lições espirituais mais necessárias. Na habilidade que eles têm de nos atrair para um estado atencioso de receptividade, focalizado nos seus pequenos arrotos, suspiros, corpos macios e não resistentes, unhas em miniatura e olhar arregalado, aprendemos a sentir prazer na abundante extraordinariedade do simples momento.

Nenhuma fase no desenvolvimento de seus filhos lhe oferece uma oportunidade melhor de aprender o poder do *ser* momento a momento do que a primeira infância. Sem paralelos na sua capacidade de levar os pais mais movidos pelo ego a um estado de alma mais profundo, mesmo que apenas por alguns instantes de cada vez, o aparente vazio de estar apenas com seu bebê é rico de plenitude espiritual. *Essa é a janela para mudar a sua vibração espiritual.*

Bebês, por sua capacidade de se envolverem no mundo deles de modos tão simples, mas despertos, nos obrigam a entrar num estado de presença envolvida. Nossos bebês nos pedem para arrulhar com eles, fazer caretas que imitam as deles, e apertá-los nos braços por nenhum outro motivo senão o de que desejam ser apertados. Se compreendessem a nossa linguagem, poderíamos lhes dizer: "Você exige que eu olhe para você com total atenção, que deixe de lado o meu cansaço, os meus problemas, preocupações, e que fique aqui plenamente, corpo, mente e alma. Não sabia que isso podia ser tão difícil."

Se fracassar em aceitar as lições espirituais do primeiro ano de vida do seu filho, você perde a oportunidade de acessar novas partes de si mesmo. Preso aos seus estilos estabelecidos, você compromete apenas um pedaço de si mesmo nessa aventura. Para ser realmente capaz de acessar as joias desse estágio profundamente espiritual do desenvolvimento do seu filho, você precisa respirar fundo e mergulhar no oceano. O grau de transformação interna que você experimenta será diretamente proporcional à profundidade do seu mergulho.

Uma vez capaz de entrar no espaço sagrado da primeira infância respeitando o seu significado espiritual, você colhe os frutos. Não somente o seu filho crescerá, mas você também. Conforme você se expõe a um jeito de ser diferente, por meio do qual você se torna capaz de se conectar não só com seu bebê, mas também consigo mesmo, você vai descobrir a sua profunda conexão com tudo na vida. Vai se expor ao que *realmente* significa viver no presente, livre do passado e do amanhã.

Quando a Criança Começa a Andar: Um Planeta Todo Seu

Na emergente dança de individualidade e unidade, de separação e união, nossos filhos aprendem primeiro a curtir simplesmente estar no abraço seguro do casulo dos pais. À medida que avançam para os dois anos, eles começam cada vez mais a explorar a sua individualidade e independência. Depois, nos anos escolares, aos poucos aprendem a colocar o fato de serem parte do todo e serem indivíduos dentro da totalidade de uma forma equilibrada.

Quando surge o desejo de uma criança de expressar a sua singularidade, é o anúncio de uma época difícil para os pais. As crianças de dois anos podem ser exasperantes, exaurindo a nossa paciência. Dizemos para virem aqui, e elas vão ali. Dizemos sobe, e elas escolhem descer. Dizemos não, e elas gritam ou choramingam até termos fantasias inconvenientes do que faríamos com elas se pudéssemos nos livrar dessa situação. Imprevisíveis e impetuosas, manipuladoras e querendo chamar atenção, elas podem ser mal-humoradas, carrancudas, grudentas, rebeldes, bagunceiras e tempestuosas. Passamos horas levando-as para atividades, combinando diversões com amigos, preparando a sua festa de aniversário, e, no entanto, são ingratas e exploradoras. Vorazes na sua ganância, elas nos amam quando querem alguma coisa, enquanto no momento seguinte é como se não existíssemos.

    O mundo da criança que começa a andar é um planeta todo seu. Nada nos prepara para o ataque furioso da sua raiva ou a carinhosa confusão da sua independência em desenvolvimento. Reações surgem aparentemente do nada, depois ou desaparecem com a mesma rapidez ou vão se alongando durante o almoço, a hora de brincar e o jantar. A criança que é um anjo num minuto pode virar um louco furioso no minuto seguinte. A doce criancinha pode se transformar num terror mordedor de dedos num instante.

    A criança que está começando a andar não é apenas emocionalmente volúvel, mas, com frequência, irritantemente inconsolável. Embora os medos da criança que está começando a andar sejam basicamente imaginados, eles são percebidos como muito reais. Ela tem a notável capacidade de lembrar o que quer e persistir até suas exigências serem satisfeitas. No entanto, tem a surpreendente habilidade de ignorar as coisas pelas quais não se interessa. Quase tudo na vida de uma criança que está começando a andar é exagerado – frustração exagerada e excitação exagerada. Essa é uma fase caótica na vida dela, tanto emocional como fisicamente. Confusa, mal definida, desordenada, sempre mudando e imprevisível, não há respostas claras aqui. Nenhuma vassoura é larga o suficiente para varrer a poeira, a areia e sujeira dessa fase.

    Embora essa etapa com frequência pareça impossível tanto para os pais como para a criança, é realmente magnífico testemunhar. Essa é a fase em que a noção de identidade dela começa a desabrochar, conforme começa a explorar a sua criatividade, curiosidade e independência. As crianças que estão começando a andar são espetaculares, invencíveis em suas fantasias, ilimitadas em seu potencial. Querem voar alto no céu, velejar pelos sete mares, explorar o mundo e ficar acordadas até de madrugada.

Quando uma criança começa a se compreender como um ser separado com desejos únicos, é um momento revelador tanto para os pais como para ela. A capacidade de uma criança nessa fase de se separar do seu abraço seguro baseia-se fortemente na sua habilidade em libertá-la. A maneira como você negocia a delicada dança entre *deixar ir* e *ainda estar presente* determina a facilidade com que ela que está começando a andar será capaz de se definir como, ao mesmo tempo, conectada a você e separada de você.

Conforme se libera o vínculo simbiótico inicial e se cria espaço para pais e filho mesclarem-se como indivíduos, a identidade única de uma criança começa a florescer. À medida que essa identidade floresce, você provavelmente vai se pegar pensando: "O seu temperamento está brotando. Ele sacode, chacoalha e me surpreende. Você é realmente a sua própria pessoa. Qualquer ilusão que tive de que você era *minha* criação está se dissolvendo."

Como a primeira infância, esse estágio de desenvolvimento dá aos pais uma oportunidade para o seu próprio desenvolvimento espiritual. O primeiro mandato desse estágio é reconhecer quem seu filho será, em oposição a quem *você* pensa que ele deveria se tornar. Com essa finalidade, conectar-se realmente com o temperamento particular desse indivíduo único é essencial.

O estágio em que a criança está começando a andar é mesmo complicado. É a primeira vez que ela é capaz de exercitar autoridade sobre o seu mundo. Na sua busca pela autodescoberta, ela vai tropeçar em muitos obstáculos externos. Entretanto, o maior impedimento serão os que ela enfrenta disfarçados de nossas expectativas não realistas.

Na sua jornada em direção à independência, o que uma criancinha pode fazer por si mesma é muitas vezes negado por nossas imposições. Raramente a permitimos encarregar-se do seu próprio progresso. Em vez disso, incentivamos nossos filhos o tempo todo ou então os refreamos. Quando rondamos, encorajamos e lisonjeamos para conseguir os resultados que achamos importantes – fazer com que beijem pessoas que eles não querem beijar, pedindo que representem como bonecos para que o mundo possa ver como somos pais espertos, e exigindo que sejam responsáveis quando talvez ainda não estejam prontos – nós lhes roubamos a espontaneidade.

Imagine ser uma criancinha no mundo complexo atual. Tudo é veloz e de múltiplas camadas. É tão fácil esquecer que essa fase significa espaços abertos e caixas vazias – imaginação livre e brincadeiras desimpedidas. Na pressa de vermos nossos filhos andarem, falarem e aprenderem a usar o troninho, perdemos o encanto de estar no momento.

Essa fase não nos oferece lugares seguros onde suspirar e descansar, visto que nossos filhinhos passam de grudentos e lamurientos para imprudentes e rebeldes. Constantemente nos puxando para o seu mundo de necessidades, depois nos deixando de lado após terem sido nutridos, eles nos ensinam a não nos apegarmos a conjuntos de ideais fixos e expectativas.

Como a marca da fase em que a criança está começando a andar está em constante evolução, um dos principais desafios espirituais para os pais com um filho nesse estágio é viver no desconhecido, o estado de pura descoberta. Só podemos fazer isso se estivermos confortáveis entre *o que era* e *o que ainda está em evolução*. Se formos sábios, aprendemos a viver no desconhecido, pois a vida com uma criança nessa fase é um convite constante para o espontâneo, indefinido e inconcebível.

Respondendo ao momento de uma forma engenhosa a todo instante, nossos filhos que estão começando a andar nos convidam corajosamente a abraçar novos mundos, nos desafiando a sermos destemidos na criação de uma identidade mais autêntica para nós mesmos. Ao observarmos a insaciável curiosidade pela vida de nossos filhinhos, somos lembrados de que nós também podemos participar do momento com total abandono, vivendo em deslumbramento e êxtase.

Quando a Criança Começa a Andar É Hora de Plantar as Sementes da Repressão

Assim como devemos permitir que o nosso filho que está começando a andar exercite o seu direito a aventuras ilimitadas, devemos também lhe proporcionar uma compreensão dos seus limites. Aninhada entre a primeira e a segunda infâncias, essa fase não sabe o que é lógica ou razão. Tudo ocorre instintivamente, o que significa que impulsos com frequência atacam às cegas. Impor uma noção de liderança em meio a toda essa descarga energética é um desafio, mas esse é o estágio em que devemos semear as primeiras sementes verdadeiras de repressão.

Pensamentos que nos ocorrem nesse estágio do desenvolvimento do nosso filho são mais ou menos assim: "Você está me testando constantemente para descobrir até onde pode me forçar antes que eu ceda, até que ponto pode berrar antes que eu o faça parar, até quando vai ser malcriado até que eu o acalme. Você está descobrindo as fronteiras do seu mundo. Às vezes eu hesito em deixar que você saiba que veio com limites. Vejo o seu desejo de ser um super-herói e a sua fé de que é. Quero deixar a sua imaginação se inflamar. No entanto, devo também reprimi-lo e lhe dizer que, apesar do que você acredita, não pode sair voando pela janela."

Como a primeira incursão no reino das fronteiras, das repressões e negociações, a fase em que a criança começa a andar pode ser uma guerra de vontades tanto quanto é a adolescência. Como impor limites, da melhor maneira possível, à curiosidade do nosso filho que está começando a andar quando uma situação se torna perigosa? Onde estabelecer o limite? Até que ponto muito é de mais, pouco é de menos?

Os pais percebem rapidamente que as necessidades de uma criancinha são muito diferentes daquelas de um bebê. Quando o primeiro "não" é pronunciado pelos pais e metabolizado pela criança, a ideia de comportamento aceitável e inaceitável é introduzida. Se esse "não" é apropriadamente dito e consistentemente aplicado vai montar o cenário para todas as dinâmicas comportamentais posteriores entre pais e filho.

Ao contrário da primeira infância, nosso papel como pais não é mais simplesmente o de nutrir e *estar*, mas também é o de ser firme, consistente e – se isso é o que nos é exigido ocasionalmente – de "cara mau". Se falharmos em semear as sementes da repressão quando nossos filhos estão começando a andar, vamos achar muito mais difícil fazer isso aos doze anos de idade.

Repressão, que é um tópico do qual vamos falar em profundidade num capítulo posterior, exige desenvolver músculos de conscientização. Disciplina é basicamente a criação de conscientização a todos os momentos. Na medida em que isso estiver em primeiro plano na nossa mente, somos capazes de funcionar como repressores de nossos filhos pequenos de um modo que é espiritualmente regenerativo, exercitando a autoridade de uma forma consciente, engajada e educativa.

Por exemplo, quando nosso filho de dois anos tem um acesso de raiva, podemos nos afastar (supondo que estejamos num lugar seguro para isso), ou podemos continuar presentes e calmos, como simples testemunhas. A rota mais benéfica numa determinada situação depende de como julgamos que nosso filho que está começando a andar vai tolerar nossas ações, o que dependerá do seu nível de desenvolvimento e personalidade individual. Qualquer um dos dois caminhos oferece a possibilidade de alertar a criancinha de que existem fronteiras. Uma conscientização afiada irá nos guiar quanto a que abordagem usar.

O que eu quero dizer com "repressão"? Quando a criança que está começando a andar morde alguma coisa que não deveria ou tem uma crise de raiva, precisamos lhe chamar a atenção e dizer: "Não, isso não é legal." Podemos achar que estamos constantemente dizendo "não", mas não acredite nem por um momento que isso é um exercício inútil. Embora seja importante ser gentil, devemos ser consistentes e firmes ao estabelecer limites. Cientes de que o nosso filhinho ainda existe num estado um tanto sonhador, não queremos chocá-lo para sair desse estado, mas precisamos começar a construir o contêiner dentro do qual ele viverá.

É essencial perceber que uma criança que está começando a andar só nos chuta e morde porque não sabe dizer: "Estou zangada com você." Embora ela chore e esperneie como se nós a tivéssemos privado de comida há meses, o que ela está realmente dizendo é: "Me ajuda, estou infeliz."

Se exibições de emoção assustam você e a deixam ansiosa, você será incapaz de ajudar o seu filhinho a suportar o seu mundo interior. Isso significa ensiná-lo a lidar com as emoções que surgem no seu corpo quando lhe negamos algo que deseja. Ainda bem que o vocabulário dele está agora se expandindo exponencialmente. Usando a ponte da linguagem, combinando representação de papéis e histórias contadas, podemos convidar o nosso filhinho ao mundo da imaginação e ajudá-lo a entender o seu mundo. Ao fazer isso, ele aprende que pode sobreviver a insuportáveis emoções e retornar a uma calma centrada.

Mesmo que criancinhas começando a andar queiram acreditar que podem subir montanhas e chegar até a Lua, a verdade é que elas simultaneamente se sentem impotentes diante da enormidade da vida. Para aliviar esse sentimento, essa fase precisa ser uma época durante a qual as rotinas são ainda mais estabelecidas e limites fixados com mais firmeza. Conforme uma programação evolui, essas crianças aprendem a andar, falar, comer sem a nossa ajuda, usar o penico e dormir na própria cama. No devido tempo, quando frequentarem a pré-escola, elas se separarão mais de nós como seus pais.

Tendo curtido a unidade conosco no seu primeiro ano de vida e explorado a sua individualidade como crianças que começam a andar, nossos filhos agora estão prontos para iniciar a jornada de aprendizado para estar igualmente separados e conectados no mundo mais amplo à sua volta. Assim eles ingressam nos anos escolares, e então surgem novas oportunidades para nós, como pais, de nos desenvolvermos espiritualmente com eles.

CAPÍTULO 8

Do Palco Central para o Elenco Secundário
A Oportunidade para o Crescimento Espiritual de um Pai ou Mãe nos Anos Escolares

Nos primeiros anos de escola é quando nossos filhos aprendem uma grande quantidade de informações diariamente, algumas das quais podem ser descomunais, enquanto outros aspectos revelam-se libertadores.

Crianças dessa idade passam por fases de regressão durante as quais se grudam nos pais, alternando com etapas de rejeição a eles quando só querem estar com os colegas. Elas são tão carentes e grudentas quanto são autônomas e desinibidas. São tão rebeldes e desafiadoras quanto são obedientes e angelicais. Ainda extremamente temperamentais e dadas a mudanças de humor, de outros modos elas podem manifestar uma maturidade que é inspiradora.

Quando minha filha entrou nessa fase, eu me vi refletindo: "De repente você descobriu amigos. Não sou tão importante, e por isso estou ao mesmo tempo aliviada e nostálgica. Agora vamos descobrir até que ponto é realmente forte a nossa conexão uma com a outra."

Nessa época de socialização, nossos filhos aprendem a se virar com seus amigos sem a nossa ajuda, a obedecer às normas da escola, ocupar-se com um currículo e controlar suas próprias emoções.

Nossos filhos conseguem se ver frente a frente com seus amigos e professores conforme passam a confiar em si mesmos e nas pessoas fora de casa para lhes refletirem a sua noção de identidade.

Por mais que seja uma época de experimentações, é também quando o medo tende a ser abundante – uma época de confusão tanto quanto de entusiasmo. Sedentos de uma noção de certo e errado, nossos filhos o são ainda mais de conexão. Esse estágio pode ser incômodo para nós por nos vermos casados com a escola, os amigos e os professores de nossos filhos – elementos da vida deles que podem ser muito diferentes da nossa preferência. Entretanto, se estivermos atentos, esse também é um estágio no qual conseguimos moldar o comportamento de nossos filhos profundamente, encorajando virtudes que desejamos que exibam: generosidade, compaixão, empatia, conscientização e foco.

Se você é uma mãe ou um pai sábio, vai preencher o papel em segundo plano de oferecer uma perspectiva fundamentada de quem o seu filho é, pois esses são os anos em que as crianças experimentam pela primeira vez os papéis adultos que mais tarde desempenharão. Conforme você se envolve com eles no drama da vida, é vital delinear a personalidade deles em direção à integridade. Você não pode culpá-los mais tarde pelo que deixou de ensinar a eles agora. Conforme lhes dá o apoio de que necessitam, eles ganham uma noção da sua individualidade, competência e valor – e também das suas limitações.

Visto que é nesse estágio do seu desenvolvimento que as crianças abrem as asas pela primeira vez, você precisa estar certo de não podá-las como resultado de suas próprias necessidades e preferências. Sim, você pode influenciar a direção em que elas voam, ou até a velocidade, mas o fato continua sendo que estão prontas para voar.

Escola Intermediária: O Desafio de "Estar Ali" para Nossos Filhos

Os anos da escola intermediária são uma fase de enorme transição, com frequência dolorosa e angustiante para testemunharmos. Vemos o sofrimento e a confusão de nossos filhos, o seu entusiasmo e energia. Embora tentemos protegê-los do que está para vir, eles corajosamente saem correndo, querendo provar de tudo.

Durante esses anos intermediários, a noção que nossos filhos têm de quem são sofre uma drástica revisão. A identidade deles agora está fluindo, deixando-nos em igual intranquilidade. Observamos como o desenvolvimento deles de repente muda de direção, conforme se atracam com as incertezas de seus corpos amadurecendo e o intelecto florescendo. Seus corpos não se importam com cronogramas psicológicos, o que os torna mentalmente despreparados para suas maturidades físicas. Agitados com surtos hormonais e crivados de inseguranças, eles se sentem sem chão. Quando antes o mundo era tão nitidamente preto e branco, agora eles não têm certeza de que cor pintar as suas vidas.

Seus filhos pertencem menos a você agora do que nunca. Estão crescendo e precisam de espaço para isso, o que exige que você recue do seu domínio e emerja na sua afinidade. Você não pode mais ser a mãe ou o pai sempre poderoso, mas deve se tornar sempre presente. Seus filhos precisam que você lhes dê a mão, mas sem liderar o caminho. Precisam que você esteja ali quando eles choram, mas não podem explicar por que estão chorando. Precisam que respeite a privacidade deles mesmo quando estão grudados em você. Precisam que você os aceite quando rejeitam a si mesmos e você, e os compreenda mesmo quando o que dizem não faz sentido. Precisam que você nade com eles nas traiçoeiras águas de suas caóticas emoções, mesmo quando estão jogando fora seus coletes salva-vidas. Precisam que você fique calmo quando o levam ao limite da sua sanidade, fique em silêncio e ouça mesmo quando implorem que você dê a sua opinião, e simplesmente fique ali sem dar atenção às suas próprias ideias ou interpretações. Precisam que você os perdoe por seus esquecimentos e distrações, compreendendo que isso é hormonal. Precisam que você não lhes dê corda e os deixe desafiá-lo um pouco, sabendo que isso faz parte de um desenvolvimento saudável. Precisam que você os abandone como seus bebês e lhes diga: "Vocês estão prontos para caminhar com seus próprios pés, por mais assustador que seja."

É nessa época de suas vidas que as crianças são expostas a panelinhas, assim como a paixões românticas, num ambiente de políticas sociais que exigirão delas que suportem a dor da traição, da rejeição e de um coração partido. Cada amizade deixará uma marca na personalidade delas conforme se transformam no que pensam que precisam ser para se encaixarem. A sua tarefa é sentar com elas e ser o recipiente de suas angústias, dando esperança, embora sem jamais minimizar o que elas estão vivenciando. Seus filhos precisam que você esteja ali, forte na sua presença, enquanto eles nadam atravessando onda após onda de emoção. É essencial que você não tente "consertar" a vida deles, mas simplesmente compreenda o caos desses anos. Assim, seus filhos aprendem a administrar suas emoções e criar suas próprias estratégias para enfrentá-las. É como se você fosse lhes dizer: "Mesmo que você se sinta sem âncora, abandonado pelo seu corpo, perdido para a sua alma, vou me sentar aqui com você e refletir a sua essência."

Se você ficar preso no turbilhão das emoções de seus filhos, carregado por sua própria ansiedade com relação ao que eles estão passando, será incapaz de ajudá-los a evitar as dificuldades dessa fase. Eles exigem que você permaneça firme, apesar de se sentir frustrado e impaciente com as suas constantes transformações da noção de identidade, sabendo que é aí exatamente onde precisam estar. Por mais triviais que essas coisas possam lhe parecer, seus filhos devem se preocupar com a própria aparência, quantos amigos e inimigos eles têm, se os professores os elogiam, se são inteligentes ou talvez não, se são convidados para uma festa de aniversário ou para acompanhar alguém num baile de estudantes. Se você lhes disser que não devem se preocupar com assuntos tão superficiais, você os aliena. Também vão acreditar que *eles* é que são superficiais. Em outras palavras, a sua obrigação espiritual é refletir para seus filhos a normalidade do estado deles e admirar a sua brilhante coragem.

O outro aspecto da política social é a ideia de grupinhos. No seu desejo de fazer parte de uma turma, nossos filhos podem vender a alma. No desespero de se sentirem aprovados, vão renunciar à sua própria verdade e começar a absorver os valores dos outros. Ao observá-los se transformar num membro da "turma", tentando desesperadamente ser um dos garotos, ou garotas, populares na escola, teremos de ficar quietos na sombra enquanto se vestem, ouvem música e copiam uma atitude estranha ao seu eu autêntico.

Nossos filhos podem vir cheios de exigências quanto às últimas engenhocas e modas. Podem argumentar que seus amigos "todos têm essas coisas" e que sem elas serão condenados ao ostracismo. No desejo de ver nossos filhos encaixados, podemos cair presas de suas infindáveis exigências, e ao fazer isso comunicar que fatores externos como posses ou opiniões daqueles que são populares têm grande importância para sustentar a noção de identidade de uma pessoa. Entretanto, se pudermos resistir às insistências de nossos filhos e ensiná-los, ao contrário, a confiar em suas noções interiores de valor, não em suas aquisições ou em pertencerem a um grupo social, eles aprendem a não seguir a turma às cegas.

Ensino Médio: A Necessidade de Inequívoca Aceitação

Conforme nossos filhos amadurecem além dos anos da escola intermediária, começamos a ver os efeitos da criação que receberam. À medida que tudo que jamais pensamos que aconteceria ou poderia acontecer conosco agora cai sobre nós, experimentamos humilhação, atitude defensiva, culpa e ultraje. Estamos à mercê desses filhos por quem nos sacrificamos tanto! É de espantar que tantos de nós chamemos um profissional para medicar ou submeter nosso filho, ou filha, a uma terapia?

Durante os meados até o final da adolescência, somos obrigados a conciliar esperanças que tínhamos para nossos filhos quando eles eram mais novos com o fato de agora termos de lidar com os problemas que só aconteciam com outras pessoas, tais como ter nossos filhos diagnosticados ou arrastá-los para fora de banheiros porque estão bêbados e vomitando. Na verdade, seja lá como tenha sido o nosso relacionamento com eles antes desses anos, pode parecer não ter nada a ver com seus comportamentos com frequência bizarros de agora. Mas tem tudo a ver com o que está se desenrolando. Tanto que, quando os pais se perguntam em quem seus filhos se tornaram como adolescentes, eu respondo: "Eles são as mesmas pessoas. Não se transformaram em outras da noite para o dia."

Nossos filhos explodem como nunca antes nesse estágio, com mais personalidade, mais atitude, mais confiança em si mesmos. Entretanto, um adolescente difícil não brota da noite para o dia; as sementes foram sendo semeadas o tempo todo. Nesse estágio, nossos filhos são capazes de prestar atenção às suas necessidades não satisfeitas. Infelizmente, tendo estado famintos por nutrição paterna, ou materna, é possível que agora saiam procurando isso de modos pouco saudáveis.

Se você foi muito rígido com seus filhos, na adolescência é quando eles se libertam. Se foi muito permissivo quando eram pequenos, de modo que não aprenderam o que é limite, agora ninguém mais os segura. Se foi negligente com seus filhos ou ausente, agora eles se recusam a se relacionar com você.

Eu lhes garanto, com base na minha experiência trabalhando com pais e adolescentes, que ainda não é tarde para remediar. Só que será mais difícil visto que adolescentes são desconfiados. Nessas circunstâncias, pede-se aos pais que suportem o sofrimento que seus adolescentes lhes infligem, sabendo que isso é um reflexo do seu fracasso ao longo dos anos em se relacionar com os filhos como pessoas de verdade como eles mesmos. Os pais precisam estar dispostos a admitir: "Não estive ao seu lado, portanto, por favor, me ensine o que preciso fazer para reparar o nosso relacionamento."

Por outro lado, esse é o estágio em que você também colhe os frutos do seu investimento em seus filhos. Se você foi capaz de ouvir as necessidades autênticas deles e nutrir a sua essência, ficará encantado com a habilidade que eles têm de fazer o mesmo. Eu rezo para que, como resultado deste livro, inúmeros pais sejam capazes de dizer a respeito da entrada de seus filhos na adolescência: "Agora você se ergue mais alto, mais inteligente, mais formidável do que eu fui capaz. Profundamente conectado com a sua essência, você é poderoso. Estou deslumbrado vendo quem você se tornou."

Estes são anos em que você precisa confiar. Ah, é um verdadeiro teste! Seus adolescentes estão passando por um turbilhão de emoções. Continuando a se desenvolver em ritmos alarmantes, eles estão transpondo um mundo semiadulto, assumindo empregos, embarcando sozinhos em viagens para terras estrangeiras e ingressando na faculdade. Apaixonar-se, romper o namoro, ser abandonado e testar todos os tipos de limites físicos e psicológicos também fazem parte do turbilhão. *Mais do que nunca, eles precisam da sua aceitação.*

Por que É Importante Resistir à Tentação de Controlar?

Embora o comportamento de um adolescente no ensino médio possa às vezes nos deixar tentados a aumentar o controle, esse é o momento para ocuparmos um espaço nos bastidores. Agora é a oportunidade para nossos filhos manifestarem tudo que lhes ensinamos, todas as morais e todos valores que lhes infundimos. precisam bater as asas e voar, pelo menos ao redor do quarteirão. Temos que os envolver com o nosso abraço, mas sem apertar. Eles precisam saber que sempre podem voltar para casa, mas o que é mais importante é que estão livres para voar.

Sei que, à medida que minha filha chegar à adolescência, vou precisar resistir à inserção do meu ego. Já posso me ouvir dizendo: "Tenho ainda tantas opiniões para compartilhar, tantas ideias para comunicar. Entretanto, reconheço que o meu tempo para discursos grandiosos chegou ao fim. É hora de você escrever os seus."

A escolha de cursos que nossos filhos vão estudar na escola, os amigos que fazem, os passatempos que escolhem são agora menos do nosso interesse e mais deles. Claro, nosso medo é que eles façam más escolhas e se tornem sujeitos a influências prejudiciais. Isso é sempre um risco, mas as opções que nos restam como pais agora são limitadas. Se nossos adolescentes estão indo mal na escola ou estão desmotivados, é porque estão tentando nos dizer que alguma coisa está errada, o que nos deixa com uma única forma de reagir: *aceitação*. Podemos então tomar a atitude apropriada, tal como providenciar ajuda extra para eles, se quiserem, mas especialmente lhes dar o apoio emocional de que precisam.

Se seus filhos estão fazendo escolhas erradas no tocante a relacionamentos e outros interesses, nesse ponto do jogo a sua estratégia deve ser a de aceitação. Se reagir querendo controlar ou sendo dogmático, você afasta seus adolescentes ainda mais. Quanto menos rígido você for com eles, mais provável que mantenham um relacionamento com você. Se for autoritário e possessivo, isso só vai servir para lançá-los ainda mais na direção de um comportamento negativo.

Os pais perguntam naturalmente: "Isso significa que vamos deixá-los usar drogas ou abandonar os estudos?"

Eu explico: "O tempo em que eles pediam a nossa permissão passou. Nossos adolescentes vão fazer exatamente o que quiserem, que está diretamente relacionado com o modo como foram criados. Nesse ponto, temos que abandonar qualquer ilusão de que podemos controlar a vida deles. A única maneira de ter acesso a eles é reconstruindo a nossa conexão perdida."

A principal lição espiritual para os pais durante esses anos é que devemos reorientar o relacionamento com nossos adolescentes para um de verdadeira afinidade e parceria. Eu repito: a chave é *confiança*. Não é hora de medos e ansiedades da nossa parte, mas de termos confiança em nós mesmos: "Agora posso descansar e curtir você como nunca antes. Finalmente, podemos liberar um ao outro de nossos antigos papéis. Você está pronto para criar um novo relacionamento comigo – um em que eu possa ser seu parceiro?"

Seus adolescentes vão excluí-lo se você não respeitar a necessidade que eles têm de privacidade e espaço. Eles não darão ouvidos à sua sabedoria se sentirem que você ultrapassou os limites deles. Deixarão de procurá-lo com seus problemas se tudo que ouvirem for advertências e falta de confiança. Portanto, é imperativo que saibam sinceramente que você não alimenta um desejo de impor-lhes a sua agenda. Eles só se aproximarão de você quando forem capazes de se sentarem na sua presença e sentirem a sua fé incondicional na habilidade deles em cuidar da própria vida.

Se existe uma idade em que a questão de segurança é importantíssima, é a adolescência, quando os filhos correm mais risco da pressão de colegas e dos atos imaturos em potencial de autodestruição. Não obstante, não podemos nos adiantar e tentar controlar a vida de nossos adolescentes. Se fizermos isso, eles são engenhosos e vão encontrar um jeito de mentir para nós e fazer exatamente o que desejam – e aí, então, provavelmente vamos nos sentir impotentes e talvez enfurecidos. Quanto mais intrusivos formos, menos nossos adolescentes confiarão em nós. Durante esse período de suas vidas, confiar neles é a nossa disciplina espiritual.

Uma vez conhecendo os limites de nossa influência na vida de nossos filhos, paradoxalmente continuamos a ser imensamente influentes. Transpirar total e incondicional aceitação na nossa presença diária e nas conversas com eles os encoraja a se aproximarem de nós quando precisam. Nossa melhor chance de mantê-los seguros e com autonomia é respeitar quem eles são intrinsecamente.

CAPÍTULO 9

A Loucura da Parentalidade

Embora reconhecendo os seus maravilhosos aspectos, a abordagem consciente para a criação dos filhos também compreende a loucura dessa jornada, com total conhecimento do compromisso psicológico, emocional e espiritual necessário para criar um filho – e o potencial que isso tem para alterar para sempre a compreensão das próprias ações e reações dos pais.

Como essa jornada é de extremos, ela pode despertar tanto o melhor como o pior em nós. Por essa razão, cabe a nós enfrentar a dificuldade que isso significa para muitos pais, especialmente a mãe. Embora reconhecendo que nem todos os pais enfrentam os graves desafios com que outros se deparam, não obstante *todos* passam por uma profunda transformação emocional e psicológica.

Como começamos a ver nos últimos dois capítulos, ninguém realmente nos explica como ser pai ou mãe altera uma vida. Ninguém nos diz que o amor entre pai, mãe e filho tem o potencial de rasgar nossos corações, deixando-nos à mercê do destino de nossos filhos. Ninguém explica que, se vamos ter filhos conscientemente, a vida como a conhecemos deixa de existir, e o indivíduo que acreditamos ser vai se evaporar diante de nossos olhos. Ninguém nos diz que teremos de suportar a morte do nosso antigo eu e que não teremos nenhuma pista de como desenvolver uma nova noção de quem somos.

Parentalidade é um dos empreendimentos mais difíceis que uma pessoa assume. Pergunte a qualquer mãe de uma criança que se recusa a dormir às três horas da manhã enquanto ela amamenta outra, e que tem de estar no trabalho às nove horas – sem mencionar que seu marido espera que ela seja a mulher sedutora na cama e pareça linda para o mundo. Pergunte a qualquer pai que tem de fazer o dever de casa com seu filho desatento, tentando constantemente chamar a sua atenção para a tarefa, enquanto não pode se atrasar para pegar o outro filho na aula de futebol, antes de enfrentar o trabalho que trouxe do escritório.

Mais do que talvez qualquer outro papel, a parentalidade nos faz julgar a nós mesmos. Questionamos a nossa competência, nosso valor e até a nossa sanidade ao nos perguntar: "Por que achei que queria filhos, se tudo que desejo agora é que eles adormeçam e me deixem em paz?"

Tendo dito isso, se você puder reconhecer o potencial espiritual da jornada da paternidade, estará equipado a entrar nas suas profundezas sem resistir ou ficar preso num estado no qual está totalmente dominado e confuso, na tentativa de entender as suas complexidades. Por essa razão, em vez de se sentir culpado pelos sentimentos que surgem no caminho da criação de um filho, você deve *aceitar* as insanidades da paternidade, *capitalizando* como ter um filho o faz se abrir – ou melhor o rasga, dilacera a sua velha identidade e a substitui por uma expansão de si mesmo.

O Papel Específico da Mãe

Ambos os pais sofrem uma transformação na sua identidade durante os anos de criação dos filhos. Entretanto, para as mulheres essa jornada tem um especial significado emocional e espiritual porque abrigamos essa criança que está crescendo dentro do nosso corpo pelos primeiros nove meses da sua existência. Esses meses de gestação tornam o vínculo entre mãe e filho único na sua intensidade, levando a um relacionamento complexo que é extremamente simbiótico e profundamente pessoal. Essa é uma razão pela qual as mães com frequência estão envolvidas com os filhos como os pais às vezes não estão.

Expandindo não apenas a nossa pele, mas também a nossa psique enquanto participamos do surgimento de um novo espírito, testemunhamos durante esses nove meses a noção de quem somos começar a se alterar conforme tentamos entender esse milagroso evento que ocorre dentro de nós. Nossa identidade é questionada à medida que compreendemos que nossa vida não nos pertence mais, pois está comprometida com nosso filho. Observamos nosso coração se agitar com um sentimento de proteção que é tão revigorante quanto desconhecido.

Sabemos que não somos mais a mesma mulher de antes do parto, mas também não podemos dizer quem somos depois do parto. Consequentemente ficamos perdidas no nosso papel de mães, doando aos nossos filhos com a satisfação e o zelo que só uma mulher possui. Nesse doar, nossa noção de identidade desaparece e nos vemos cada vez mais alienadas de quem intrinsecamente somos. Sentimos como se estivéssemos na terra de ninguém, nem aqui nem ali.

Verdade, nós nos sentimos úteis, mas principalmente apenas no nosso papel de mãe. Nossos filhos crescem, nossos maridos sobem na escada corporativa, mas nós que, em muitos casos, colocamos nossas vidas temporariamente em suspenso nos vemos sem uma âncora no mundo à nossa volta, muito menos uma noção de propósito individual. Com o passar dos anos, podemos desejar nos sentir seguras numa identidade separada de nossos filhos, mas tendemos a não reconhecer a porta para essa identidade. Parte de nós pode querer desesperadamente recapturar quem éramos, enquanto outra parte percebe que quem éramos morreu. Embora aterrorizante, essa perda da nossa identidade também pode ser potencialmente regenerativa.

No decorrer da criação de nossos filhos, muitas de nós quase não se reconhecem ao se olharem no espelho. Vemos nas rugas ao redor dos olhos quando nosso filho bateu a porta na nossa cara porque não lhe compramos um videogame, quando ele caiu e quebrou uma perna e o dia em que pensamos que o tínhamos perdido na feira. Se olharmos bem, veremos também nessas rugas a alegria e o encanto de tudo que significa ser mãe.

Podemos ver que não podemos fazer nada quando resmungamos por causa dos nossos filhos enquanto lavamos a louça, nos queixamos deles à nossa própria mãe, culpamos nosso marido pelas inadequações deles ou lamentamos o azar por ter, de todas as pessoas do mundo, produzido um filho tão "difícil". Só outro pai, ou outra mãe, sabe o que significa realmente a expressão de exaspero, ecoa com "quem diria que filhos davam tanto trabalho", compreende "graças a Deus, a casa está vazia por enquanto", e pode apreciar "tenho algumas horas para mim mesma".

Para muitas mães – assim como para pais que aguentam a barra de cuidar de um filho – a tarefa de criar filhos pode ser emocional, psicológica, financeira e fisicamente exaustiva, mas poucos de nós dizemos com sinceridade que achamos que a tarefa exige demais, é incrivelmente difícil e emocionalmente cansativa. Estamos tão preocupados em ser "bons" pais que nos sentiríamos constrangidos em compartilhar nossos sentimentos com os amigos e a família. Devido ao nosso medo de sermos julgados, tendemos a esconder até que ponto nos sentimos em pedaços, aos frangalhos e fisicamente distorcidos pelas exigências de nossos filhos. Consequentemente, a maioria de nós trilha o caminho da maternidade se sentindo sozinha, acreditando que somos anormais no nosso ocasional anseio de ser quem éramos antes de nos tornarmos mães. Entretanto, se ultrapassássemos esses mantos de perfeição, descobriríamos uma afinidade com outros pais e perceberíamos que não somos tão fora do comum por ter esses sentimentos, mas apenas humanos.

Ninguém compreende o misto de devoção e angústia que um pai, ou mãe, sente a não ser que tenha passado por isso. Às vezes, lânguidas com insaciável amor e outras vezes abatidas por inextinguível fadiga, há momentos em que estamos tão comprometidas com nossos filhos que esquecemos até que existimos, enquanto outras vezes fantasiamos em fugir, deixando-os com suas roupas sujas em meio a pilhas de deveres de casa e um quarto bagunçado. Claro, assim que começamos a sonhar em ficar deitadas numa praia bebericando margaritas, é provável que tenhamos vergonha de nós mesmas. Crianças preocupam uma mãe, ou um pai que preencher papel semelhante, quase cem por cento do tempo que estão juntos. Estamos cuidando delas, distraindo-as ou nos preocupando com elas. Não é de espantar que o relacionamento com nosso marido sofra uma mudança drástica. Nosso corpo se torna território não familiar, nosso equilíbrio emocional parece às vezes o de uma louca, quando nos vemos privadas de sono, irritadiças, financeiramente exauridas e ocasionalmente transformadas em tiranas.

Inevitavelmente chega o dia em que percebemos: "Puxa, sou igualzinha a minha mãe!" Ou, traduzindo, "Me transformei numa controladora". Todas as vezes que nossa mãe gritou: "Por que não pode fazer o que eu digo?", de repente faz sentido. Podemos também nos identificar com todos os pais e mães que perderam a paciência com um filho que está gritando dentro de um avião. Antes de nos tornarmos pais, transpirávamos uma superioridade que dizia com efeito: "Se eu tivesse um filho, ele jamais se comportaria assim!" Agora sentimos simpatia pelo pai, ou mãe, e queremos pegar a criança e trancá-la no banheiro.

Quer gostemos disso ou não, todos nós estamos destinados a ser provocados por nossos filhos de alguma forma elementar, profunda. Vamos, em algum pouto ou outro, simplesmente "perder". Vamos gritar, até berrar. Vamos xingá-los com nomes que nunca nos passaram pela cabeça. É importante aceitar que, se formos provocados por eles, isso é normal. Eu digo para mim mesma, quando sou provocada, vou reconhecer os aspectos da minha sombra que se sentem ameaçados e aceitar as lições que meu filho me ensina sobre mim mesma. De um modo ou de outro, cada um de nós tem que enfrentar o nosso "pai/mãe sombra", com seu arrasador desejo de controlar.

Tendo reconhecido que vamos às vezes reagir, perder repetidamente a paciência da maneira mais infantil é humilhante. Não é agradável gritar com nossos filhos. Quando estamos na iminência de perder dessa maneira, é de esperar que nossos pais nos permitam largá-los com eles, preferivelmente até o ano seguinte.

A realidade é que, por mais que você precise estar presente para as emoções dos seus filhos, também precisa estar presente para as suas, permitindo-se metabolizar o que está sentindo. Somente assim pode evitar projetar suas emoções neles.

Em situações nas quais você sente que está perdendo a compostura, é tentador retornar para a tradicional forma hierárquica do modelo pais *versus* filhos. Entretanto, se você pegar esse caminho, provavelmente vai pagar um alto preço na adolescência de seus filhos e mais adiante. Tornar-se consciente do modo como você educa pode ser doloroso no início, mas, a longo prazo, é a opção preferível.

CRIAR UM FILHO É UM CONVITE A SE RENDER A UM RITMO DIFERENTE

Aprender a se render à natureza da nossa vida com filhos exige certo costume. Crianças por natureza testam a nossa paciência — isso vem com o território. Conforme nossos filhos vão chegando à adolescência, eles testam ainda mais a nossa paciência, embora de formas diferentes. Agora não se trata de esperar que terminem de comer ou amarrar os sapatos, mas ter uma conversa monossilábica e esperar na fila atrás de todos os seus amigos para ter acesso a eles.

O desenvolvimento da paciência é mais do que uma reação necessária aos nossos filhos; é uma oportunidade para nos rendermos ao momento presente. Quando eles exigem a nossa paciência, temos de largar a nossa agenda, respirar e abandonar as demandas do nosso ego de modo que possamos avaliar melhor o momento presente. Por essa razão, o desenvolvimento da paciência é uma prática espiritual, com nossos filhos no leme nos desafiando a levar a vida num ritmo mais lento e mais consciente.

Tendo dito isso, reconheço também que há momentos em que não temos tempo para a paciência, literalmente. *Temos* simplesmente que ir de um lugar a outro sem demora. Mas seria uma vergonha se isso se tornasse o modo como funcionássemos regularmente. Com seu ritmo mais lento, as crianças nos oferecem uma joia sem preço, visto que o ritmo natural de uma criança é muito mais próximo a um ritmo da alma do que o da maioria dos adultos. Por essa razão, quando estamos apressados é útil lembrar que não há lugar melhor para estar do que onde estamos neste momento. Em vez de sair correndo, precisamos nos permitir estar presentes com a alma do nosso filho. Se virmos que estamos nos sentindo ansiosos e não realmente presentes, o melhor serviço que podemos prestar a nós e aos nossos filhos é entrar num estado de tranquilidade e silêncio até recuperarmos a calma.

Quando nossos filhos não estão seguindo "o plano", é prudente nos lembrarmos de que eles não *devem* seguir, visto que não estão aqui para isso. Nesses momentos, talvez desejemos considerar se deveríamos mudar *nossos* planos, em vez de estar sempre exigindo que obedeçam aos nossos desejos.

Se um filho está realmente sendo difícil e você corre perigo de perder a paciência, é vital ouvir a voz lá dentro de você sussurrando: "Não use seus filhos como o receptáculo de suas frustrações." Quando seu filho o deixa irritado é prudente ter uma conversa interior na qual você se pergunta: "Por que estou sendo provocado agora mesmo? Por que estou tão infeliz com meu filho? O que meu filho está expondo no *meu* estado interno de ser?" A atitude inteligente é suspirar fundo e sair do ambiente. Isso lhe permite uma oportunidade de se reorganizar, ao se lembrar: "Não é meu filho que precisa de ajuda, mas eu."

Se às vezes você perde a paciência e projeta a sua frustração nos seus filhos, seja com palavras ásperas ou a cara amarrada, respire fundo e se perdoe. Esqueça e comece de novo. Se você se vir perdendo a paciência frequentemente, a situação convida a um escrutínio. Não há razão para perder a paciência todos os dias a não ser que a sua vida esteja muito tensa, então está na hora de avaliar as suas circunstâncias e, se possível, recuperar o equilíbrio. Nessa conjuntura, reestruturar a sua vida talvez precise se tornar o seu foco espiritual.

Como fechar o círculo de como a dor é passada de geração para geração é um aspecto tão importante da criação consciente de filhos, entraremos nisso mais profundamente no próximo capítulo.

CAPÍTULO 10

Criar Filhos a Partir da Sanidade e Não das Suas Feridas

Quando os pais estão tão envolvidos na sua própria dor que não podem responder às necessidades de seus filhos como cada criança merece, eles crescem sentindo-se não apenas vazios por dentro, mas aos pedaços. Isso porque o eu essencial deles não é algo que já existia e se perdeu, mas é algo que nunca se desenvolveu. Consequentemente, eles vasculham a Terra procurando um espelho do seu verdadeiro eu, buscando algo que mantenha firme a promessa de completá-los.

Como é incrivelmente difícil criar um espelho interno do nosso verdadeiro eu depois que o relacionamento com os pais deixou de proporcioná-lo, provavelmente vamos nos sentir não apenas perdidos, mas até gravemente deprimidos. Essa depressão tende a se manifestar seja como um sombrio recolhimento ou um vício qualquer. Como a nossa substância preferida alivia temporariamente o sofrimento, podemos ser seduzidos a acreditar que ela nos proporciona o nosso espelho perdido e parece que estamos recebendo a confirmação que perdemos tempos atrás.

Penso em Samantha, uma mulher nos seus cinquenta anos que é intelectualmente brilhante, com um doutorado, e trabalha como enfermeira num hospital local. Visto que o seu sonho de ser mãe está associado a encontrar um marido, o que não teve bom resultado, também não teve a sua esperança de maternidade.

Vindo de um lar despedaçado, Samantha nunca soube o que significava ter pais estáveis e presentes. A mãe, médica com uma clínica movimentada, estava indisponível na maior parte do tempo, e ela jamais conheceu o pai. Isso significava que Samantha passou a sua infância tomando conta de si mesma. Sentindo-se culpada até por sugerir à mãe que assistisse à sua primeira peça ou à sua formatura no colégio, demorou muito tempo para que compreendesse que a mãe não estava realmente interessada nela, preferindo ao contrário salvar o mundo. O resultado foi que Samantha via a vida como pouco confiável, o que a fazia acreditar que o jeito de sobreviver era reprimir suas próprias necessidades.

Quando a mãe de Samantha voltou a se casar, foi com um homem fisicamente violento. Samantha não acreditava como uma mulher forte e competente podia se permitir ser humilhada daquela maneira. Assim que se formou no colégio, ela fugiu, convivendo com uma turma que usava drogas, envolvendo-se com sexo promíscuo e vivendo principalmente nas ruas.

Passados seis anos, aos 24, Samantha chegou ao fundo do poço e foi levada para um hospital sofrendo de palpitações cardíacas relacionadas a drogas. Foi na emergência de um hospital que a ficha caiu, quando ela percebeu que estava se tornando emocionalmente paralisada como a mãe. Encontrou um emprego e voltou a estudar. Seu natural brilhantismo a acompanhou durante a faculdade, um diploma de mestre e um doutorado. Aos quarenta anos, estava livre das drogas e financeiramente estável.

Embora Samantha parecesse bem-sucedida, internamente sofria. No trabalho, cuidava das pessoas o dia todo, um papel que era confortável de preencher porque ela achava relacionamentos íntimos sufocantes. Incapaz de confiar em homem algum e pronta para se sentir traída à mínima oportunidade, seu relacionamento mais longo durou apenas cinco meses, o que significava que ela estava muito sozinha na maior parte do tempo. Quando se sentia entrando em depressão, lamentava-se: "Não tenho nada para aguardar. Fugi o mais longe possível das circunstâncias da minha infância, mas ainda sofro como se tivesse cinco anos de idade. Por dentro, ainda sou aquela menininha. Essa dor não vai embora?"

O triste é que, por mais que o nosso mundo externo mude, a dor da infância permanece no nosso coração, como aconteceu com Samantha, até que curemos a nossa paisagem interna. Não importa que tenhamos joias, conquistemos diplomas ou sejamos adoradas por um cônjuge, nada compensa o anseio de uma criança que busca nada mais do que uma aceitação incondicional de seus pais.

A maioria de nós somos crianças grandes que não foram "adequadas" para os indivíduos que somos. Por exemplo, se crescemos com pais que estavam desconectados com a sua autenticidade, quando olhamos no rosto de nossa mãe ou de nosso pai esperando ver a nossa própria essência espelhada, só recebemos um olhar inexpressivo ou uma resposta que não tinha nada a ver conosco. Porque não vimos um reflexo de nosso eu autêntico nos olhos de nossos cuidadores, aprendemos a sentir menos do que realmente somos.

Há uma variedade de maneiras com as quais pais que criam a partir de suas psiques feridas, com seus pensamentos torturados e emoções turbulentas, marcam seus filhos pelo resto da vida. É útil examinar alguns dos efeitos mais comuns dessa criação.

SE VOCÊ CRESCEU SENTINDO QUE NÃO ERA BOM O SUFICIENTE

Jonathan, agora nos seus quarenta anos, é uma pessoa que não teve a comprovação que precisava receber quando criança. O resultado é que, apesar de ser inteligente e se expressar com facilidade, não consegue se manter num emprego por mais de um ano. Embora tenha se dedicado a profissões que variavam de posições corporativas a negócios particulares e aulas para crianças, nada o satisfaz. Em cada situação de trabalho, consegue encontrar um inimigo que se vira contra ele, provocando o seu afastamento. Ele está agora num beco sem saída porque ninguém quer se arriscar a contratar um homem cujo currículo revela tanta instabilidade.

Afogando-se no sofrimento, Jonathan bebe em excesso, fuma sem parar, briga com a mulher e ofende os filhos. "Ele vai se machucar, sei disso", sua mulher me disse ao telefone. "Ele não confia em ninguém, mas está se afastando de mim e das crianças. Ele sente como se o mundo tivesse fechado as portas para ele."

Se Jonathan olhasse para dentro de si mesmo, descobriria que é *ele* que fecha as portas para as pessoas e as oportunidades, tudo porque se sente mal recebido no mundo desde que se lembra. Assim como Samantha via a vida como pouco confiável, a visão de Jonathan é de que a vida é cruel e injusta. Ele se sente assim porque nem uma só vez parou para examinar suas expectativas, que se fundamentam nos seus próprios soturnos temores de traição. Esperando ser traído, ele repetidamente se prepara para isso. Com base na sua inflada noção de direitos e grandiosidade, ele impõe padrões inatingíveis às pessoas na sua vida. Visto que esses padrões não podem nunca ser satisfeitos, ele rejeita as oportunidades que surgem. Assim, o ciclo de desapontamentos continua. Essa abordagem vem do vazio que sente por dentro. Como ele experimenta um vazio interior, só pode focalizar no que está tendo ou não tendo, não no que é capaz de *dar*.

Quando crescemos achando que não somos bons o suficiente, deslocamos esse sentimento de inadequação para o mundo à nossa volta. Fazemos isso criando uma persona de grandiosidade, como fez Jonathan, num esforço de compensação por não se sentir bom o suficiente. Como resultado dessa grandiosidade, projetamos uma energia que ameaça os outros menos do que a nós mesmos. Andamos com uma noção arrogante de direitos ou com um ar de ser melhor do que os outros, quando a verdade é que sofremos de falta de autoestima.

Jonathan carrega essa energia para o seu papel de pai, pressionando seus filhos a serem os melhores nos estudos, insistindo para que escolham aquelas atividades que ele determina como dignas e julgando o desempenho deles. Visto que só se sente confortável no papel de um pai "poderoso", seus filhos o temem. O resultado é que seu filho mais velho lhe deu as costas. Sempre fora de casa, Joshua falta às aulas e quer largar os estudos. Desistir de si mesmo é mais fácil do que viver em constante temor de desapontar o pai.

Muitos de nós transpiramos uma energia que grita: "Vida, é melhor satisfazer minhas necessidades!" Movidos por essa energia, buscamos extrair prazer da vida no exato pacote que pensamos precisar. Porque estamos impregnados dessa energia exigente, qualquer coisa que não satisfizer nossas expectativas parece sem valor. Mesmo quando algo precioso nos é oferecido, não achamos nisso nenhum valor. Excessivamente críticos, resistimos não só à vida na sua forma *como é*, mas também aos nossos filhos na forma *como é* deles. Claro, nossa resistência não nos leva a lugar algum porque a vida permanece fiel à sua natureza essencial, fluindo do seu próprio modo. Se formos sensatos, reconhecemos isso e começamos a fluir com ela, em vez de lutar contra ela.

A falta de autoestima que se esconde por trás de uma fachada de grandiosidade às vezes é resultado de uma aceitação insuficiente de nossos pais, de modo que ficamos querendo mais. Em outros casos, pode ser resultado de termos sido mimados e elogiados além da conta. Ou talvez nos sentimos como bonecos dos nossos pais, apenas para preencher as necessidades dos seus egos, em vez de satisfazer às nossas próprias necessidades.

Natasha é um exemplo de alguém que desloca o seu desejo de autoestima para o que a cerca. Acostumada a viver numa bela mansão num bairro cobiçado, durante anos ela se orgulhou das roupas que vestia, das joias que possuía, dos amigos que tinha, dos carros que dirigia. Aí seu marido ficou desempregado. Em um ano, eles tiveram de mudar para a casa dos sogros dela – uma situação que ela não considerava à sua altura. Natasha se tornou emocionalmente destruída, tão deprimida que ficou incapaz de estar presente para seus filhos. Decidindo que o que tinha acontecido era uma coisa "terrível", ela projetou no marido a sua insegurança, diminuindo-o por sua incapacidade de manter o emprego.

O que Natasha estava passando era inegavelmente difícil, mas nada perto de um cataclismo como ela estava transformando. Embora a sua nova situação não fosse aquela a qual estava acostumada, ela ainda gozava de uma vida decente, segura e estável. Só o seu apego ao ego a impedia de ver isso.

Tão convencida estava do horror da sua situação que criou um cortejo fiel. O marido ficou deprimido, os filhos começaram a se sair mal na escola, a sua saúde começou a sofrer. Agora a situação realmente deu um mergulho, quando o marido parou de procurar emprego e eles tiveram de tirar o filho da escola porque estava fracassando em todas as matérias. A casa toda se envolveu na angústia de Natasha.

"Diga-me como devo reagir a tal sofrimento?", ela me perguntou. "Mostrar-me animada? Dar uma festa? Dizer ao universo que adoro isso e quero mais?" Nas garras de um medo implacável, ansiosa sem saber de onde viria a sua próxima refeição, ela não podia ver que estava criando o desastre que temia. Nem por um segundo ela imaginava que poderia haver outra resposta para a sua situação.

Natasha crescera com pais que transpiravam uma grande ansiedade em torno do dinheiro. O pai trabalhou a vida inteira para economizar, enquanto que a mãe estava sempre preocupada com não ter o suficiente. Embora não fossem pobres de modo algum, ela herdara a mensagem de que a noção de valor de uma pessoa está interligada com o quanto ela possui. Seus pais nunca foram capazes de levar vidas que fossem fiéis a quem eles eram por causa do apego às suas economias. Sempre contando tostões, contendo-se, rejeitavam as abundantes ofertas da vida devido à sua difusa ansiedade com o futuro. Nesse roteiro de vida parental estavam as raízes do apego de Natasha ao luxo e o extremo temor da simplicidade.

Quando ela foi capaz de perceber que esse roteiro era parte do legado de seus pais, escolheu aceitar a sua realidade como ela era. A partir dessa aceitação, elaborou uma resposta emocional autêntica. Percebendo que ao rejeitar o marido ela refletia o seu próprio terror interior, ela se aproximou dele de novo. Juntos iniciaram uma organização não lucrativa para ajudar mulheres solteiras a se reerguerem. Embora nunca alcançassem o status financeiro de que gozavam antes, a sua vida era abençoada em abundância com a gratificação que se origina de fazer uma diferença na vida dos outros.

Se Você Aprendeu a Agradar os Outros para Conquistar a Aprovação Deles

Crianças criadas por pais que evitam a sua autenticidade, camuflando seus verdadeiros sentimentos para se encaixarem, aprendem a imitar esse estilo de vida falso. Ao nos observarem alterando a nossa personalidade para conquistar a aprovação alheia, eles se tornam bajuladores, cuidando das necessidades dos outros para serem aprovados.

Quando nossos filhos nos veem colocar as necessidades alheias antes das nossas, aprendem que devem valorizar os outros mais do que a si mesmos. Como são extremamente orientados para relacionamentos, também baseiam a sua noção de identidade nos seus relacionamentos. Mas sob esse serviço não autêntico aos outros jaz um ressentimento em ebulição, visto que ninguém pode sustentar tanta doação a não ser que tenha se dado primeiro.

Quando agradamos os outros para ganhar a aprovação deles, podemos também começar a agradar nossos filhos. Buscando a aprovação, cuidamos desordenadamente das suas necessidades, em vez de ensiná-los a cuidar deles mesmos. Mimando-os em excesso, mandamos a mensagem de que está certo se aproveitarem de nós. Por causa da nossa própria baixa autoestima, permitimos que eles se imaginem o centro do mundo, o que é emocionalmente um jeito nocivo, obsessivo, de tentar aliviar a nossa própria falta. É também uma receita para criar narcisistas que imaginam que o mundo gira em torno deles.

Quando somos incapazes de criar limites saudáveis para nós mesmos, nossos filhos aprendem a desrespeitar os limites dos outros.

Observando-nos não reivindicar a propriedade do nosso espaço e das nossas necessidades, acreditam que o espaço e as necessidades deles são mais importantes do que os dos outros. Como constantemente lhes damos tudo, sem dizer "não" quando apropriado, eles não aprendem a importância de aceitar que a própria vida às vezes nos diz "não". Consequentemente, desenvolvem uma ideia grandiosa de si mesmos.

Anita cresceu como a mais jovem de duas filhas. Seu pai, Stanley, morreu quando ela estava com sete anos de idade. A irmã mais velha sofria de graves limitações mentais e físicas, o que significava ficar confinada a uma cadeira de rodas. A mãe da menina, Louise, focava a sua atenção na irmã mais velha, sempre consumida pela deficiência da filha. Diante de tal situação, Anita aprendeu o seu lugar na vida rapidamente: ela estava em segundo lugar. Nada que pudesse fazer arrancava a atenção da mãe da sua irmã doente, e ela se sentia como um monstro ganancioso querendo essa atenção.

Visto que sua mãe a notava apenas no contexto da sua capacidade de servir à irmã e ajudar a carregar o imenso peso de cuidar de uma criança doente, Anita adaptou-se bem a esse papel, tornando-se a consumada cuidadora. O resultado é que a mãe cada vez mais se apoiava nela, enquanto ao mesmo tempo a forçava a ser tudo que a irmã mais velha não podia ser. Preenchendo todas as expectativas da mãe, Anita tornou-se uma pediatra de sucesso e tomou conta da família tanto financeira como emocionalmente.

Casando-se tarde e tendo três filhos, na sua nova família ela continuou a fazer o que fazia melhor, entregando-se totalmente aos filhos, que cresceram para serem competentes e realizados. Na sua preocupação para não lhes infligir o que havia suportado quando criança, ela cedia a todos os seus pedidos, permitindo que a usassem como tinha sido usada pela mãe.

O marido dela, Steven, não era menos exigente nas suas expectativas. Fútil, ciumento e possessivo, ele esgotava a sua energia emocional. Por conseguinte, Anita passou a sua vida adulta indo e vindo entre a mãe, a irmã, os filhos e o marido, o que ela parecia fazer facilmente até o dia em que foi diagnosticada com câncer de mama.

Sem mais ânimo para lutar, Anita sucumbiu, entrando em depressão. Quando precisava se sentir mais forte, ela simplesmente desistiu. Essa mulher que havia se dado aos outros a vida inteira, quando teve de dar a si mesma não foi capaz disso. Tão baixa estava a sua autoestima que ela não pôde "aparecer" para si mesma.

Anita contava com a mãe para animá-la. Como a situação evocava tanta ansiedade na mãe, em vez de ser piedosa e solícita ela ficou furiosa com a filha. Subestimando-a repetidamente, ela se recusava a aceitar que a filha estivesse carente. Os filhos de Anita, que também foram incapazes de enfrentar a deterioração da mãe, começaram a entrar em decadência também. O marido, não acostumado a ser o líder emocional, começou a se afastar de casa, que descrevia como "mórbida demais". Então foi isso, assim como tinha sido na infância, ela se viu abandonada.

Somente após meses de terapia é que Anita despertou para o fato de que estava *se abandonando* porque tinha sido abandonada pelos próprios pais no passado. Ela agora via que tinha atraído um marido que era exatamente como sua mãe, narcisista e negligente. Ela percebeu como, ao dar constantemente aos filhos, havia incentivado neles uma incapacidade para enfrentar emocionalmente as dificuldades da vida. No seu desejo de protegê-los para que não sofressem com as mesmas coisas que ela havia vivenciado na infância, ela os havia mimado demais, causando neles não apenas falta de empatia como insensibilidade. Tão determinada estivera para não lhes infligir as responsabilidades com as quais lhe exigiram arcar na sua juventude, ela sem querer os criou com desprezo pelo dever.

Como Anita, muitos de nós nos vemos nos modificando para conquistar a aprovação dos outros. No nosso pedido de aceitação e apreço, nos transformamos em alguém que não somos. Criados por pais que eram incapazes de nos permitir gozar do nosso eu natural, aprendemos que, para conquistar a sua bênção, precisávamos alterar nossos desejos e habitar uma persona – um falso eu que eles poderiam aprovar. Talhada para se adequar a eles mais do que a nós, essa persona mascarava o nosso jeito autêntico de ser.

Quando somos criados por pais que, devido às suas próprias criações inconscientes, nos fazem sentir vergonha de expressar quem somos, sentimos culpa por querermos ser o indivíduo único que somos. Se nossos pais nos fazem sentir culpados sempre que nos afastamos do caminho já trilhado, aprendemos a não confiar na nossa reação instintiva à vida, em vez de experimentarmos uma profunda ambivalência com relação às nossas escolhas de vida.

Culpa é uma emoção densa que coagula a nossa verdadeira voz, deixando-nos com um travo de inadequação e insegurança. Crianças que crescem com essa marca não confiam na sua sabedoria inerente. Consequentemente, elas vivem para sempre sufocadas pela culpa que lhes foi imposta ou então buscam deslocar seus sentimentos para outras pessoas ao julgar e jogar a culpa naqueles ao seu redor.

Com esta marca emocional, nossa tendência reflexiva é ver o mundo de acordo com estas orientações:

Sou má por expressar quem sou.

Não me permito a felicidade porque, se estou feliz,
    abandono aqueles que estão infelizes.

Não mereço liberdade emocional.

Sou a causa do sofrimento de meus pais.

Sou "má" por ter causado desconforto aos meus pais.

Filhos criados com essa marca tornam-se pais incapazes de encontrar a sua vocação na vida devido a um sentimento de culpa de que, se tentarem fazer o que realmente querem, vão de alguma forma desapontar os outros. Pais com essa marca são incapazes de deixar seus filhos livres para viverem as suas próprias vidas. Como não acreditam na própria competência, eles também tendem a ter muita dificuldade em disciplinar seus filhos ou lhes proporcionar um freio adequado. Com frequência os filhos desses pais são mimados, assim como agressivos nas suas próprias buscas de limites.

Você Era Incapaz de Ser Você Mesmo?

Vimos que, para chamar atenção, crianças magoadas por pais absortos em si mesmos adotam uma persona. Incapazes de admitir quem são e quais são as suas verdadeiras necessidades, porque estão a serviço do ego de seus pais, elas não exercitam a sua voz autêntica e apenas se expressam indiretamente, empregando meios tortuosos para ter suas necessidades satisfeitas. Vendo-se como vítimas, elas deslocam a responsabilidade por seus sentimentos para os outros, visto que acusar outra pessoa lhes possibilita se absolverem de toda a responsabilidade e lhes permite adotar uma postura "pobre de mim".

Quando essas crianças se tornam pais, são incapazes de permitir que seus próprios filhos sejam eles mesmos. Se os filhos ousam ser autênticos, esses pais se veem como suas vítimas. Ou assumem o papel de mártires, deixando que os filhos se sintam culpados por não fazerem nada mais do que tentar ser eles mesmos.

Vou lhes contar a respeito de Martha, que cresceu com seus sete irmãos e aprendeu cedo que a atenção de seus pais era dividida entre muitos. Sentindo-se tratada injustamente, ela calculou que se quisesse receber mais atenção de seus pais precisava ser especial de alguma maneira. Consequentemente, às vezes tentava representar o papel de uma diva, agindo dramaticamente, falando mais alto que os irmãos, até parecendo mais inteligente. Em outras ocasiões, assumia o papel de hipocondríaca, reclamando de dores e sofrimentos. Por mais que tentasse, a dolorosa realidade era que seus pais não tinham tempo para dar atenção aos oito filhos.

Sempre se sentindo injustiçada de um modo ou de outro, Martha se tornou uma mulher com muitos ressentimentos. Casou-se com um homem mais interessado em ganhar dinheiro do que nela, e se viu criando o filho sozinha enquanto o marido se transformou num mulherengo. Sem nenhum outro receptáculo para suas emoções, o filho, Nate, passou a ser o centro do seu universo. Vendo-o como aquele que a faria sentir toda a especialidade pela qual ansiava, ela alimentava todos os seus desejos, treinando-o para se tornar o homem com quem desejava ter se casado.

Os amigos de Nate invejavam a atenção com que a mãe o cumulava, sem perceberem que ele se sentia tudo menos uma pessoa de sorte por causa da inimaginável pressão sob a qual vivia. Na esperança de que ele fosse o homem que sua mãe não conseguiu encontrar seja no seu próprio pai ou no seu marido, ele se sentia culpado todas as vezes que pensava em se libertar das garras da mãe e reivindicar a sua própria vida.

Martha representava o papel de mártir totalmente. Sempre que Nate discordava dela, ela o lembrava de tudo que tinha feito por ele, o quanto havia se sacrificado por ele, como havia lhe dedicado a sua vida, controlando-o com lágrimas e evocações de piedade. O pai de Nate até o acusava, embora de maneiras mais sutis, de lhe tirar a mulher.

Sentindo-se devedor de sua mãe, como se fosse sua responsabilidade fazê-la feliz como seus próprios pais e marido não fizeram, Nate sentia-se preso numa armadilha. Embora quisesse estudar no exterior, permanecia num raio de dois quarteirões distante da casa da mãe, namorando apenas as meninas que achava que sua mãe aprovaria, porque acreditava que mudando dali mataria a mãe. Acreditando ser a única salvação dela, ele era uma vítima da situação de vítima da mãe, um mártir do martírio dela.

Quando Nate finalmente se apaixonou, foi por alguém tão controladora como sua mãe, com a capacidade de evocar nele uma montanha de culpas exatamente como ela. Foi só uma questão de tempo para sua mulher e sua mãe competirem por sua atenção. Quando ele se tornou pai, a mãe se sentiu ainda mais ameaçada e jogava sem parar com a mente dele, recorrendo a meios que usava na infância para chamar atenção, tais como estados hipocondríacos. Reclamando a atenção do filho de todas as maneiras possíveis, a preocupação de Martha consigo mesma, com a incapacidade de Nate de se separar dela de uma forma saudável, acabou precipitando uma brecha no seu casamento.

Muitas mulheres, especialmente, crescem com aspectos do papel de mártir. Inconscientemente absorvemos a crença de que devemos cuidar dos outros, extraindo disso o nosso senso de propósito. Quando isso finalmente nos deixa insatisfeitas, tiramos proveito dessa insatisfação exagerando-a, atando a nós o objeto de nossos cuidados. Visto que admitir o nosso próprio estado emocional e assumir a responsabilidade por ele seria assustador para nós, expressamo-nos por meios indiretos, tais como alegar que estamos cuidando de outra pessoa, o tempo todo usando-a para nos ajudar a nos sentirmos necessárias e, portanto, valiosas. Em outras palavras, nosso serviço é motivado por um anseio de preencher o próprio vazio.

Como resultado dos danos que tenho visto infligidos a tantas crianças nas mãos de pais inconscientes, sugiro que nos retiremos do pedestal da aprovação dizendo-nos todos os dias: "Peço ser libertada da ideia de que tenho qualquer poder ou jurisdição sobre o espírito do meu filho. Eu libero meu filho da necessidade de obter a minha aprovação, assim como do medo da minha desaprovação. Darei a minha aprovação de graça porque meu filho ganhou este direito. Peço a sabedoria para apreciar a centelha de normalidade do meu filho. Peço a capacidade de não basear a existência do meu filho em notas ou marcos alcançados. Peço a graça de me sentar com meu filho todos os dias e simplesmente me divertir na sua presença. Peço uma lembrança da minha própria normalidade e a capacidade de me aquecer na sua beleza. Não estou aqui para julgar ou aprovar o estado natural do meu filho. Não estou aqui para determinar que curso a vida do meu filho deve tomar. Estou aqui como parceira espiritual do meu filho. O espírito do meu filho é infinitamente sábio e se manifestará exatamente como deve ser. O espírito do meu filho refletirá a maneira como sou convidada a responder à minha própria essência."

"Mau" Comportamento É na Realidade uma Busca pela Nossa Bondade Inerente

Tony, um querido amigo meu, é introspectivo, criativo e experiente. É uma alma torturada. Gêmeo, foi enviado para morar com os avós em outra cidade quando tinha dez anos. Ele lembra: "Eles simplesmente me mandaram. Um dia eu estava indo para a escola, e no dia seguinte minha mãe estava fazendo minhas malas. Ela disse que eu tinha um efeito negativo no meu irmão gêmeo. Porque eu era muito forte para ele, ele 'estava desenvolvendo um complexo'."

A mãe de Tony lhe garantiu que ele ia ficar afastado apenas por alguns meses enquanto o gêmeo se encontrasse de novo. "Você é o forte", ela lhe disse. "Sempre foi. Vai ficar bem." Alguns meses viraram um ano e meio.

"Eu via meus pais uma vez por mês", Tony lembra, "e eles sempre me diziam: 'Seu irmão gêmeo está saindo da concha. Está se saindo melhor agora que está por sua própria conta.' Aí iam embora até a próxima visita. Embora dissessem que eu era forte e estaria bem, eu nunca estava. Por que era eu que tinha que ir embora? A partir de então, decidi que não seria mais essa pessoa 'forte, nem estaria 'bem'."

Ele começou a representar, entregando-se a comportamentos negativos para chamar atenção, imaginando que isso faria com que seus pais o notassem como notavam seu irmão gêmeo. Em vez disso, o seu comportamento os irritava, o que levava a tentativas de controlá-lo com ameaças de que nunca o levariam de volta. "Eu só piorei", ele lamenta. "Comecei a usar drogas e álcool, e larguei os estudos. Tudo isso, e eles ainda continuavam protegendo meu irmão, jamais vindo em meu auxílio. Assim, de garoto 'legal' eu me tornei o garoto 'mau', um rótulo que ainda uso. Até hoje, se eu lhes explico que não me tornei um rebelde só porque estava no meu sangue, mas porque era a única maneira de conseguir a atenção deles, eles riem de mim. Eles me dizem que me mandaram embora porque eu era sempre o mau. Talvez eles estejam certos e eu fosse uma criança má desde o início."

O papel de rebelde pode resultar de várias dinâmicas familiares, em cuja raiz está o problema da aceitação. Nos casos mais típicos, os pais são rígidos demais, superprotetores ou autoritários. A criança se sente reprimida na sua expressão autêntica, assim como sobrecarregada pelas expectativas dos pais. Muitos comportamentos "maus" representam uma criança gritando por ajuda. A mensagem que a criança busca enviar é que não está tendo suas necessidades satisfeitas da forma normal, por isso recorre a comportamentos exagerados. Outra resposta possível é a criança ceder às exigências dos pais, nesse caso ela pode se tornar "a estrela" ou "a bajuladora".

Como o "mau" comportamento detona todos os nossos temores como pais, repreendemos nossos filhos, culpando-os, até evitando-os na esperança de que irão se corrigir. Eles raramente se corrigem. Pelo contrário, perpetuamos o comportamento deles até que cresça progressivamente fugindo ao controle. Quando as crianças recebem atenção negativa por comportamento negativo, aprendem que, comportando-se bastante mal, seus pais finalmente as notarão.

Algumas crianças que são rejeitadas em casa crescem como receptoras de todos os fracassos de uma família. Os terapeutas referem-se a elas como o paciente identificado da família. Quando os pais não admitem a sua própria sombra, inevitavelmente a projetam em um dos filhos, que se torna o recipiente de todas as emoções não expressas, rachadas, da família. Ocasionalmente, a projeção engloba mais de um filho. Essas crianças crescem com uma forte noção de culpa e o sentimento de que são intrinsecamente "más".

Quando essas crianças se tornam pais, projetam seus sentimentos de "maldade" nos próprios filhos ou no cônjuge, colocando-os no papel do "malvado". Se forem muito sensíveis à sua própria rebeldia, podem estar sempre prestando atenção a sinais de rebeldia nos filhos, o que os faz serem permissivos demais ou então hipercontroladores. Esses pais não percebem que ambas as abordagens resultam na criação de um rebelde.

A Sua Fragmentação Não Reflete o Seu Verdadeiro Ser

Nenhum dos seus sofrimentos ou fragmentações, seja lá que forma assumirem, é você realmente. Nada disso jamais toca o seu ser essencial. Por isso, o que for que tenha lhe acontecido no passado não tem de defini-lo hoje.

Apesar de todas as dores da vida, o seu verdadeiro ser, com sua alegria inerentemente amorosa, jamais desaparece, embora deixe de se desenvolver e consequentemente se torne encoberto e perdido de vista. Que melhor lugar para revelar o seu ser essencial e integrar os aspectos não integrados da sua psique do que dentro de um relacionamento de pais e filhos? Ao fazer isso, você beneficia não somente seus filhos, mas também a si mesmo.

Poucos de nós tivemos a bênção de ser criados por pais que estão em contato com sua alegria interior. Essas crianças assim abençoadas crescem com uma leveza de espírito e uma confiança intuitiva de que a vida é boa e sábia. Elas sabem que a vida não é para ser temida, mas aceita. Essas crianças observam seus pais utilizarem uma conexão dentro de si mesmos que transcende o físico, e assim aprendem a utilizar a sua própria conexão única com sua fonte.

CAPÍTULO 11

Um Lar Construído com Base no Ser

Como adultos, preocupamo-nos com a atividade constante. Muitos de nós preenchemos todos os momentos com alguma atividade. A base da nossa autoestima está no quanto fazemos, no quanto ganhamos, em como é a nossa aparência e como somos conectados socialmente.

Nossos filhos não agem nesse estado maníaco até que nós os ensinemos a ser assim. Por essa razão, criar filhos conscientemente é agir sob uma constituição diferente do que a sociedade dita. O sucesso de uma criança é medido por critérios distintos. Em vez de ficarem mergulhadas em atividades e pressionadas a terem sucesso num mundo planejado por adultos, permite-se às crianças viverem no momento e celebrarem a natureza orgânica de suas existências. Nessa abordagem, notas e medidas externas de progresso são consideradas apenas uma faceta mínima de um quadro maior.

Encorajar o simples prazer da vida exige que não sobrecarreguemos nossos filhos de programações. Pelo contrário, permitimos que seus primeiros anos sejam de encontros para brincar e horas de lazer. Se as crianças ficam presas num turbilhão de atividades constantes de manhã à noite, antes mesmo dos cinco anos de idade, como vão se conectar consigo mesmas?

A verdade é que muitas das programações éticas modernas de uma criança significam mais a incapacidade dos *pais* de ficarem quietos do que a necessidade do filho de fazer tantas coisas. Fomos criados para vivermos num estado de "fazer" constante. Não apenas atividades físicas como trabalhar, fazer exercícios ou entregar recados que nos mantêm ocupados, mas também a nossa incessante rotulação, categorização, avaliação e teorização mental. A mente moderna é tão ocupada, que perdemos a capacidade de encontrar uma pessoa ou uma situação com energia *neutra*. Pelo contrário, quando enfrentamos o "outro", seja uma pessoa ou um evento, imediatamente impomos ao indivíduo ou à situação nossas ideias preconcebidas do que é certo e errado, bom ou mau.

Veja os pais que reagem aos aspectos desconfortáveis de suas vidas com ansiedade, frustração, raiva e xingamentos. Fiquem parados no trânsito com eles e observe como julgam e rotulam suas experiências. Esses pais são incapazes de notar calmamente que estão parados no trânsito e ficar em paz com isso, incapazes de se ver numa situação difícil e simplesmente notar que é difícil. Esses pais deixam um legado aos seus filhos que ordena que todas as experiências de vida sejam julgadas e rotuladas, especialmente as "ruins". Quando somos incapazes de enfrentar a realidade de nossos filhos num estado de *ser*, eles aprendem que a vida não pode simplesmente ser experimentada *como é*.

Todo esse "fazer" é uma tentativa de aplacar a nossa sensação de incompletude, como pode ser visto no exemplo de uma mãe que desiste da própria vida para ficar com os filhos, apenas para se envolver em infindáveis atividades "para o bem deles". Por fora, pode parecer uma mãe dedicada, levando seus filhos para aulas de balé e jogos de beisebol, cozinhando e limpando para eles constantemente. Entretanto, como a sua noção de identidade se baseia no que ela faz para os filhos, o seu doar é condicional. Visto que o corre-corre é motivado por sua necessidade de aliviar a própria angústia, ela é *incapaz* de estar presente para as necessidades dos filhos e os usa para, indiretamente, satisfazer suas fantasias insatisfeitas. Se eles não se adaptam às suas exigências, ela não suporta, o que leva a uma dinâmica ainda mais nociva de manipulação dos filhos para que sejam "bons".

Observei isso acontecer com uma mãe e seus dois filhos. Uma desenhista de moda que abandonou a carreira para ser mãe em tempo integral, o foco dessa mulher era seus filhos, a ponto de seu dia inteiro girar em torno deles. Excessivamente zelosa e envolvida, eles estavam matriculados em atividades todas as noites, o que significava que ela estava constantemente correndo de carro de um lado para outro para pegá-los e levá-los. Que eles fossem excelentes nos estudos e nas atividades era importantíssimo para ela. Visto que a filha era uma estrela na natação e o filho um astro no piano, essa mãe não podia estar mais orgulhosa deles e vivia para seus momentos de triunfo. A primeira mãe a chegar a todos os seus eventos, eram essas ocasiões que a faziam se sentir digna tanto como mãe quanto como um ser humano.

Até que um dia a conselheira da escola a chamou para dizer que sua filha lhe havia confessado que sofria de bulimia. A menina não resistira, declarando que estava morrendo de medo que a mãe descobrisse, e não parava de repetir: "Por favor, não conte para minha mãe. Ela vai me odiar. Vai ficar muito desapontada comigo." A menina tinha apenas oito anos quando começou a sofrer de bulimia ao se sentir pressionada para parecer mais magra na roupa de banho.

Foi nesse ponto que a mãe resolveu puxar os freios em todas as suas vidas. Foi a primeira vez que ela considerou o tributo que as infindáveis atividades estavam cobrando do bem-estar emocional de seus filhos. Até então, ela supunha que estava fazendo o melhor que podia por eles. Ela nunca teria imaginado que toda essa pressão poderia ter um efeito adverso. Como podia saber? Quando criança, não fora exposta a atividades ou recebera muita atenção dos pais, que viajavam muito, deixando-a com a babá. Ao fazer coisas que sua própria mãe nunca fizera por ela, essa mãe imaginava que estava sendo uma mãe dedicada. Ironicamente, ao desejar que seus filhos tivessem a infância de que fora privada, ela fez com que se sentissem tão sozinhos e negligenciados como ela se sentira. Só que, no caso dos seus filhos, eles haviam enterrado seus sentimentos sob suas atividades porque sentiam que precisavam se manter atuantes pelo bem da mãe.

A lição é que, se ensinarmos nossos filhos a fundamentar a sua noção de identidade em "fazer", eles se sentirão infelizes sempre que a vida os decepcionar de alguma maneira.

Você Sabe que Ansiedade É uma Forma de "Fazer"?

Uma das formas mais comuns de "fazer" que usamos para encobrir a nossa incapacidade de apenas *ser* é a ansiedade.

Quando os pais reagem às suas condições com dúvidas, hesitação, pessimismo ou desconfiança, incapazes de se manter calmamente nas suas realidades do presente, buscando ansiosamente respostas de como será o seu futuro, os filhos se orientam na vida do mesmo modo. Como esses pais não veem as dificuldades da vida como um convite para se conectarem com a própria flexibilidade, desenvolvendo ao contrário uma atitude de "como eu sou infeliz", seus filhos desenvolvem a mesma resposta emocional às suas próprias dificuldades. Herdar a marca da ansiedade cria um sentimento de vítima e um desejo de representar o papel de mártir.

Similarmente, quando os pais interagem com o momento presente de modo que foquem no que acham que estão perdendo, a falta se torna as lentes que seus filhos usam para ver o mundo. Esse é o resultado de sentir esse vazio que, ao olharmos o mundo à nossa volta, focamos no que é familiar, que são todas as coisas que pensamos estar nos faltando. Estamos tão pouco acostumados a operar com uma noção de abundância que não podemos reconhecer a fartura do universo.

Em alguns de nós, a ansiedade alimenta uma necessidade de ser "perfeito", que leva a uma compulsão a nos "consertar", movida por um anseio de acumular a nossa aprovação por todos. Em outros, a ansiedade alimenta exatamente o oposto de um desejo de aprovação, que toma a forma de um espírito de rebeldia. Ainda achamos que deveríamos ser perfeitos, ainda temos um anseio por nos consertar, ainda queremos aprovação, mas isso é eclipsado pelo nosso comportamento real.

Mais do que tudo, a ansiedade tende a vir à tona como uma necessidade de controlar. Quando somos incapazes de estar conosco exatamente como somos, renunciamos à familiaridade com a nossa própria autenticidade. No lugar da autenticidade, buscamos estabelecer certa noção de estar "no controle de nós mesmos" curvando-nos à vontade de outra pessoa, ou então tentamos nos sentir no controle dominando alguém mais, especialmente nossos filhos. Numa tentativa para reduzir a ansiedade, somos levados a ordenar as circunstâncias da nossa vida, ditar o resultado de situações e organizar as pessoas entre as quais vivemos.

Ficarmos preocupados nos dá uma sensação tranquilizadora de que estamos "fazendo" alguma coisa, nos enganando ao imaginar que temos algum controle sobre as coisas. Envolvidos num "fazer" mental, achamos que estamos agindo. Entretanto, visto que a preocupação está focada no futuro, em coisas que ainda não aconteceram, isso nos desvia de iniciar uma ação positiva no presente. A verdade é que a preocupação é uma máscara para o nosso medo de estar "presente" no nosso *presente*.

Paradoxalmente, quando a ansiedade nos pega, temos medo de realmente *nos encarregar* de nossa situação de um modo que possa mudar as coisas para melhor. De fato, quando examinamos a ansiedade de perto, é realmente um estado *passivo* – um elemento de distração que nos permite encher a nossa cabeça de pensamentos atarefados que parecem ser respostas ativas à nossa situação, mas na realidade são impotentes. Embora busquemos impor o controle através da atitude que assumimos num assunto, por meio de nossos pensamentos ou procurando impor aos outros a nossa vontade, raramente agimos como exigido para alterar as coisas.

A ansiedade gerada pela ideia de nos rendermos à nossa realidade se manifesta de várias maneiras. Vale a pena explorar algumas delas. Por exemplo, sempre que a vida se revelar do jeito que desejamos, experimentamos uma sensação abrangente de que estamos "acima" da vida, o que significa que as coisas só dão errado para os outros, não para indivíduos "especiais" como nós. Dizemos para nós mesmos: "Isso não era para acontecer comigo. Isso não pode acontecer com esta família. Não posso acreditar que eu, de todas as pessoas, tenho que passar por isso. Preciso mais da vida. Não foi esse o acordo que eu fiz. Não foi para isso que trabalhei tanto."

Outros curtem um sentimento difuso de vitimização, até de martírio, quando as coisas saem de um modo que não previram. Achamos que não temos sorte. "Isso sempre acontece comigo", podemos dizer. "Sempre perco no final, Não ganho nunca." Podemos até chegar a acreditar que todo o mundo quer nos pegar. Levando isso mais adiante, podemos começar a acreditar que o mundo não é apenas injusto, mas também perigoso. Nosso diálogo interno segue mais ou menos assim: "Ninguém se preocupa com ninguém, só consigo mesmo. É tudo tão competitivo. Detesto viver num mundo que gira em torno do dinheiro, não do amor. As pessoas fazem coisas tão mesquinhas, cruéis, vingativas. Não se pode confiar em ninguém porque os seres humanos não são confiáveis. O mundo é um lugar infernal para se viver."

Alguns de nós nos culpamos por nosso infortúnio, o que apenas acrescenta à nossa infelicidade. "A culpa é toda minha", nos dizemos. "Eu atraio coisas ruins para a minha vida. Mereço esse destino." Ou deixamos visível a sensação de estarmos sendo vitimados, dizendo para nós mesmos coisas como: "Eles realmente nunca me amaram. Deviam ter prestado mais atenção em mim. Se tivessem se preocupado mais. Eles me prepararam para esse fracasso. Por que não escutam mais?"

Com tal atitude, os desafios da vida são enfrentados com uma contração de sentimentos, em vez de uma sensação de expansão. A ansiedade que resulta então alimenta uma sensação de desespero e confusão, que por sua vez leva ao fracasso, que resulta numa baixa de motivação, que então vai descendo em espiral para mais ansiedade ainda e a paralisia que a acompanha. Por medo de nos comprometermos com a vida, por causa do temor em fracassar, criamos um obstáculo após o outro. Diante de uma situação difícil, vemos apenas problemas, não soluções.

Muitos de nós criamos repetidamente situações em que nos sabotamos a fim de alimentarmos a atitude de "Não consigo". Por exemplo, começamos a nos preparar para exames tarde demais. Quando nos damos mal como resultado da nossa procrastinação, traduzimos isso numa crença de que somos "incapazes". Ou começamos projetos, mas não os terminamos porque não só sucumbimos a distrações como também colocamos obstáculos no nosso caminho, o que alimenta a crença na nossa incompetência. Mesmo que em algum ponto iniciemos uma mudança positiva na nossa vida, experimentamos essa mudança como discordante por não ser familiar, o que gera tanta ansiedade que a abandonamos e voltamos à nossa passividade. Acreditando que precisamos conhecer o resultado de uma situação antes de entrar nela, embarcamos numa aventura apenas se tivermos certeza de como ela vai acabar. Sem segurança, nos sentimos muito vulneráveis, expostos demais.

Se você cresceu com pais cuja principal reação à vida era de ansiedade, isso é o que você vai passar para seus filhos, a não ser que se observe bem e conscientemente desfaça esse padrão. Seus filhos enxergarão a vida como intrinsecamente ameaçadora. Aprenderão com você a temer o próprio dom que pode capacitá-los a enfrentar os perigos da vida triunfantemente, que é a sua confiança inerente baseada no "conhecimento" interior. Duvidando de si mesmos, vão acreditar na ilusão de que, se não se preocuparem com alguma coisa ou descobrirem algo para não gostar nas suas vidas, vão atrair o azar de alguma maneira.

Um ciclo desse tipo, transmitido de geração a geração, só é rompido quando se descobre que *a preocupação é uma máscara para o medo de estar presente*. Estando presentes, podemos ajudar nossos filhos a desenvolverem a confiança na vida como inerentemente sábia.

Qual a Origem do Nosso Medo do Presente?

Muitos de nós temos terror de ficarmos quietos, sozinhos, experimentando realmente a solidão. Ficar face a face com a total solidão nos assusta. Então, enchemos nossos dias de projetos e aparelhos – é por isso que buscamos intermináveis meios de nos inserirmos na vida de nossos filhos.

Claro, a raiz desse medo é o medo da morte. Essa é uma realidade que não estamos preparados para aceitar, por isso vivemos fingindo que a morte vai nos evitar. Até aceitarmos a nossa mortalidade, enchemos a nossa vida de barulhos e dramas, o que aumenta a sensação de estarmos "vivos". Controlamos nossos filhos, brigamos com nosso cônjuge e criamos situações desagradáveis no ambiente de trabalho pela mesma razão. Com o pulsar de atividades, nos certificamos de estar "vivos". Sem toda essa movimentação, ficaríamos apavorados com a ideia não só de não *ter* nada, mas de não *ser* nada. Entrar nesse vazio é o nosso maior medo.

Esse medo é agravado quando acreditamos que vida e morte são duas extremidades de um espectro linear. Essa perspectiva gera ansiedade, acompanhada do sentimento de que devemos viver correndo a todo custo. Entretanto, se adotamos a perspectiva de que morte e vida são apenas dois pontos num *continuum*, podemos permitir que o nosso apego maníaco a "essa" identidade, "essa" vida, "esse" papel seja incluído na compreensão de que a vida continua. Por conseguinte, afrouxamos o controle sobre o nosso estado egoico e nos permitimos vislumbrar o nosso verdadeiro ser.

Não importa tentar nos esconder da realidade de que somos mortais, todos nós sabemos que a vida é tênue e extremamente frágil. Vivemos sabendo disso, apesar de tentarmos negar. Mesmo que enfrentar o que isso significa realmente seja angustiante, não seria melhor sermos reais com nós mesmos? Aceitar, momento a momento, a tênue natureza da nossa existência é em última análise fortalecedor. Em vez de afastarmos essa percepção, criando dramas emocionais, seria melhor aceitarmos simplesmente a qualidade *como é* da vida.

O medo da morte nos mantém apegados ao ego, de modo que a nossa noção do "eu" é o de uma mônada isolada. Em contraste, uma vez aceita a impermanência da vida, despertamos para a sua total conexão e maravilha diária. É aqui que a jornada de criar filhos se anima. Curtindo todos os momentos da existência de nossos filhos, gozamos de cada experiência, especialmente daquelas que parecem comuns. Não perdemos tempo e energia em esforços que no fundo não trazem nenhuma alegria. Não desperdiçamos a nossa existência com coisas materiais impessoais, percebendo que o que importa é uma conexão com nós mesmos e os relacionamentos na nossa vida.

Não é fácil aceitar que, no fundo, essa jornada da vida é nossa apenas. Tememos nos sentir isolados e sozinhos se realmente afirmarmos a nossa singularidade. Isso porque, à medida que somos estranhos para nós mesmos, nos sentimos mal equipados para nutrir o nosso próprio eu. Mal percebemos que apenas por meio da experiência do nosso caminho único é que podemos experimentar ao mesmo tempo satisfação pessoal e identidade com todos os seres.

Nossos filhos podem nos liderar para a autenticidade porque instintivamente sabem como *ser*. Intuitivamente eles sabem como viver dentro de seu corpo e responder ao seu espírito. Estão plenamente conscientes de que é necessário enfrentar a realidade como ela se apresenta e são capazes de reagir de um modo que nós adultos com frequência não somos. É por isso que é com nossos filhos que podemos aprender realmente a *viver*.

Basicamente, temos medo de nos entregar à vida *como ela é*, e esse medo nos mantém num modo de reação. Mas é forçoso nos rendermos ao espírito de nossos filhos se vamos criá-los atentos ao verdadeiro ser *deles*. Isso nós fazemos mergulhando sob nossas reações, intelectualizando e, com conhecimento, simplesmente enfrentando nossos filhos como eles são, *ser* a *ser*.

Além de Viver "Fazendo"

A grande doença da sociedade moderna é a nossa grave incapacidade de estarmos com nós mesmos. Somos tão ansiosos, perplexos e sem paz. Por quê? Porque estamos desconectados com a nossa essência. Se fôssemos conectados com o nosso ser interior, não nos destruiríamos uns aos outros, e agora o próprio planeta, na busca louca de poder. Quando estamos simplesmente sendo, a necessidade de controle é abandonada em troca de uma noção de unidade e fortalecimento pessoal. Ao prestarmos atenção ao nosso ser interior, desenvolvemos automaticamente um respeito pela vida e compaixão por todos os seres, especialmente aqueles com menos poder.

Uma vez tendo percebido que a resposta à ansiedade de nossos filhos não se encontra no mundo lá fora, mas na sua paisagem interior, em vez de encorajá-los a buscar gratificação externa imediata para acalmar a sua ansiedade, nós os ensinamos a usar a sua imaginação. Se formos pais conscientes, temos paciência e, portanto, nenhuma pressa em lhes impor atividades e conhecimentos. Reconhecemos que a infância não é hora de colher frutos, mas de plantar sementes. Compreendemos também que nossos filhos é que escolhem que sementes regar, orientados pela sabedoria inata e senso de destino que têm. Em outras palavras, pais conscientes confiam implicitamente na intuição dos filhos no que diz respeito ao seu destino. Viver conscientemente significa focar não no resultado, mas no processo, não na perfeição de uma atividade, mas na nossa coragem de aprender com nossos erros. É saber que o presente é o único momento de relevância. É confiar que a vida é uma professora constante, disposta e sábia.

Viver num estado de ser requer que você se conecte com o seu pulsar interior. Quando você trabalha nesse lugar centrado, tranquilo, toda atividade que surgir é simplesmente uma manifestação do seu propósito mais profundo. Ao sair dele, você não se envolve mais numa atividade após outra, mas, ao contrário, dedica a sua energia à conscientização da sua tranquilidade interior. Essa tranquilidade interior se manifesta como *presença*, e presença é a característica básica do espírito desperto, receptivo, aceitador de pais conscientes.

Como pais, a não ser que aprendamos a viver sendo, em vez de fazendo, ouvindo a nossa voz interior e não sendo movidos por fatores externos, a jornada pais-filhos será alimentada por ansiedade e drama. Quando passamos do fazer egoico para o ser autêntico, nossa visão de mundo muda. Não nos vemos mais focados na necessidade, mas no serviço; não sentimos mais a falta interna, experimentamos abundância; não nos sentimos mais presos, mas fluímos; não nos sentimos trancados no passado, mas presentes agora.

Embora essa seja uma mudança essencial, se vamos criar nossos filhos conscientemente, não é uma decisão fácil para os pais. Nós nos ocupamos em fazer, porque achamos mais fácil dizer sim a esses aspectos da vida conectados com o desempenho de nossos filhos em sociedade do que aos seus seres autênticos. Entretanto, se mudarmos o nosso próprio eixo para um encantamento em simplesmente ser, de modo que toda a nossa atividade flua desse estado infantil, espontaneamente nos encontramos respeitando nossos filhos por essas qualidades que podem ser menos quantificáveis, mas são infinitamente mais essenciais – como autenticidade, admiração, alegria, paz, coragem e confiança.

Quando estamos interessados em onde nossos filhos vão acabar na vida, transmitimos-lhes a noção de que "tempo é dinheiro", em vez de ensinar-lhes que o tempo é infinito quando vivenciado no presente. Pais que vivem num estado de ser ensinam seus filhos a viverem para os seus propósitos interiores, que nascem dos seus espíritos, não por dinheiro ou imagem. Crianças se contentam com uma frutinha no jantar da mesma forma que com uma refeição de gourmet. Seus olhos não buscam coisas a se apegar, mas coisas a abandonar. Em vez de impor as suas vontades à vida, eles fluem com o rio. A vida é vista como uma parceria na qual o mundo externo enriquece a vida interior, e vice-versa.

O Momento É Agora

Nossos filhos não ficarão conosco para sempre, em breve seguirão suas próprias vidas. É durante esses curtos anos que os temos perto de nós que podemos ajudá-los a despertar para a plenitude dentro deles, porque é dessa taça interior que vão beber quando estiverem sozinhos na faculdade e sob pressão, num relacionamento e lutando com relações sexuais, ou num aperto financeiro e ansiosos. Para prepará-los para isso, seus espíritos precisam ser nutridos diariamente.

Muitos de nós esperamos para nos conectar quando estamos jantando num restaurante ou passando as férias juntos, mas é nos momentos comuns — dando banho, sentados à mesa de jantar, esperando um ônibus, dirigindo o carro, esperando na fila — que a conectividade emocional floresce melhor. A não ser que compreendamos o potencial para conexão em cada momento do dia, vamos perder inúmeras janelas maravilhosas de oportunidade para interagir com nossos filhos.

Quando seus filhos falam com você, é bom se possível deixar de lado o que você estiver fazendo e lhes dar total atenção, olhando-os nos olhos. De manhã, é importante cumprimentar seus filhos e conversar com eles por alguns minutos, pelo menos, antes de iniciar a correria do dia. Na pressa para se arrumar para sair de casa, você pode cantar com eles, contar piadas ou apostar quem vai estar pronto primeiro.

Você também pode fazer conexão de todos os tipos de outras maneiras simples ao longo do dia. Por exemplo, quando passar pelos seus filhos no corredor, você pode tocar de leve neles ou talvez apertar as suas mãos. Em momentos aleatórios, aproxime-se deles e lhes diga como é louca por eles. Quando os cumprimentar na saída da escola, faça isso com total aceitação, nunca com críticas, e convide-os para contar suas histórias. Na fila da loja ou num sinal de trânsito, conecte-se fazendo-lhes cócegas se são muito pequenos, contando-lhes sobre o seu dia e perguntando-lhes sobre o dia deles se são mais velhos. Também, quando passarem o dia fora de casa, você pode lhes escrever uma carta ou apenas um bilhete dizendo-lhes que pensou neles e sentiu a sua falta.

É vital que você curta o humor de seus filhos e ria com eles pelo menos uma vez por dia. Você pode também permitir que lhes ensinem alguma coisa sobre você ou sobre eles todos os dias. Quando a noite chegar e for hora de ir para cama, trate esse momento como sagrado, deixando que eles divaguem e relaxem em seus braços se desejarem. Assim a hora de dormir se torna um ritual.

Visto que somos todos indivíduos únicos, como cada um de nós manifesta a sua conexão com os filhos será diferente. A chave é estar sintonizado com os ritmos inerentes de nossos filhos. Quando fluímos com o seu modo de ser naturais, descobrimos que somos capazes de estar mais presentes, abertos, envolvidos.

Observe uma criança, especialmente um bebê ou a que começa a andar, e você descobrirá o segredo de viver uma vida consciente. Crianças habitam naturalmente o momento presente. Mesmo que bebês e criancinhas de um ano sejam considerados como tendo pouquíssima consciência, são eles que mais personificam os elementos da vida consciente. Como? Com a sua capacidade de reagir à vida na sua forma *como é*, sem o empecilho de desvantagens como medo, culpa, apego ou necessidade de controlar. Quando os criamos inconscientemente, nós os tiramos desse habitat e fazemos com que sintam a pressão do futuro. Sacudindo-os da presença para o estado mental, fazemos com que troquem a sua espontaneidade pela previsibilidade do hábito.

Crianças muito pequenas em especial são capazes de se reinventarem a cada momento. Intrinsecamente espontâneas, não temem uma forma fluida de abordar a vida, o que as torna abertas às mudanças. Elas veem uma flor e param para observar, ou notam uma nuvem e são capazes de largar o que estão fazendo para admirar o seu formato. Como possuem uma imaginação sem limites, enraizada numa paisagem interior exuberante, podem brincar horas na areia, sem precisar de nenhum aparelho ou máquina para distraí-las. Sempre conscientemente em seus corpos, elas respeitam suas necessidades sem vergonha, de modo que, quando estão com fome, comem; e quando estão com sono dormem.

Responder à nossa presença como se fosse o único momento importante pode ser assustador porque, em vez de interpretarmos uma situação de acordo com o nosso passado, somos solicitados a ver a novidade de cada situação como uma criança pequena faz. Temos alguns modos bastante inteligentes de disfarçar como estamos obcecados com o passado e agoniados com o futuro. Arrependimento, remorso, culpa e nostalgia parecem tão dignos, mas são simplesmente uma preocupação com o ontem. Similarmente, aborrecimentos, fantasias com o que vai acontecer, e excessivo planejamento e organização podem soar como se estivéssemos apenas interessados que as coisas deem certo, mas essas são formas de preocupação com o amanhã.

Quando estamos cegos pelo passado ou ansiosos com o nosso futuro, perdemos as oportunidades que são evidentes aos olhos da sabedoria, mas invisíveis à mente superlotada, excessivamente analítica. Sem perceber, perdemos a conexão com o nosso eu autêntico e, portanto, uns com os outros. O eu autêntico se desenvolve apenas através da conscientização do momento presente. Na criação de um filho para que ele seja consciente, é essencial que nós pais comecemos a viver na zona do presente. Não importa o quanto confuso ou insuportavelmente doloroso possa ser o momento presente, somente o nosso *julgamento* nos faz querer evitá-lo, não o momento em si.

Não importa o que passou ou o que possa vir, nesse momento, pelo menos, você pode olhar para seus filhos de um modo diferente. Aqui, agora, você pode habitar uma consciência alterada. Mesmo que só possa fazer isso por alguns momentos todos os dias, eles têm o poder de afetar o destino de seus filhos. Cada momento adicional em que você se conecta com seus filhos é um a mais do que ontem.

CAPÍTULO 12

A Maravilha do Comum

Todos nós queremos que nossos filhos sejam especiais porque isso *nos* faz sentir especiais. Mas a que custo para eles?

Alguns de nós ficamos tão ansiosos para criar os próximos Einstein, Michael Phelps ou Julia Roberts que forçamos nossos filhos a serem excelentes em alguma atividade. Queremos que sejam não apenas bons em alguma coisa, mas *notáveis*. Todos nós sabemos o surto de orgulho que sentimos quando anunciamos ao mundo que nosso filho é um aluno excelente, um astro da natação, um ator premiado, um brilhante tenista ou que foi "aceito em Harvard". Especialmente quando jovens, nossos filhos concordam com isso e se esforçam para saciar a sede do nosso ego.

Uma razão para querermos tanto que nossos filhos sejam um sucesso é que tendemos a buscar validação através deles. Nós os comparamos com seus colegas. Estão se saindo melhor ou pior do que os filhos de nossos amigos? São melhores ou piores leitores, melhores ou piores escritores, melhores ou piores nas quadras de esportes ou no tribunal? Ficamos impacientes para maximizar o potencial de nossos filhos.

Embora eles não tenham nascido com nenhuma dessas preocupações mundanas, aprendem cedo que fazem parte de um mundo competitivo que está nitidamente dividido entre realizadores e não realizadores. Aprendem que são medidos por critérios externos a eles mesmos: notas, observações dos professores, opiniões de seus colegas. Infelizmente, também aprendem a respeito de rótulos: DDA, PDD, com dificuldade de aprendizado, distúrbio bipolar – e, no outro extremo do espectro, os bem-dotados e talentosos. Eles aprendem que seu comportamento está constantemente sendo analisado. Se falharem em alguns critérios socialmente aceitos, se veem sujeitos a humilhações.

Quando ensinamos aos nossos filhos que o sucesso deles na vida depende dos seus desempenhos, a infância se torna orientada para o futuro em vez de ser experimentada apenas como infância. As crianças aprendem que quem elas são, *como elas são*, não basta no mundo adulto. Não é de espantar que a infância esteja encolhendo, de modo que até crianças de oito anos de idade estejam sendo rotuladas de bipolares, enquanto adolescentes de 14 anos estão tendo distúrbios alimentares, tentando suicídio ou se tornando pais.

Vejo ansiedade por todos os cantos à minha volta. Quase todo mundo está correndo para o futuro. Há pouca presença, pouco tempo para saborear o extraordinário no que é comum.

Você se Diverte com as Qualidades Comuns do Seu Filho?

Um pai a quem foi negada a experiência do que é comum durante a infância será incapaz de suportar o que é comum no seu filho. A criança crescerá pressionada a ser sempre extraordinária, o que virá com o custo da autenticidade. Em vez de colocar toda essa pressão em cima deles, podemos curtir as qualidades comuns do nosso filho? Podemos encontrar excepcionalidade no seu estado comum?

Os pais me dizem: "Mas queremos expor nossos filhos ao que há de melhor. O que há de errado nisso? Por que não devemos mandá-los para aulas de balé, tênis e natação?" Não estou advogando que os pais restrinjam o desejo que uma criança tem de explorar. Encorajar a exploração é um modo de respeitar o modo de ser de uma criança. Estou reforçando a importância de ajudar nossos filhos a compreenderem que a *noção de valor* deles não está baseada em realizações.

Embora seja normal que queiramos que nossos filhos se sobressaiam, é preferível que isso nunca seja ao custo de deixar de se divertir com a sua normalidade. Quando negamos a normalidade de nossos filhos, nós os ensinamos a só se encantarem com os exageros da vida. Eles passam a acreditar que apenas o grandioso e o fabuloso devem ser notados e aplaudidos, e portanto buscam constantemente "o maior" e "o melhor".

Em contraste, quando nossos filhos aprendem a valorizar o que é comum, aprendem a habitar *a vida em si*. Apreciam o seu corpo, a sua mente, o prazer de compartilhar um sorriso e o privilégio de se relacionar com os outros. Tudo começa com o que nós pais os ensinamos a apreciar.

Sugiro que você ressalte para seus filhos os seguintes momentos bastante comuns:

O toque da nossa pele quando nos damos as mãos.

A tranquilidade das manhãs quando acordamos.

O fluir morno da água no chuveiro quando tomamos banho.

O cheiro da roupa lavada quando a dobramos.

A união da família quando sentamos para comer.

A luz do sol ao se pôr.

A tranquilidade da lua quando apagamos as luzes para dormir.

O modo de segurar o lápis na mão do nosso filho ao escrever.

A excitação de começar um novo livro.

O sabor das nossas comidas preferidas.

O encanto de cada elemento da natureza.

A excitação de um amigo que vem dormir na nossa casa.

A emoção do primeiro sorvete do verão.

O esmagar das folhas secas do outono.

O desolamento do frio do inverno.

O cheiro da massa assando quando passamos pela pizzaria.

Os segredos não contados dentro das paredes de uma biblioteca.

O prazer de encontrar um centavo perdido.

Quando nossos filhos aprendem a reverenciar esses momentos, vai embora a loucura por mais coisas, mais vistosas, maiores. Eles se tornam adultos capazes de focar a sua atenção no *que está na frente deles* em oposição ao *que não está*. Então, livres das suas expectativas, eles curtem a sua normalidade e se esforçam para alcançar expectativas que surgem do seu *próprio* centro.

A Falácia da Superprodução da Vida

Quando não estamos solidamente fundamentados na nossa própria essência, tendemos a compensar criando uma vida externa na qual quase tudo se torna uma "grande coisa". Na falta de uma noção adequada do nosso valor intrínseco, sentimos necessidade de exagerar, nos esforçar e analisar em excesso.

Por exemplo, nosso filho pega piolho e agimos como se tivesse ocorrido um tsunami. Eles se machucam e corremos para medicar, com frequência exagerando. Recebem uma nota baixa e chamamos um professor particular. Outra criança bate neles e estamos prontos para levar a família dessa criança ao tribunal. Eles nos contam uma mentira e ficamos furiosos. Estão entediados, então compramos para eles mais engenhocas cujo valor de entretenimento será tão limitado quanto o daquelas que eles já possuem. Eles fazem 13 anos e nós lhe damos uma festa digna de um casamento.

Acreditando que mais é melhor, maior é mais animado e caro tem mais valor, muitos na sociedade moderna perderam a capacidade de reagir à vida sem transformá-la numa grande produção. Consequentemente, nossos filhos crescem acreditando que a vida é para ser vivida rápida e furiosamente. Na sua existência cotidiana, o drama triunfa sobre a simplicidade, a excitação bate a tranquilidade. Eles crescem viciados numa vida de altos e baixos, incapazes de descansar no que é comum e com poucas perspectivas de se divertirem com o que é comum.

Crianças aprendem quem elas são e o que realmente curtem se lhes permitirem *ficar sozinhas*. Mergulhadas em atividades e submetidas a lições após lições, como podem esperar reconhecer a sua voz autêntica em meio aos ruídos de todo esse "fazer"?

Um dia a minha filha de quatro anos estava muito agitada. Nervosa e difícil de agradar, ela não parava de dizer que estava entediada e não tinha nada para fazer. Meu primeiro instinto foi salvá-la – e, no processo, a mim mesma! Um "bom" pai, ou mãe, não deve programar o tempo de seus filhos? Enquanto pensava se deveria ligar a televisão, fazer um projeto com ela ou levá-la ao parque, a ficha caiu: "Como ela vai aprender a evitar o seu tédio se eu a salvo o tempo todo?"

Nossos filhos desenvolvem firmeza quando administram suas emoções sem ajuda externa. Por isso eu lhe disse: "Não tem importância se sentir entediada. Não tem nada de errado em se sentir assim. Continue entediada."

Ela me olhou não apenas muito desapontada, mas como se eu fosse ligeiramente maluca. Ao sair do meu quarto, ela resmungava em voz alta para si mesma e continuou resmungando muito depois de desaparecer de vista. Passaram-se alguns minutos e notei que seus queixumes pareciam ter diminuído. Quando fui até o seu quarto, ela estava cantarolando contente para suas bonecas.

Imaginativas por natureza, as crianças são capazes de reagir ao *como é* com corpo, alma e espírito. Nossos filhos só precisam de um quarto vazio, a sua imaginação e um parceiro no crime bem-disposto. Eles não precisam de engenhocas caras ou um quarto cheio de brinquedos, apenas a sua criatividade nascida do seu centro tranquilo. Uma vez em contato com o seu centro, eles aprendem a ser felizes com o que têm, percebendo que o contentamento surge não de fora, mas do que está lá dentro.

Observe uma criancinha e vai se encantar com a capacidade dela de fazer algo do nada – a sua capacidade de transformar um quarto vazio numa tela para suas fantasias e o mais comum dos momentos no mais mágico. Fico esperando o ônibus no ponto com minha filha e logo ela está brincando de loja, vendendo artigos para seus clientes imaginários. Eu, eu estou impaciente e furiosa, me perguntando quando será que o ônibus vai chegar, incapaz de imaginar qualquer outra realidade além do meu próprio estado de ansiedade. Vou com minha filha comprar vegetais, com pressa para escolher o que vou levar, ansiosa para entrar e sair. Ela, por outro lado, está encantada em tocar cada um deles. "Este tomate é redondo como as minhas bochechas", ela ri alto, "e esta berinjela tem a forma das minhas lágrimas". Eu olho para ela intrigada. Como ela pode ver nada além do potencial, quando eu só vejo cansaço e disputa?

Nossos filhos nessa fase são verdadeiros pioneiros, escultores, cantores, atores, teatrólogos, cabeleireiros, modistas e competidores de carros de corrida. Eles são ceramistas, chefes de cozinha, jardineiros, pintores e cientistas. Eles habitam mundos inteiros dentro deles. O que acontece com esse potencial criativo quando eles chegam ao ensino fundamental? Para onde vai essa explosão cinética, irrestrita, de magia? Por quanto da sua perda somos nós os responsáveis?

Em inúmeros modos sutis e não tão sutis, enfraquecemos gradualmente e sem parar a capacidade de nossos filhos pensarem o impossível, limitando-os portanto a viverem em caixas que são confortáveis para nós. Dizemos para nós mesmos que isso é para o bem deles, mas na verdade é para tranquilizar a nossa ansiedade. Regularmente, corroemos a sua noção da vida como mágica a serviço da "realidade". Ouça algumas coisas que lhes dizemos:

"Você não pode dirigir carros de corrida; é muito perigoso."

"Primeiro aprenda a se sentar quieto, depois fale em ser cientista."

"Você não tem ouvido para música, como pode ser cantor?"

"Representar é para sonhadores."

"Gente da nossa família não se torna jardineiro."

"Você é muito baixa para ser modelo."

"Acho que você deveria ser professora."

"Acho que você seria um médico maravilhoso."

Quando as crianças estão cheias de confiança, vendo apenas abundância, oportunidades, expansão e aventuras, têm uma fé oceânica na bondade do universo. É nossa obrigação espiritual permitir-lhes que promovam e alimentem a sua capacidade inata de absorver a vida. É cedo demais para estourarmos a bolha deles. Que dancem e não se preocupem com o desempenho no final. Que desenhem e não se preocupem se o produto é bom ou ruim. Que frequentem a escola e não fiquem ansiosos com as suas notas, percebendo que, quando estamos excessivamente interessados em notas ou no seu sucesso em determinada atividade, eles começam a perder o interesse no aprendizado e se concentram apenas na perfeição do resultado. Deixemos que voem na imaginação sem que lhes digamos que não são práticos fazendo isso.

Tendo dito isso, não estou alheia às crescentes evidências de que uma criança é submetida a profundas influências no útero, que podem afetar a sua conduta, temperamento e capacidade de aceitar plenamente a vida. Também, não são todas as mulheres para quem a gravidez é bem-vinda, o que pode ter um profundo efeito na criança em desenvolvimento. Como qualquer banho químico que a mãe gere durante a gravidez flui instantaneamente para o fluxo sanguíneo do bebê, inclusive hormônios do estresse negativos, criar filhos conscientemente o mais cedo possível na vida de uma criança torna-se importantíssimo. Ainda, qualquer passo que se dê na criação consciente deles não importa quando ele for dado durante o desenvolvimento de uma criança, é melhor do que nada.

Incentive sempre seus filhos a ouvir as suas vozes interiores, amar o processo de aprendizado, curtir o domínio de uma habilidade, divertir-se ao se arriscarem, e rir deles mesmos quando errarem. É assim que você os ensina a manifestar o seu verdadeiro potencial criativo. Mais do que isso, eles o ensinarão a liberar o *seu*.

Renuncie à Urgência de "Fazer"

A incapacidade de valorizar a amplitude do tempo livre é *aprendida*. Nossos filhos captam a inquietação por osmose quando os ensinamos a dependerem de estar ocupados o tempo todo. Eles então crescem e se tornam adultos que não conseguem sentir prazer em estar sozinhos no seu próprio corpo, mas precisam estar sempre numa boate, com amigos, ou trabalhando.

Para serem capazes de fluir de estado para estado, as crianças não precisam de engenhocas ou outras formas de distração. Elas são capazes de se ajustarem de um estado de ser para outro com muita facilidade quando deixamos de interferir. Na verdade, quando enchemos a vida de nossos filhos com inúmeras atividades ou bugigangas artificiais, nós os privamos da imaginação e, portanto, da sua capacidade de criar o seu próprio prazer.

Quando esvaziamos a nossa vida de coisas em desordem, de barulho e distrações, priorizando a nossa programação em torno da criação de espaço, abrimos caminho para experiências vitais. Por exemplo, admiramos um lindo pôr do sol e ele quase nos tira o fôlego. Incapazes de tirar os olhos do arco-íris de cores sempre mudando, ficamos sem palavras. Tão presentes estamos durante a experiência que renunciamos a toda urgência de "fazer", substituída pelo deslumbramento e a conscientização transcendente da nossa conexão com toda a realidade.

Nesses momentos, não há espaço para ódio, hostilidade ou atitude crítica, que ficam engolidos na serenidade da vasta expansão diante de nós. Completamente no nosso corpo, mas num estado exaltado de consciência, estamos curtindo um antegosto do que significa realmente entrar nas nossas experiências.

DE VOLTA AO QUE É BÁSICO

Uma das coisas mais fáceis de fazer para ajudar nossos filhos a retornarem à sua fluidez inata é reduzir o tempo na frente da televisão e outras formas de tela. Não estou sugerindo que televisão ou computadores sejam ruins para nossos filhos, apenas questiono o papel que representam no cotidiano deles. Existe uma enorme diferença entre permitir que se divirtam com desenhos animados, shows ou jogos (especialmente nos finais de semana) nas horas de lazer, e recorrer a essas coisas para nos distrair de estarmos com nós mesmos. Se uma tela é usada para aliviar a inquietação ou o tédio, nossos filhos aprendem a depender de auxílios externos para diminuir a sua ansiedade.

Televisão e computadores com frequência servem não apenas como um curativo sempre que as crianças se sentem entediadas ou frustradas, mas também como uma substituição para relacionamentos. Usados assim, roubam das crianças a oportunidade de aprenderem a ficar quietas com suas emoções e orientarem eles mesmos os seus sentimentos. Quando a criança se enterra no barulho do programa ou jogo, suas emoções ficam embotadas. A televisão ou o computador logo viram uma obsessão, de modo que nossos filhos querem que fiquem ligados o tempo todo, no seu entorpecimento sentindo-se estranhamente confortados pela presença de uma tela.

Outro passo é trocar *compras* por *experiências*. Em vez de comprar uma quinquilharia, levamos nossos filhos ao zoológico. Em vez de comprar um videogame, nós os acompanhamos num passeio de bicicleta. Em vez de comprar para eles um carro elegante no aniversário de 18 anos, nós os mandamos numa viagem para um país do Terceiro Mundo, onde precisam ganhar dinheiro para um carro.

Nossos filhos, antes de tudo, precisam de nós para lhes dar a nossa atenção, não dinheiro. A nossa atenção é um presente muito mais valioso do que qualquer coisa que o dinheiro possa comprar. Se desde pequenos aprendem a valorizar o nosso relacionamento com eles mais do que as coisas que lhes compramos, montamos o cenário para uma confiança nos seus seres interiores e não nas coisas externas. Um ser humano sempre escolherá relacionamentos mais do que engenhocas ou outras posses, desde que não tenhamos corrompido seus instintos naturais.

Nos fins de semana, minha filha tem permissão para uma hora de televisão ou uma hora no computador. Num domingo, visto que meu marido e eu estávamos ambos em casa, decidimos jogar um jogo de tabuleiro juntos. Conforme o jogo prosseguia, percebi que ia demorar mais tempo do que eu tinha previsto, o que significava que seria hora de dormir antes que minha filha pudesse curtir a sua hora no computador. "Vamos parar de jogar", sugeri, "porque eu lhe prometi uma hora no computador". Imaginei que ela sairia correndo da sala, excitada por ficar sozinha com seus jogos.

Surpreendendo-me e me humilhando, ela respondeu: "Não quero jogar no computador, quero jogar este jogo com vocês." Somos nós que roubamos dos nossos filhos o seu desejo natural de estar perto de nós – e depois lamentamos que, na adolescência, eles não querem nada conosco.

Em vez de sair correndo para comprar para nossos filhos o videogame, computador ou joia mais recentes – especialmente se tiverem menos de 12 anos –, nós os ajudamos mais quando os incentivamos a viver uma vida simples. Se nos veem agitados, prometendo comprar um determinado brinquedo quando se queixam de não ter, começam a acreditar que essas coisas são realmente importantes. Entretanto, se não veem nenhuma reação da nossa parte, aprendem a valorizar o que já possuem.

Ajudamos nossos filhos a desenvolverem a capacidade de adaptação quando não entramos em pânico a qualquer oportunidade. Eles vão ficar doentes, se machucar, brigar na escola e voltar para casa com uma nota mais baixa (ou, que Deus não permita, um zero!) e todos sujos. Vão comer muito doce, esquecer de escovar os dentes, vestir a camisa pelo lado avesso, perder o celular, quebrar o controle remoto da televisão e violar nossas regras. Essa é a natureza da infância. Se desenvolvermos uma reação excessivamente exagerada às loucuras de nossos filhos, eles aprendem a ter reações exageradas como as nossas – reações que, na adolescência, podem incluir o suicídio.

Enquanto muitos pais colocam um tremendo estresse sobre seus filhos, outros tentam salvá-los dele. A realidade é que as crianças precisam dele para crescer. Aprender a suportar a dor de vê-los lidar com o estresse, permitir que permaneçam no desconforto de suas imperfeições, ficando de fora enquanto são forçados a decidir entre duas opções igualmente desejáveis e indesejáveis – tudo isso é essencial para o desenvolvimento de uma criança.

Durante épocas de estresse e tensão, a capacidade de pensar fora da caixa pode facilmente se tornar contraída e murchar. Por isso é crucial ensinar seus filhos a viver com uma noção autêntica de uma profunda vocação, ao contrário de satisfazer um desejo do ego. Uma vez tendo dentro de si o poder de transformar suas dificuldades, eles jamais se verão sem apoio porque saberão que a fonte de tudo está dentro deles. Eles transformarão cascalho em rubis porque veem que é assim que você vive a sua própria vida.

Quando você favorece a criatividade de seus filhos diariamente do mesmo modo que lhes dá a nutrição correta, lhes ensina uma das lições mais valiosas: a confiarem no seu ser interior para solucionar os problemas da vida. Eles têm uma capacidade intrínseca para pensar fora da caixa, e só a sua ansiedade faz com que duvidem de suas vozes interiores.

Uma Vida que Espelha Quem Seu Filho É

Como parte de expressar o seu ser único, a vida de uma criança precisa espelhar quem ela é. O quarto dela deve refleti-la, seu guarda-roupa deve ser pessoal, o corte de cabelo individual. Pouco percebemos como estreitamos a visão de nossos filhos ao lhes ensinar que é preferível seguir o caminho já trilhado do que trilhar o seu próprio caminho. Por essa razão, é prudente pedir a opinião deles sobre decisões referentes a todas essas áreas de suas vidas. Assim, *eles* é que escolhem como seus mundos interiores se manifestam.

Os pais muitas vezes argumentam que seus filhos fariam escolhas pouco sensatas. Quero deixar claro que não estou defendendo que devemos permitir que decidam em que cidade devemos morar ou que escola devem frequentar, embora possam certamente dar as suas opiniões sobre esses assuntos. É importante não fingir que nossos filhos são adultos em miniatura, capazes de agir com razão e sabedoria. Como pais, é nossa responsabilidade manter as coisas em perspectiva. Portanto, apresentamos aos nossos filhos escolhas que são *apropriadas* para a idade deles e alinhadas com a sua capacidade de discernir com sabedoria. Por exemplo, nós lhes permitimos opinar na escolha das roupas que usam na maioria das vezes, a não ser é claro que queiram sair por aí de biquíni no auge do inverno. Eles também têm voz nas atividades das quais participam, inclusive em coisas como os restaurantes frequentados pela família. E, também, damos-lhes liberdade para discordar de nós quando têm um ponto de vista diferente. Desse modo, aprendem a entender a vida como um processo criativo que está sempre fluindo.

Seria maravilhoso se todos os pais pudessem comunicar aos seus filhos: "Você é uma pessoa criativa. Sinta-se livre com a sua imaginação. Leve-me para lugares da sua imaginação para que eu possa visitar e me divertir. Imagine tudo que você quer, e se expresse sem temor. De que outra forma vai conhecer os seus limites? Você tem capacidade de colocar a sua marca única no universo. Ao mesmo tempo, existe um sentido em que você é de uma vez só muitos seres num único ser, portanto não se una a uma única forma de se expressar cedo demais. Tudo que você precisa ser é *você*, e pode expressar quem você é de qualquer maneira que escolher enquanto se desenvolve. Não se preocupe demais com a 'lógica' de um projeto. Se acreditar nele, faça-o. A vida não é o dinheiro que você ganha, mas é o seu envolvimento nas coisas pelo simples prazer disso."

Talvez mais do que tudo, você promove o bem-estar de seus filhos quando demonstra a alegria que brota do seu próprio ser. Quando eles o observam vivendo puramente do ser, contente em existir como você é, sem necessidade de estar sempre no modo de produção, localizam essa capacidade dentro de si mesmos. Eles percebem que são basicamente responsáveis pelos seus próprios estados interiores e aprendem a acessar a sua própria alegria, que viaja com eles não importam quais sejam as suas circunstâncias.

Seus filhos estão no caminho para a conscientização quando percebem que estar simplesmente consigo mesmos e com você, conectados de modo profundo – ser humano com ser humano, sem interferência de distrações externas –, é a fonte da satisfação. Dominando assim a arte da vida simples, eles crescem apreciando tudo que a vida tem para oferecer. Apreciar a vida pelo *que ela já é*, não pelo que imaginam que ela deveria ser, o que é *comum* neles mesmos, nos outros e na vida em si assume uma magnificência própria.

CAPÍTULO 13

Arquive Aquelas Grandes Expectativas

Com frequência me perguntam: "O que você quer que a sua filha seja quando crescer?" Essa pergunta sempre me intriga porque não tenho ideia do que minha filha vai ser.

Respondo: "Ela já *é*. Só quero que ela conheça a sua própria integridade conforme ela flui do seu silêncio interior. Uma vez conhecendo isso, ela será dona do mundo."

Os filhos vêm para nós cheios do que *é*, não do que *não é*. Quando vemos a nossa própria realidade por tudo que ela *não é*, ensinamos os nossos filhos a operar a partir da falta. Quando vemos nossos filhos por tudo que ainda se tornarão, mal reconhecendo tudo que já são, nós lhes ensinamos que são incompletos. Para nossos filhos, ver uma expressão de desapontamento em nossos olhos planta neles sementes de ansiedade, insegurança, hesitação e falta de autenticidade. Então começam a acreditar que deveriam ser mais bonitos, competentes, inteligentes ou talentosos. Desse modo, nós os privamos do seu entusiasmo para se expressarem como são *agora*.

Ao colocar minha filha na cama uma noite dessas, eu disse: "Tenho tanto orgulho de você." Quando ela me perguntou por quê, eu respondi: "Porque você ousa ser você mesma."

Quando você exalta seus filhos por suas capacidades de serem fiéis a si mesmos, os encoraja a confiar. Você os inspira a seguir a própria intuição e ter fé de que serão amparados se caírem. Mostra para eles que não precisam criar uma rede de segurança porque a rede de segurança deles já está dentro do seu próprio ser. Você os ensina a experimentar a vida em nome da *experiência*, nada mais nada menos. É assim que se criam filhos com coragem e flexibilidade.

Em outras palavras, o seu dever como pai, ou mãe, é espelhar a integridade inerente dos seus filhos, de onde eles manifestarão quem vão se tornar. Ao espelhar a integridade deles, você os ajuda a perceber que quem eles são aqui e agora *já* é a sua maior realização.

Respeite Quem Seu Filho É

Como pais, podemos com facilidade impor exageradamente a um filho expectativas que não têm nada a ver com *quem a criança é*. Como elas emanam do nosso próprio condicionamento, com frequência nós nem sabemos que elas existem. Não obstante, essas expectativas e exigências não respeitam *o que é*.

Se soubéssemos respeitar nossa própria vida e sentimentos como eles são, respeitaríamos automaticamente os de nossos filhos, que precisam ter oportunidade após oportunidade de se deslumbrar com seu estado natural de ser. Em vez disso, tendemos a pressioná-los tanto que se sentem incapazes de estar à altura de nossas expectativas. Assim, em vez de criar oportunidade para eles brilharem, nós os preparamos para o fracasso.

Se nos preocupamos em ser um "sucesso" na nossa situação financeira e nas nossas realizações, automaticamente comunicamos aos nossos filhos esse modo estressado, ansioso, de abordar a vida. Nós os empurramos como se fossem extensões do nosso próprio ego desesperado, o tempo todo dizendo para nós mesmos que os estamos pressionando "para o seu próprio bem", para que tenham um futuro melhor.

Um número cada vez maior de pais e mães matricula seus filhos em aulas de enriquecimento acadêmico antes de chegarem à idade escolar, na esperança de lhes dar uma vantagem. Como sabemos a importância das redes sociais, começamos também a monitorar com quem eles se associam. Muitos de nós também caímos na armadilha de direcionar suas atividades depois da escola, não segundo os interesses deles, mas como elas irão figurar na hora de entrar para uma faculdade.

Jamais tendo aprendido a ficar sentados tranquilos e apreciando o seu *ser* intrínseco, os filhos de pais com grandes expectativas para seus rebentos ficam desesperados por uma noção de valor. Esses são os pais com solicitações para faculdades de prestígio na gaveta antes que seus filhos completem sete anos, empurrando-os numa direção predeterminada sem escutar se esse é realmente o destino deles.

Quando atividades orientadas para entrarem numa escola de fama tornam-se o foco do dia de nossos filhos, eles não se dão ao luxo de permitir que suas essências se desenvolvam. Aos tropeções internamente, determinam o seu valor segundo os padrões de realização. Se a sua capacidade de ter sucesso não se sustenta, provavelmente eles questionarão o próprio valor, talento e propósito.

Especialmente nos primeiros anos de vida, nossos filhos precisam de espaço para mergulhar em suas inclinações naturais e praticar a expressão do que encontram ali. Nossa tarefa é reagir com encantamento, transmitindo pelo nosso olhar e sorriso que eles são mais adorados quando estão no ato de *ser*.

Sempre que você sentir necessidade de que seus filhos se destaquem participando de uma sobrecarga de atividades, pode se perguntar se a sua motivação é realmente capacitá-los a se tornarem quem autenticamente são, ou se você tem necessidade de se aquecer ao sol da glória deles. Se o desempenho do seu filho não é perfeito, isso provoca em você o sentimento da sua própria inadequação? Nesse caso, mascarar esse sentimento aparentando ser uma mãe ou um pai dedicado não vai solucionar a sua sensação de falta. A consequência é que seus filhos crescem para orientar o seu valor em torno de barômetros externos, tais como notas, aparência, seu grupo de colegas, posses, carreira, riqueza ou um cônjuge.

Como Definir Padrões para Seu Filho

Como pais, podemos acreditar que um de nossos deveres é definir padrões para nossos filhos. Consequentemente, muitos de nós criamos cenários quando eles têm nove anos de idade e recortamos figuras de como queremos que seus anos na faculdade e a carreira pareçam. Acreditamos que é nossa responsabilidade ter grandes expectativas para eles, visto que é assim que vão aprender a ter grandes expectativas para si mesmos. Dizemos para nós mesmos que, se os fazemos acreditar até onde têm potencial para ir, eles desenvolverão a inspiração para fazer exatamente isso.

Quando nossos filhos tropeçam apesar de toda "ajuda" que lhes demos, não entendemos por quê. Nesse ponto, em vez de procurarmos dentro de *nós mesmos* a razão, em geral os pressionamos ainda mais, acreditando que estão fracassando porque não os desafiamos o bastante. Nós os matriculamos em mais aulas, contratamos professores particulares e os colocamos em terapia.

Definir um padrão alto demais e muito cedo corta o potencial de uma criança. Filhos que crescem aceitando a nossa visão deles como advogados, médicos ou cientistas, desenvolvem uma noção desordenada de si mesmos como inadequados. Quando o padrão é colocado tão alto, como uma criança pode se sentir outra coisa a não ser diminuída?

Os pais protestam: "Então não devemos esperar grandes coisas para nossos filhos? Não devemos incentivá-los a tentar uma universidade de peso?"

E se seus filhos não conseguirem ser aceitos numa das escolas cobiçadas que você escolheu para eles? Devem acreditar que uma faculdade do governo é inferior? E se o seu filho quiser tirar um ano de folga e ingressar no Peace Corps, viajar pelo mundo, estudar para ser estilista de moda, ser monge, ou aprender sobre criação de animais vivendo numa fazenda do interior?

Exatamente porque não há ninguém que chamemos de "nosso" da mesma maneira, nossos filhos têm o poder de desencadear o nosso ego como ninguém mais. Por exemplo, estou no rinque de patinação no gelo e vejo uma bela patinadora de 17 anos. Aí noto a mãe dela sentada na ponta da cadeira, acompanhando cada movimento da filha. E penso: "Por Deus, por que não posso ser como aquela mãe, aqui apoiando a filha dia após dia?" Então percebo que eu jamais poderia ser como essa mãe. Por quê? Porque sei por amigos que essa mãe está pressionando a filha devido à sua própria necessidade egoica de ter uma "estrela" da patinação na família.

Por mais que eu veja essa mãe e fique pasma com a sua disciplina, também sei que em algum nível ela está muito perdida — perdida tanto para si mesma como para sua filha. Ela projetou na filha todas as suas necessidades não satisfeitas.

É muito importante que você não precise que seus filhos curem uma parte danificada de si mesma, que você tenha a sua própria vida, em vez de dedicar a eles todos os minutos do seu dia. Se você está contente com o *como é* – contente em deixar que passatempos sejam passatempos, e que o ser puro de seus filhos permaneça livre enquanto eles curtem essas atividades –, não vai precisar que suas crianças ganhem medalhas e tiaras.

Lembro de uma mãe que chorou nos meus braços porque a filha não entrou numa universidade particular, em seguida me disse: "Todas aquelas atividades, todas as medalhas que ela ganhou – foram inúteis. Poderia muito bem não ter feito nada." Essa mãe anulava os sucessos da filha simplesmente porque não se materializaram no exato futuro que ela esperava.

Crianças com médias regulares estão sendo rejeitadas em Harvard. Crianças com boas notas estão repetindo o teste várias vezes para obter aquela nota perfeita. Tantas crianças choram na minha frente, lamentando terem tirado apenas 93 num teste. Os pais, inflexíveis no seu dogmatismo, discutem comigo sobre o ombro do filho que chora: "Você não compreende como é importante ser aluno de uma escola de prestígio." Eles me olham com ar superior.

Esses pais não percebem que quando estabelecemos uma trajetória para a educação de nossos filhos, para o amor ou carreira, limitamos imediatamente quem eles poderão ser. Eles têm o poder de manifestar realidades que ainda nem começamos a imaginar. Não nos compete apoiar uma carreira na medicina de preferência a uma carreira no teatro, um casamento aos vinte anos ou aos trinta – ou mesmo nenhum casamento.

Muitos pais inteligentes sabem disfarçar suas ordens como "orientação", embora na realidade o que temos a dizer está entrelaçado com uma agenda oculta. Nossos filhos não são tolos. Eles sabem o que queremos deles antes mesmos de pronunciarmos uma só palavra. Nossos lábios podem dizer: "Sigam seus sonhos", mas eles percebem que muitas vezes queremos dizer: "Sigam os meus!"

Deixe que seus filhos *queiram* frequentar uma escola de renome, depois trabalhem duro para isso, em vez de ser você quem quer isso para eles. Verdade, você pode ficar assustado em tratar seus filhos de um modo tão "sem intervenção". Pode acreditar que esse pouco envolvimento se mostrará prejudicial para eles, enquanto o que acontece é o oposto.

Tendo dito isso, *existem* áreas nas quais você pode estabelecer o padrão para seus filhos:

Defina o padrão para eles falarem com a sua voz autêntica.

Defina o padrão para dialogarem todos os dias com você.

Defina o padrão para prestarem serviços.

Defina o padrão para se sentarem quietos diariamente.

Defina o padrão para manifestarem imaginação, criatividade e alma.

Defina o padrão para serem bons consigo mesmos e com os outros.

Defina o padrão para sentirem prazer em aprender.

Defina o padrão para expressarem emoções de uma forma direta.

Defina o padrão para demonstrarem curiosidade e um estado de abertura receptiva.

Quando você define padrões que incorporam quem seus filhos já são, em vez de fazê-lo pensando em que você quer que eles se tornem, você os ensina a confiar nos seus próprios sensos inatos de valor e de competência. A partir desta base, eles irão desenvolver parâmetros particulares de excelência – parâmetros estes que espelham o estado *interno* de excelência deles.

O QUE VOCÊ PODE ESPERAR REALISTICAMENTE DO SEU FILHO?

O que você tem direito de esperar de seus filhos? Eu identifico três elementos: respeito por eles mesmos, pelos outros e pela sua segurança. Além desses três elementos básicos, seus filhos têm o direito de manifestar quem *eles* querem ser, mesmo que isso não seja o que você deseja para eles. Qualquer coisa a mais pressupõe a propriedade de quem seus filhos devem ser. Suas expectativas são suas, para guardar e saber, não para seus filhos aceitarem só porque nasceram de você.

O que você pode esperar para seus filhos? Permita-me dar algumas sugestões:

Não que conquistem muitas coisas, mas que aprendam muito.

Não que lhe obedecerão, mas que o respeitarão.

Não que seguirão cegamente as suas ordens, mas que buscarão o seu conselho.

Não que serão astros, mas que dominarão a arte de ser.

Não que seguirão a sua visão, mas que criarão a deles.

Não que alcançarão o "sucesso", mas que viverão uma vida de propósitos.

Não que encontrarão direção, mas que acharão significado.

Não que serão seus bonecos, mas que serão seus parceiros espirituais.

Não que não vão experimentar a dor, mas que encontrarão os meios para se tornarem saudáveis.

Não que não fracassarão, mas que encontrarão a coragem de começar de novo.

Não que não magoarão os outros, mas encontrarão a gentileza de pedir perdão.

Mais uma vez, o primeiro passo para libertar seus filhos da cilada da sua irrealidade é libertar-se da sua própria armadilha. Você é primeiro um ser humano, depois pai. Como tal, está numa busca por desenvolvimento espiritual e ainda tem muito o que aprender, o que significa que ainda tem pontos cegos emocionais para serem descobertos. Você não é perfeito – e, se for sensato, também não busca a perfeição. Perfeição é banal. Em vez de ansiar pelo "fabuloso", você se encanta com o que é comum.

É importante ser capaz de rir das suas idiossincrasias, o que ajuda a libertar seus filhos das garras do seu ego, deixando que encontrem o próprio centro separado do seu. Você não precisa que eles o façam se sentir melhor a seu respeito, visto que você percebe que esse é um processo solitário. Você é capaz de ser altruísta tanto quanto pode ser egoísta. E embora tenha a capacidade de dar, também precisa receber.

Concentre-se no Processo, Não no Resultado

Você sabe muito bem que, se a pessoa trabalha em muitos empregos comuns, a tecnologia está substituindo rapidamente os seus serviços. Olhando para o futuro, a nossa preocupação é como nossos filhos vão sobreviver quando crescerem. Nós nos dizemos que eles terão uma vida de dificuldades a não ser que se tornem astros.

Quando ensinamos aos nossos filhos desde cedo que eles têm de trabalhar para conseguir alguma coisa, o trabalho na escola se torna associado a um domínio de conceitos. As atividades são direcionadas para se tornarem melhores no que fazem, em vez de serem algo de que seus filhos participem por prazer. Em tudo isso, nosso foco é para onde nossos filhos estão *indo*, em vez de onde eles *estão*.

Ao mudarmos a nossa perspectiva do futuro para o presente – abandonando perguntas como: "E então?" –, libertamos nossos filhos do medo de como serão vistos ou como será o seu desempenho e, assim, permitirmos que aprendam sem inibições. É por causa do nosso incessante foco no produto final que nossos filhos não aprendem as habilidades necessárias para suportar a mediocridade, a frustração e até o fracasso.

Quando minha filha fez seis anos e chegou a hora das reuniões de pais e professores, todas as mães e pais marcaram uma hora para essas reuniões, mas nem meu marido nem eu conseguíamos nos programar para as vagas na lista de inscrição. De início eu pensei: "A professora da minha filha vai me achar irresponsável." Conforme passou o tempo, percebi que não precisava me apegar tanto ao que a professora dela poderia pensar de mim, ou até ao que a professora ia dizer a seu respeito. Não que os comentários dela não teriam sido úteis; afinal de contas, todos nós podemos aprender com a perspectiva de outra pessoa, especialmente quando ela passa tanto tempo com nossos filhos. Mas, porque em geral eu sabia como minha filha estava se saindo *como uma pessoa*, eu não precisava me preocupar se ela sabia ou não fazer contas, ler e escrever. Em vez de saber se minha filha era uma boa aluna na escola, meu foco era saber se ela era uma aluna na escola da *vida*. Eu preferia saber sobre o seu *processo* em termos de viver do que o seu *progresso* medido por notas. Estou principalmente interessada em se ela é boa e piedosa, emocionalmente flexível, expressiva e alegre, espontânea e autêntica – coisas que já vejo pela nossa casa. Sei que se minha filha é bem-sucedida como pessoa, ela vai cuidar de outros aspectos da sua educação do seu próprio jeito, no seu próprio ritmo. No final, meu marido e eu conseguimos marcar um encontro mais tarde com a professora.

Uma mãe me confessou a sua preocupação com a filha de quatro anos que não estava acompanhando o processo de desenvolvimento porque, embora controlasse o uso do penico, ainda molhava as calcinhas com frequência de noite. Tranquilizando essa mãe, eu a incentivei a deixar de lado o seu interesse pelo processo de desenvolvimento da menina e perceber, em vez disso, que essa seria a primeira de muitas ocasiões em que ela teria de se reconciliar com as diferenças inerentes da filha. Duas semanas depois a mãe me ligou e disse que a filha estava se comportando bem melhor agora que ela havia desistido de fazer disso um problema.

Tão excitada estava essa mãe que não sabia se deveria comprar um presente para a filha. Eu respondi: "Claro", acrescentando que, em vez de simplesmente elogiar a filha por atingir uma meta, o presente é mais benéfico quando representa o elogio por todas as coisas que elas aprenderam uma sobre a outra com essa experiência. Ela poderia explicar que tinha ficado preocupada, mas que agora lamentava não ter confiado na filha, e como era maravilhoso a menina ser capaz de estabelecer os seus próprios horários e ser firme a respeito disso.

Quando focalizamos na conquista de um objetivo, e não no processo de aprendizado, nossos filhos perdem muitas oportunidades de desenvolver a autoestima. Em vez de lhes dizer: "Bom trabalho. Aqui está o seu presente", é importante ressaltar o desenvolvimento do caráter deles, observando que estamos orgulhosos por terem demonstrado paciência, determinação e bravura. Poderíamos também elogiá-los por terem sido capazes de demonstrar uma atitude relaxada quando nós não fomos – que, ao contrário de nós, eles não se sentiram pressionados, mas respeitaram o próprio corpo e seus ritmos. Assim nossos filhos descobrem a alegria de aprender, muito diferente de alcançar um destino.

Um garotinho de cinco anos usava o penico de dia, mas de noite dormia de fralda. Percebendo a importância de permitir que seu filho se autorregulasse, o pai não dizia nada. Na véspera de começar o jardim da infância, quando o pai estava pegando uma fralda na hora de dormir, o filho anunciou: "Não preciso de fralda. Sou um menino grande agora. Vou para a escola amanhã!" Nem uma só vez essa criança teve um acidente noturno. Esse é o tipo de autodomínio que queremos que nossos filhos desenvolvam.

Quando nossos filhos nos procuram ansiosos por causa de um exame, uma abordagem consciente não é fazer um discurso de incentivo dizendo que vão se sair muito bem na prova, mas ajudá-los a lidar com essa ansiedade. Precisamos lhes garantir que o desempenho deles não é tão importante, mas a forma como curtem a matéria. Quando o foco está na disposição deles de absorverem a matéria e se identificarem com ela, damos aos nossos filhos permissão para *sentir prazer no processo* de expandir a sua compreensão. Se o foco estiver no bom desempenho numa prova, sinalizamos que o seu processo único é apenas relevante se eles produzirem *resultados*. Dizemos que não queremos que nossos filhos temam o fracasso. Mas medo é exatamente o que ensinamos quando o nosso foco é onde eles *precisam estar*, em vez de onde eles *já estão*.

Quando matriculamos nossos filhos num curso ou vemos os seus boletins, temos de lembrar que é pela forma como reagimos na nossa linguagem corporal, voz e sinais de prazer ou desgosto que comunicamos o que esperamos deles. É nosso propósito comunicar que só as boas notas evocam uma reação nossa positiva, enquanto que as más não evocam? Comunicamos que tirar uma nota dez ou o primeiro lugar em alguma coisa é a medida do valor deles?

Quando eu tinha 12 anos, tirei dez em todas as matérias. Excitada com o meu boletim, voei para casa direto para os braços da minha mãe. Com a sua exuberância típica, ela dançou comigo, igualando a minha felicidade com a dela. Imaginei que meu pai também ia dançar, gritar e pular de alegria. Em vez disso, ele sorriu e disse: "Tirar dez é ótimo, mas o importante é que você sentiu que aprendeu da melhor maneira que pôde."

Meu queixo caiu, meus ombros despencaram e minha mãe sussurrou para ele: "Por que você não pode simplesmente dizer que ficou empolgado e mostrar como está feliz?" Eu não podia entender por que meu pai tinha de ser tamanho desmancha-prazeres.

Só no final da adolescência é que percebi o que ele estava querendo dizer. Essa era *sempre* a sua reação, independentemente da minha nota. Mesmo quando eu tirava uma nota ruim, ele dizia: "Um cinco é ótimo, mas o importante é que você sentiu que aprendeu da melhor maneira que pôde." Claro, quando a minha nota *era* um cinco, a sua reação calma era um alívio! Com a maior sutileza, ele me ensinava a não me apegar a um dez ou um cinco, mas focar no processo de aprendizado.

Ao mesmo tempo, eu aprendia com ele a determinar as minhas próprias marcas de sucesso, em vez de depender de um padrão externo. Eu descobria que abraçar a tarefa de aprendizado é o que realmente importa. Visto que estava muito claro que a aprovação do meu pai não era afetada pelas notas que eu levava para casa, nunca tive medo ao receber meu boletim. Como meu pai não tinha grandes expectativas quanto às minhas notas, o fato de não ter medo me permitia não só sentir prazer em aprender, mas também *superar minhas próprias expectativas*.

Essa abordagem está fadada a gerar ansiedade nos pais. Tememos que sem ter expectativas claras vamos produzir crianças desmotivadas, preguiçosas. Entretanto, padrões rígidos só servem para deixar nossos filhos ansiosos.

Quando focamos no processo, não no resultado, nossos filhos desenvolvem uma curiosidade inata, o que faz com que mostrem interesse por sua própria iniciativa. Assim, embutimos neles uma sede de aprendizado que supera o fugaz prazer que deriva de obter a nossa aprovação por meio de notas. Eles procuram alcançar a sua própria vocação, inspirando o próprio desejo de viver não apenas uma vida de sucesso, mas uma vida significativa.

Precisamos ensinar nossos filhos a abordar a vida não focalizados em quantos elogios e prêmios podem *receber*, mas no *que eles estão investindo nisso*. A vida reflete o estado interior com o qual entramos nela. Nossos filhos precisam saber que a qualidade de suas vidas interiores vai se manifestar em suas circunstâncias externas.

Use o Elogio Certo

Quando as coisas não funcionam como nossos filhos esperam, em vez de desperdiçar energia em frustrações e ressentimentos, ser pais conscientes significa focalizar nas qualidades que puderam vir à tona como um resultado do processo. "Veja o quanto você aprendeu sobre si mesmo", podemos dizer. "Viu como você foi corajoso expondo-se? Notou como você foi capaz de perseverar quando se sentia derrotado, às vezes?" Em seguida podemos perguntar: "Como se sente agora que superou o seu medo?" Essa abordagem molda um adulto que não teme os resultados da vida. Ela celebra cada experiência porque é rica em autoaprendizado e maior conscientização.

Quando ensinamos nossos filhos a desprezar as notas e focalizar na coragem para ficar em silêncio e tentar, reforçamos as suas vidas interiores. Nós os encorajamos a se arriscar, assim como a perseverar na luta. Nós os ensinamos que não faz mal que tenham limitações, explicando que o desejo deles de se esforçar é muito mais importante do que a capacidade de dominar alguma coisa. Nós lhes mostramos que aprender a viver com suas limitações com facilidade é muito mais importante do que se apegar à perfeição.

Se ensinarmos esses valores aos nossos filhos, eles se tornarão adultos sem medo de se aventurarem em novos territórios e viver com o desconhecido. Como se sentem confortáveis com a possibilidade de fracasso, encontram a energia para escalar as suas próprias alturas escolhidas pessoalmente.

Para ajudar seus filhos a perceberem a abundância que já transpiram, você pode lhes dizer coisas como:

Você me inspira.

Estou maravilhado com a pessoa que você é.

Estou admirado com o seu espírito, que não conhece limites.

Você me tira o fôlego.

A sua capacidade de ser generoso é imensa.

Você é uma pessoa de verdade.

Sua capacidade de imaginar e criar é extraordinária.

Você é abençoado com muitos talentos.

Você é rico interiormente.

Você tem tantas coisas para me ensinar.

Aprendo a ser uma pessoa melhor com você.

Entenda que Seus Filhos Imitam Você

Quando reconhecemos que nossos temores pelo futuro de nossos filhos são os nossos próprios medos e realmente não dizem respeito a eles, não sentimos necessidade de projetá-los neles. Consequentemente, nós os encorajamos a viverem de um modo que é orientado para seus seres autênticos.

Quero enfatizar que a maneira mais profunda que podemos ensinar nossos filhos a acessarem a sua abundância, a sua autonomia e propósito, é se os acessamos nós mesmos. Quando os acessamos, nossa *presença* se torna a ferramenta mais potente que temos na criação deles.

Nossos filhos percebem quando estamos conectados ou desconectados com o nosso fluxo de vida significativa. Quando estamos conectados com o nosso próprio fluir constante de satisfação, irradiamos essa energia que serve para garantir que eles não serão usados para preencher um vazio interior ou, de algum modo, para nos completar. Por osmose, eles então começam a herdar um modo de ser que é semelhante ao nosso. Eles se encharcam com a nossa presença e imitam a nossa capacidade de nos relacionarmos com nós mesmos e com a nossa vida. Assim, simplesmente incorporando a nossa essência nas interações diárias, ajudamos nossos filhos a encontrar o seu caminho de volta para uma sensação de plenitude, que os possibilita identificar a abundância em todas as situações.

Como pais, podemos nos sentir culpados se colocarmos nossas necessidades no mesmo nível que as de nossos filhos. Podemos nos envergonhar de pedir tempo e espaço para nós mesmos, independentemente deles. Se eles nos veem constantemente nos colocando de lado, talvez sacrificando as nossas necessidades pelas de nosso cônjuge ou amigos, aprenderão a se desvalorizarem em favor dos outros. Se virem que hesitamos em aceitar a vida de qualquer forma que ela se apresentar, imitarão a nossa indecisão. Por isso, prestamos aos nossos filhos um serviço espiritual quando desenvolvemos a nossa própria capacidade de nos satisfazer e cuidamos sozinhos de nossas emoções.

Quando não contamos com nossos filhos para que nos façam felizes, mas encontramos a nossa felicidade em outros lugares, nós os libertamos para serem fiéis a quem eles são. Eles são capazes de sentir prazer na nossa felicidade sem o peso de ser a razão dela. Fazer alguma coisa de que gostamos, conectar com o nosso ser interior na calma e solidão, respeitar o nosso corpo cuidando dele diariamente com o que comemos, com os exercícios que fazemos e o modo como estamos em paz com a nossa aparência, tudo isso são maneiras de ensinar aos nossos filhos a se valorizarem.

Uma amiga descreveu como foi crescer com uma mãe que estava sempre ansiosa para ser a "melhor" dona de casa e anfitriã. Sempre que recebia visitas, ela se esforçava ao máximo para limpar a casa, decorá-la toda com flores, pentear os cabelos e preparar refeições elaboradas. Mas, se não esperasse ninguém, ela não fazia nada disso. Tão grande era o contraste entre os dois estados que a minha amiga chegou a acreditar que os outros eram muito mais importantes do que nós mesmos. Talvez com apenas seis ou sete anos de idade na época, ela lembra o exato momento em que percebeu que "se mamãe se esforça tanto para agradar os outros, eles devem ser mais importantes do que ela, visto que sempre quase se mata para cuidar deles".

Você precisa ensinar seus filhos a não terem medo de reconhecerem a sua própria voz, o seu espaço e suas necessidades. Eles prosperam quando se sentem livres para proteger a si mesmos e estabelecer limites, sem hesitar em defender seus direitos. Ao mesmo tempo, precisam ser capazes de se dedicar aos outros. A verdadeira dedicação, que é fundamentalmente diversa da dedicação que preenche um espaço vazio na sua vida e é, portanto, uma forma de carência, vem da consciência de abundância interior. Não há dedicação se o poço interior estiver seco. A dedicação autêntica se origina de um poço que transborda.

Partindo dessa conexão interior, encoraje seus filhos a viverem de seus seres essenciais. Livres da armadilha de suas fantasias, expectativas e da necessidade de controlar, eles estão soltos para viverem o seu próprio destino. Em vez de moldá-los à sua própria imagem, você se torna testemunha da singularidade deles conforme ela se revela — algo que você pode fazer porque também se tornou testemunha da sua própria singularidade.

Ao respeitar cada vez mais o seu verdadeiro ser, elementos na sua vida que antes eram escoras para o seu eu não autêntico caem na beira da estrada. Outros elementos agora entram na sua vida para sustentar a sua autenticidade, à medida que as circunstâncias externas seguem as internas. Devido à sua silenciosa conexão com o seu ser intrínseco, você se vê capaz de apoiar o surgimento do verdadeiro ser do seu filho. Tendo aprendido a viver na autenticidade, você não se sente mais ameaçado quando seus filhos falam a verdade deles e vivem as suas vidas autenticamente.

CAPÍTULO 14

Crie um Espaço Consciente na Vida do Seu Filho

A época que vai do nascimento até os seis anos é especialmente quando as crianças não precisam pensar em subir ao auge da vida, mas, pelo contrário, precisam de tempo livre para bater as asas brincando e explorando, com muito espaço para descansar e simplesmente não fazer nada.

Esses são os anos em que podemos permitir aos nossos filhos o prazer de conhecerem quem eles são. É a hora de dominar pequenas tarefas, atingir metas minúsculas, das quais a mais importante significa explorar e curtir seus próprios corpos e espíritos. Eles precisam ter horas e horas de brincadeiras ociosas, encontros com amiguinhos, caminhadas no parque ou corridas pela praia. Precisam de horas ininterruptas girando os polegares, pintando nada em particular, amassando massinha, brincando com areia, amarrotando papel e remexendo nas caixas de brinquedos. Precisam de fantasias, fingindo serem reis, rainhas e dragões. Precisam que lhes permitam horas batendo os pés em seus quartos e cometendo erros. Precisam de tempo, liberdade e total permissão para fazerem o que quiserem.

Esse é um período na vida de nossos filhos durante o qual eles plantam uma variedade de sementes e veem quais criam raízes e acabam dando frutos saborosos. Isso é tão mais satisfatório para uma criança do que ver um pai plantando uma única árvore, depois injetá-la com esteroides para que produza tonéis de frutas insossas.

Depois dos seis anos, e especialmente quando chegam aos sete e oito anos, nossos filhos começam a se desenvolver mentalmente de uma forma que marca uma grande mudança dos anos de brincadeiras relaxadas. Conforme o pensamento se desenvolve cada vez mais, a vida deles se torna mais complicada. Quando isso começa a acontecer, podemos ajudá-los imensamente mostrando-lhes a importância de períodos de tranquilidade nas suas vidas durante os quais eles possam compreender suas experiências, sentimentos e circunstâncias.

Dê Espaço para a Tranquilidade na Programação do Seu Filho

Conforme uma criança se desenvolve mentalmente, um aspecto da normalidade da vida é que ela envolve considerável solidão. A não ser que você permita que seus filhos se sintam confortáveis com uma tranquila solidão, eles se tornam estranhos para si mesmos, alienados da sua essência. Quando isso acontece, sempre que deixados sozinhos, não ficam à vontade e podem até se sentir desesperadamente solitários. Sem ninguém para preencher o vazio com barulho e distrações, eles se veem face a face com o absoluto silêncio do seu ser – uma experiência assustadora para alguém que não está acostumado a descansar na sua essência.

É bom incentivar nossos filhos a ficar em silêncio, para que aprendam a existir num estado de tranquilidade sem precisar conversar. Períodos dentro do carro são ótimas oportunidades para criar esse espaço. Com essa finalidade, pode ser benéfico não carregar aparelhos e vídeos, especialmente nas corridas do dia a dia, que é quando surgem as melhores oportunidades de silêncio. Claro, se vamos viajar durante horas, ter um vídeo, brinquedos ou jogos não faz mal. Mas, diariamente, quando estamos no carro, é bom dirigir com o rádio desligado. Também pode ser bom resistir ao impulso de cantar, conversar sobre coisas sem importância ou jogar um jogo após o outro. Assim criamos o espaço para a tranquila observação.

Quando estamos constantemente distraídos com atividades, nosso olho interior é incapaz de observar o nosso ser interior. A capacidade de observar só pode se desenvolver em momentos de tranquilidade sentados com nós mesmos. Isso não significa criar tantos momentos de solidão a ponto de não conversarmos com nossos filhos. Pelo contrário, estamos falando de nos tornarmos cientes de que eles só prosperam se houver um equilíbrio de fazer e não fazer, de atividade e não atividade, de envolvimento e não envolvimento.

Momentos de solidão e tranquilidade não são momentos vazios, embora possam parecer assim inicialmente. São momentos de *plenitude*, nos quais experimentamos a presença do nosso ser. Esses momentos dão origem a oportunidades para contemplação e reflexão. Os pais conscientes não estão afastados durante esses períodos, mas sintonizados no estado de ser natural de seus filhos.

Recentemente comecei a ensinar minha filha a meditar. Oito anos é uma boa idade para uma criança começar a desenvolver a arte de aprofundar a sua consciência, embora isso varie com base nos interesses e habilidades de uma determinada criança. Minha filha mostrou interesse, portanto eu a introduzi na prática. Nós fazemos disso uma atividade familiar uma vez por semana, tipicamente nos finais de semana, com meu marido, minha filha e comigo sentados juntos por dez minutos durante os quais ficamos em silêncio.

Primeiro fechamos os olhos e nos adaptamos à sensação de estar no escuro. Segundos depois, eu começo a falar, o que faço às vezes durante a meditação para que minha filha possa aprender a técnica apoiando-se na minha voz. Eu guio a sua atenção para a sua respiração conforme ela sobe e desce no seu peito. Embora a respiração consciente em geral inclua prestar atenção conforme ela entra e sai das narinas, isso pode ser sutil demais para uma criança pequena. Prestar atenção ao subir e descer do peito é muito mais fácil, visto que essa é uma área maior do corpo. Durante os minutos seguintes, observamos a nossa respiração conforme ela entra e sai da área do peito: sobe e desce, sobe e desce. Em seguida eu introduzo o silêncio, ficando calada por um minuto ou dois. Eu permito que minha filha fique com seus pensamentos sem qualquer som, explicando que ela não precisa fazer nada, só ficar sentada e respirar. Finalmente, eu passo os últimos minutos na prática de generosidade amorosa, durante os quais ela aprende a importância de espalhar compaixão e gratidão para o universo à sua volta tendo pensamentos piedosos e agradecidos.

Antes de minha filha ter idade suficiente para meditar, eu usava outros meios para introduzir a tranquilidade na sua vida. Conscientemente eu me sentava quieta com ela no seu quarto mesmo que ela estivesse em atividade. Eu a levava para caminhar na natureza e deixava que ela absorvesse a tranquilidade ao seu redor. Desligava todos os aparelhos por um bom tempo todos os dias e simplesmente conversava com ela. Eu ensinei minha filha a ouvir o silêncio e a não ter medo dele.

As crianças são bem capazes de sintonizar o seu ser interior se receberem orientação. Sim, até os adolescentes! Mas quando nossos filhos chegam à adolescência é tão fácil nos sentirmos impotentes diante das suas investidas violentas que ficamos tentados a nos livrar deles, o que só serve para conduzi-los ainda mais para o seu mundo tecnológico. Nossos adolescentes precisam de nós para guiá-los de novo para um estado de tranquilidade, o que nunca é tarde demais para se começar. Mas como vamos conseguir isso?

Por exemplo, podemos pedir que durante uma hora por semana eles se envolvam numa prática de tranquilidade, tal como ioga, tai chi ou meditação. Podemos pedir que durante uma hora por semana caminhem sozinhos na natureza. Podemos pedir que durante uma hora por semana desliguem todos os seus aparelhos e conversem conosco. Podemos pedir que durante uma hora por semana escrevam no seu diário. Podemos também pedir que durante uma hora por semana pintem ou pratiquem alguma outra forma de arte em silêncio.

Nossos filhos merecem o privilégio de conhecerem a sua paisagem interior. Eles só podem conseguir isso se tiverem permissão para se conectarem com a sua essência, o que um pai ou uma mãe podem encorajar – pois basicamente é a qualidade da nossa conexão com nossos filhos que lhes permite apreciar uma sensação de relacionamento com eles mesmos e o seu mundo.

CRIE UMA NARRATIVA SIGNIFICATIVA PARA SEU FILHO

Todos nós procuramos viver de forma coerente e significativa. Queremos que nossas experiências façam sentido. Nossos filhos, especialmente, contam conosco para ajudá-los a entender a sua realidade. Nossa tarefa é ensiná-los a extrair sentido e propósito da vida.

Uma das maneiras de impregnarmos de significado os dias de nossos filhos é criando uma narrativa de suas experiências. Um jeito sutil, mas poderoso, que nos ajuda a desenvolver uma narrativa na vida de nossos filhos é passando um tempo com eles, visto que a nossa presença traz continuidade. Quando estamos presentes não só nos seus grandes momentos, mas também nos pequenos, nós os acompanhamos em suas aventuras. Nossa conexão emocional e presença lhes transmitem uma sensação de coerência, ordem e organização.

Também nos envolvemos numa construção de narrativa quando dizemos aos nossos filhos: "Lembra quando você tinha oito anos e fomos ao zoológico? Você caiu e..." Existe poder em tecermos juntos as memórias de nossos filhos; ajudando-os, portanto, a entender as suas experiências.

Contar histórias também dá uma estrutura interpretativa para a vida deles. Não digo apenas ler livros de histórias, mas estou pensando no poder de uma história como a de *Raízes*, de Alex Haley, que se tornou uma minissérie de televisão. Contamos para nossos filhos como eles mesmos começaram a existir, como nos fizeram sentir, como são corajosos, gentis e daí por diante. Quando as crianças ouvem a respeito de si mesmas numa história, conseguem absorver melhor o que estamos tentando lhes transmitir do que se lhes ensinarmos diretamente. As crianças adoram ouvir histórias de si mesmas porque estão ansiosas para criar uma visão de quem costumavam ser quando bebês e como se tornaram quem são agora. Ao relacionar essas histórias com nossos filhos, nós os ajudamos a tecer uma narrativa sobre eles mesmos e seu lugar na sua família e no mundo.

Encorajar nossos filhos a escreverem num diário o que pensam e sentem todos os dias é outra maneira de ajudá-los a entender as suas experiências. Talvez a família inteira poderia se sentar por meia hora, como numa tarde de domingo, cada um refletindo sobre a semana e gravando seus sentimentos e emoções. Que modo maravilhoso para a família ficar sentada em silêncio e ativar o seu olho interior!

Rituais em que estamos todos juntos são importantes para apoiarmos a noção de conexão de nossos filhos. Seja nos reunindo em família para jantarmos todas as noites, ou talvez nos finais de semana se as programações dos dias de semana não permitirem, ou num aconchego familiar todos os domingos de manhã, os rituais são uma lembrança rítmica da importância de estarmos juntos. Quando as crianças aprendem a contar com eles, desenvolvem uma noção de estabilidade. Adultas, elas lembrarão desses rituais e recorrerão a eles para achar sentido. Claro, é também necessário que as famílias comemorem datas importantes, cujas lembranças agirão como uma força aglutinadora na psique de uma criança.

Crianças que crescem em famílias nas quais as histórias ao redor da mesa e durante reuniões de família são abundantes levam vidas em que há uma coerência e uma continuidade que são muito valiosas durante épocas de estresse. Tendo escutado horas de histórias sobre seus ancestrais, elas crescem com uma narrativa interna que lhes dá uma noção de firmeza, flexibilidade e coragem.

Por que Expressar Gratidão ao Seu Filho É uma Poderosa Ferramenta na Sua Criação

Eu digo aos pais e mães: "Quando lhes ensino o que é gratidão, estou lhes entregando uma das técnicas mais poderosas para usar com seu filho."

Ter respeito e apreço por suas vidas é uma das lições mais importantes que nossos filhos podem aprender. Expressar gratidão os faz lembrar que eles nunca estão sozinhos, mas sempre em relacionamento com a vida em si. Essa gratidão também reforça o fato de que a vida é boa, sábia e generosa.

Criar um ritual diário ou semanal à mesa do jantar, quando cada pessoa tem a chance de expressar algo pelo qual sejam gratas, ajuda nossos filhos a desenvolverem habilidades reflexivas, o que por sua vez os possibilita extrair a beleza da vida. Ao mesmo tempo, essa prática os faz lembrar que, mesmo que a vida seja generosa com eles, precisam também ser generosos com a vida. Na verdade, isso ensina as crianças a retribuir não apenas física, mas também emocional e energeticamente.

Quanto mais fazemos questão de refletir sobre aspectos da nossa existência pelos quais somos gratos, mais nossos filhos aprendem a fazer o mesmo. Nossa capacidade de notar e mostrar apreço pelos menores elementos na nossa vida os ajuda a andar mais devagar e observar as suas próprias. Eles aprendem a não aceitar naturalmente qualquer aspecto de suas experiências, mas a respeitar tudo que existe ao seu redor. Essa gratidão promove um compromisso com a vida.

É importante expressar gratidão aos nossos filhos só por serem quem são. Raramente lhes agradecemos pelo que eles são, mas sempre queremos que apreciem quem nós somos. Se nós pais reservássemos um momento para olhar nossos filhos nos olhos e dizer: "Obrigado", com sinceridade, a noção deles do seu próprio valor se expandiria exponencialmente. Assim comunicamos que eles têm algo a contribuir só por serem eles mesmos.

Minha amiga, uma mulher de trinta anos, é determinada e enérgica. Mas quando está com a família ela é exatamente o oposto – especialmente com seu pai, em torno do qual ela fica tudo menos paralisada. Recentemente, vi por quê. Ela havia convidado sua família para ir à sua casa, pretendendo anunciar seu casamento. Nessa ocasião, seu noivo se encontraria pela primeira vez com a sua família. Como ele seguia uma fé diferente, ela previu que haveria temperamentos exaltados. Eu a observei preparar o evento, vi como não conseguia ficar parada e notei que ela engoliu dois comprimidos de Xanax antes da festa, acompanhados por um gole de uísque. Formada em Yale e sócia de uma firma de advocacia, ela estava reduzida a um estado de tamanha ansiedade que era como se desejasse poder murchar e desaparecer.

Quando ela apresentou o noivo, e a família soube que ele era de outra religião, o rosto do pai ficou vermelho de raiva. Puxando a filha de lado, ele ralhou: "Você jamais vai se casar com essa pessoa. Fazer isso me humilharia diante da nossa comunidade. Se você insistir nesse casamento, não serei mais seu pai. Você será banida da família para sempre."

Em vez de expressar gratidão à filha por buscar a sua bênção no seu casamento e ter coragem suficiente para amar alguém tão diferente dela, seu pai a evitou. Em vez de aceitar as lições que teria aprendido com essa parceria, ele rejeitou a filha em favor do seu rígido condicionamento.

Muitos de nós concedemos de má vontade aos nossos filhos o direito de viverem as suas próprias vidas. Preferimos que eles sacrifiquem a sua autenticidade a nos privarmos do conforto do nosso ego. Não percebemos que eles não nos devem aliança. Esse é um privilégio que eles nos dão, pelo qual precisamos ser gratos.

É importante agradecer regularmente aos nossos filhos por confiarem em nós. Podemos agradecer a eles a riqueza de significado que trazem para a nossa vida. Podemos agradecer a eles a sua sabedoria, bondade, paixão, espontaneidade e jovialidade. Podemos também ensiná-los a expressar gratidão por termos uma casa para morar, comida para comer, corpos fortes e saudáveis, pais e amigos para nos dar uma noção de comunidade, e as maravilhas da natureza para apreciar. Além disso, podemos encorajá-los a agradecer qualidades como coragem, coisas divertidas para fazer e a oportunidade de retribuir. Também é importante não deixarmos de manifestar nossa gratidão por tudo que a vida nos ensina sobre nós mesmos todos os dias, a fim de podermos ser mais plenamente quem somos e expressarmos mais significativamente o amor que enche nossos corações.

Quando ensinamos nossos filhos a encontrar nas menores coisas do seu dia motivos para se sentirem gratos, nós lhes ensinamos que, em vez de precisarem disso ou daquilo, eles já têm coisas demais. O que por sua vez desperta o desejo deles de fazer o bem aos outros. Em outras palavras, reconhecer a nossa fartura desperta o anseio instintivo de servir aos outros.

Ensinar a gratidão é promover a santidade em nossos filhos, respeitando a sua essência divina. A não ser que estejamos em contato com a nossa própria essência divina, seremos incapazes de incentivar nossos filhos a respeitá-la. Tendo dito isso, deixe-me avisá-los de que, para eles ficarem em contato com a presença divina no seu centro, eles não precisam manifestar nenhum tipo especial de "grandeza". Pelo contrário, é preciso estarmos bem atentos de que nossos filhos já estão no seu estado natural, inexperiente, de ser. Somente quando não respeitamos a nossa própria santidade natural como pais é que os forçamos a serem algo que estimamos ser "grandioso", com a ideia de que *então* os respeitaremos. Isso é na verdade desrespeitar a conexão deles com o divino. Reconhecer e expressar gratidão pela divindade inerente deles sem que tenham de fazer nada é estar em contato com o elemento de divindade em nós mesmos, e na verdade em tudo na vida.

Se vivemos a vida sem gratidão, mas com a necessidade e a ganância como motivação, buscando o que é mais colorido, mais elegante, mais grandioso na esperança de nos sentirmos satisfeitos, essa é a conscientização que nossos filhos vão absorver. Mas, quando apreciamos o ar que respiramos e a sombra da árvore sob a qual estamos sentados, experimentando a presença divina em tudo, nossos filhos aprendem a ficar contentes com o que já têm. Então, se vierem mais coisas, não há apego a elas, só mais apreciação.

CAPÍTULO 15

Conecte-se com Seu Filho com uma Presença Interessada

Muitos de nós confundimos o *negócio* de criar filhos – cozinhar, ajudar no dever de casa, levar e trazer – com estar "presente" para eles. Embora possamos estar presentes para suas necessidades materiais, físicas e até intelectuais, isso não significa que estamos para suas necessidades emocionais e espirituais.

Satisfazer a necessidade de conexão de nossos filhos requer um conjunto particular de habilidades. Isso quer dizer ouvir nossos filhos, ouvir realmente o que estão dizendo, sem sentir que temos de consertar, corrigir ou pregar um sermão. Para conseguir isso, temos de observar o corpo deles, inclusive seus gestos, gostos e energia. Esses nós permitimos absorver com atenta receptividade.

Muitos de nós temos muita dificuldade de estar presente para nossos filhos. Sem que percebamos, em geral pedimos a eles que *nos* relatem o *nosso* estado de espírito. Embora imaginemos que estamos conversando com eles, estamos realmente *forçando-os a conversar conosco*. Identificar como mudamos sutilmente a energia para nós mesmos, em vez de levar a nossa energia para nossos filhos, tem o poder de mudar a vida de uma criança.

Quando pergunto a pais e mães, que se queixam de que seus adolescentes se recusam a falar com eles, como sabem que é isso que está acontecendo, eles dizem coisas do tipo: "Ele está sempre assistindo à televisão e não desliga para falar comigo." Muitas vezes o pai ou a mãe se queixam: "Ela está sempre ao telefone, não fica comigo." Ou eu escuto: "Tudo que ele quer é jogar videogames. Não suporto videogames. O que devo fazer?" E há o pai ou a mãe que se lamenta de que "ela só quer falar dos seus músicos favoritos, um assunto que eu desconheço."

Em cada uma dessas situações, os pais querem que seus filhos adolescentes parem de fazer o que aprenderam a fazer com seu tempo na ausência dos pais, e façam o que os pais querem. Não ocorre a eles mudar as *suas* agendas e se unir aos filhos adolescentes no que possam estar curtindo – não necessariamente porque sintam prazer naquela atividade em particular, mas porque gostam de estar com eles.

O papel do pai e da mãe não é ditar ordens, mas sustentar o desenvolvimento do ser inerente de uma criança. É por isso que, se queremos nos relacionar com nossos filhos de qualquer faixa etária, precisamos encontrar um meio de corresponder à energia emocional *deles*. Quando igualamos a nossa energia emocional com a deles, eles têm certeza de que não estamos nos preparando para privá-los da sua autenticidade e, de alguma forma, mudá-los, o que lhes permite se tornarem receptivos.

Tenham seis ou 16 anos, os filhos anseiam por uma conexão significativa com os pais. Se o relacionamento passa a ser pautado em controle, julgamentos, repreensões, sermões e pressão, a criança não vai escutar. Mas, se for com autonomia, poder de decisão, afinidade, liberdade emocional e autenticidade, que filho rejeitaria seus pais?

Conversar com nossos filhos conscientemente nos permite fazer um convite aberto, deixando-os à vontade de tal modo que só possam sentir que estão sendo *vistos pelo que são*, livres das nossas críticas. A questão é simplesmente transmitir a mensagem: "Eu estou aqui, disponível para ser a sua testemunha."

Visto que dedicar a nossa total presença é o que basta para criar filhos emocionalmente saudáveis, alguns pais podem pensar que isso significa que deveriam estar com eles quase o tempo todo. Pelo contrário, um pai ou mãe consciente pode ser uma pessoa extremamente ocupada, e nossos filhos precisam respeitar isso. Entretanto, durante aqueles momentos em que não estamos ocupados podemos nos permitir conversar com eles atentamente? Quando fazemos isso, eles percebem: "Devo ser uma pessoa de valor porque minha mãe e meu pai desligaram seus telefones, pararam de trabalhar e agora estão passando esse tempo não dividido comigo."

Na minha própria vida, a fim de entrar num estado de presença comprometida com minha filha, eu determino não tentar mudar o seu estado de ser, mas, ao contrário, me unir a ele. Tento encontrar um jeito de alinhar a minha energia emocional com a energia dela, em vez de lhe pedir que iguale a sua energia à minha. Quando minha filha fala comigo, faço um esforço para lhe dar toda a minha atenção, ouvindo-a com meu coração tanto quanto com a minha mente. Manifesto respeito por sua voz e espírito, acato suas opiniões mesmo que não concorde com elas, e permaneço num estado de abertura receptiva.

Tomo cuidado para não esquecer que meu objetivo de estar presente com minha filha não é demonstrar sabedoria e superioridade, mas simplesmente me conectar com ela. Valorizo muito esse tempo diário de diálogo *ser com ser* com ela, achando pelo menos uma hora por dia para isso. Relacionando-me num estado autêntico de amor e admiração por quem ela é, eu expresso o quanto aprendo com ela. Durante esse tempo, não fazemos deveres de casa ou tarefas, simplesmente nos relacionamos, seja comendo juntas, brincando, lendo ou conversando uma com a outra. Essa única hora tem o poder de encher a taça da minha filha com a sua própria presença interior.

Como Minamos Nossas Tentativas de Nos Conectarmos com Nossos Filhos

Assim que nossos filhos tentam falar conosco, tendemos a começar logo a aconselhá-los, criticá-los, censurá-los. Somos também propensos a rotular as suas experiências. Por que achamos que devemos constantemente aconselhá-los, sempre partilhando alguma pérola de sabedoria, dando a nossa opinião a respeito de tudo? Acho que a razão está em *nós mesmos*, não no que nossos filhos precisam. Simplesmente somos incapazes de *ser* e *permitir*. Não conseguimos aceitar o *como é* da situação.

Visto que nossos filhos não pediram a nossa opinião e não nos convidaram para dominar a discussão, é de espantar que não conversem mais conosco e passem a nos esconder as coisas?

Como resultado da abundância de leituras, ensinamentos e conselhos psicologicamente fundamentados a respeito de não se tentar "consertar" as coisas, alguns de nós nos tornamos entendidos. Praticamos a arte de refletir de volta para nossos filhos o que os escutamos dizer. Talvez você tenha usado algumas das seguintes frases-espelho com seus filhos, como eu fiz com o meu:

>Vejo que você está aborrecido.
>
>Noto que você está zangado.
>
>Só queria saber por que você parece muito irritado neste momento.
>
>Sinto como se ninguém o compreendesse.
>
>Compreendo que você está se sentindo sozinho hoje.
>
>Vejo que você não está disposto a conversar agora.
>
>Posso dizer que você está frustrado agora.
>
>Posso ver como você está arrasado.
>
>Vejo que você está ansioso com a sua prova amanhã.

É importante prestar atenção, porque com frequência essas frases reflexivas estão impregnadas do nosso próprio ego, com a sua necessidade de controlar. Não é fácil refletir de volta os sentimentos e pensamentos de uma pessoa sem contaminá-los com os seus. De fato, se prestarmos bem atenção às frases anteriores, veremos que algumas delas podem parecer paternalistas ou críticas.

Por exemplo, se alguém nos diz: "Noto que você está zangado", e achamos que essa pessoa está sendo crítica ou paternalista, é provável que fiquemos ressentidos com ela por parecer superior e fechamos a boca. Ou podemos explodir com ela por dizer isso. Em resposta a uma frase como: "Vejo que está aborrecido" ou "Sabe que parece que você está muito irritado?", podemos similarmente sentir que a pessoa está sendo paternalista e reagir dizendo: "Você está certo, droga!"

Para fazer declarações realmente reflexivas para nossos filhos, precisamos estar conscientes da nossa própria ansiedade e ego. Se não, em vez de permitir que eles tenham as suas experiências, e aceitá-las totalmente conforme eles as vivenciam, inconscientemente vamos ser paternalistas e julgá-los, o que pode fazer com que eles não se interessem mais por seus sentimentos pelo que estão experimentando. Em outras palavras, quando fazemos declarações reflexivas, é importante estar atento a como as fazemos. É nossa intenção nos *unir com* nossos filhos enquanto eles passam por uma experiência? Ou é nosso desejo, embora inconsciente, de nos separarmos da experiência deles e, consequentemente, *impedi-los* de experimentar aquilo que estão vivenciando?

Quando você se ocupa dos seus filhos no nível *deles*, palavras com frequência nem são necessárias, visto que podem diminuir a conexão emocional que as crianças têm com a própria experiência. Em vez disso, basta a sua presença sintonizada. A presença engajada implica simplesmente em *ser uma testemunha* das experiências dos seus filhos, permitindo que participem do que estão sentindo sem qualquer insinuação de que precisam sair desse estado.

Em vez de "psicologizar" seus filhos, simplesmente *permita*. Permitir e testemunhar vai possibilitar que eles aprendam a arte da *autorreflexão*, em vez de incentivar a dependência de você.

Você Valida o *Comportamento* ou o *Ser* do Seu Filho?

Todos nós sabemos a diferença quando alguém dá valor ao nosso ser essencial, ao contrário de validar um determinado comportamento. É natural para nós mostrar empatia por outra pessoa dizendo: "Compreendo." Entretanto, a realidade é que muitas vezes nós *não* compreendemos. Mesmo que tenhamos vivido um momento semelhante, não caminhamos por essa situação em particular com os sapatos dessa pessoa, com suas atitudes únicas e constituição emocional. Mais uma vez, o importante é a intenção com que afirmamos isso. Estamos dizendo que compreendemos porque acabamos de nos colocar na experiência do outro? Ou é uma forma de dizer: "Estou do seu lado." Ou: "Aceito que isso é o que você está passando"? A diferença é se estamos nos relacionando com o ego ou realmente entrando num estado de aceitação do outro, e dessa maneira sendo útil à essência dele.

Estamos falando de *empatia*. A base da empatia está em ser capaz de permitir ao indivíduo vivenciar as experiências dele *do jeito dele*, do qual somos testemunha. O primeiro passo para criar um adulto empático, portanto, é permitir que nossos filhos vivenciem *todas* as suas próprias experiências, com pleno domínio e sem a nossa edição ou controle. Em outras palavras, a empatia implica validar a noção de ser de nossos filhos, o que inclui lhes comunicar que têm todo direito aos seus sentimentos. Não concordamos ou discordamos, mas simplesmente permitimos que seus sentimentos existam. Não estamos interessados em negar, moldar ou mudar os sentimentos deles. Pelo contrário, não só deixamos que saibam que estão sendo ouvidos, mas também prestamos atenção ao que dão a entender *com suas* palavras.

A empatia requer uma disposição para suspender nossos próprios sentimentos para que possamos nos alinhar com os de nossos filhos. Pode ser difícil de fazer quando eles estão passando por um momento emocional particularmente difícil, em especial por alguma emoção sombria, como ciúme, raiva, culpa ou ressentimento. Na verdade, se existe alguma coisa realmente difícil de aceitar como pai, ou mãe, são as emoções negativas de nossos filhos com relação a nós e aos outros.

Um dia, quando peguei minha filha na escola, ela pediu para ir ao parque e eu disse que não. Aí ela perguntou se podíamos ir à biblioteca. De novo, respondi que não. Finalmente, ela perguntou se podia ir brincar com os amigos, e mais uma vez respondi na negativa. Eu ia dando as minhas razões: precisava fazer o jantar, papai estava chegando, tínhamos muitas coisas para fazer. Ela fez beicinho, depois ficou de mau humor e então começou a bufar. "Você é uma mãe má. Nunca me deixa fazer nada. Detesto o meu dia. É um dia horrível."

Em vez de ser capaz de acompanhá-la no seu desapontamento, permitindo que ela tivesse os seus sentimentos sem a inserção dos meus, meu ego se ativou. Depois de repreendê-la por seu "egoísmo" e chamar o seu comportamento de "criancice", passei a lhe pregar um sermão sobre a importância da gratidão. Enquanto fazia isso, eu me senti culpada. Quanto mais a repreendia, mais culpada eu me sentia, e mais procurava fazer com que *ela* se sentisse culpada.

Quando finalmente a sanidade voltou, eu me perguntei: "Por que me senti tão ameaçada pelo comentário dela? Fazia tanta questão que ela tivesse apenas sentimentos de gratidão que a privei do seu genuíno desapontamento?" Eu poderia ter lhe ensinado essas maravilhosas lições depois que ela tivesse se acalmado. Em vez disso, não lhe dei a oportunidade de se tranquilizar, preferindo aliviar os sentimentos de inadequação que ela despertou em mim com o seu comentário de "mamãe má" fazendo com que se sentisse culpada.

Nossa tendência é repreender nossos filhos quando eles estão dominados por uma forte emoção. Esperando que com o poder da nossa vontade as emoções deles vão desaparecer num passe de mágica, de modo que não teremos de lidar com suas atitudes rudes, até feias, aconselhamos: "Não se zangue", "Você não devia ter ciúme" ou "Pare de se sentir deprimida!".

Ao dizer essas coisas, buscamos banir as emoções negativas de nossos filhos para os recessos de suas mentes. Desse modo, eles crescem desconectados de suas emoções. E aí pagam o preço de viverem negando. Se não na adolescência, talvez anos mais tarde, um acontecimento ou relação faz ressuscitar essas emoções enterradas, e nossos filhos, agora já crescidos, se veem arrasados porque estão mal equipados para contornar essas emoções.

Nossa incapacidade de mostrar empatia por *todas* as emoções deles os ensina a viver com medo dessas emoções. Por exemplo, quando fui pela primeira vez com minha filha a um parque aquático e ela viu como eram íngremes certos escorregadores, ela disse: "Estou com medo." Notei que a minha primeira reação foi afastar o seu medo respondendo: "Ah, não seja boba. Não está vendo quantas crianças estão brincando?" Ou eu podia lhe garantir: "Nada vai lhe acontecer porque estou com você." Escuto muitos pais dizerem aos seus filhos: "Não tenha medo. Não tem nada para temer."

Eu freei essa reação quando, depois de alguns instantes refletindo, ficou claro para mim que ela não ia se sentir menos assustada só porque eu lhe dizia para não se sentir. Então eu disse: "Claro que você está com medo. Eu também estou. De fato, estou com muito medo. Mas esse é o objetivo – ficar arrepiado e tremer, e ainda se aventurar." Ela entendeu. Em breve estávamos as duas na fila, murmurando para nós mesmas: "Estou com tanto medo! Estou com tanto medo!" Em vez de ficarmos com medo do nosso medo, ficamos excitadas com ele. Quando descemos pelo escorregador e saímos ótimas do outro lado, fui capaz de ressaltar a importância de assumir um risco mesmo com medo.

Achamos que é preciso ensinar nossos filhos a não terem medo, a não ficarem zangados ou tristes. Mas por que não ficar com medo se estão com medo? Por que não ficar tristes se estão tristes? Por que lhes pediríamos para desrespeitar seus sentimentos? Nós os ajudamos mais não quando tentamos banir suas emoções, mas quando os equipamos para lidarem com elas.

Em qualquer experiência que vamos vivenciar juntos, não importa se rotineira, podemos encorajar nossos filhos a expressar o que estão sentindo de um modo factual direto, tal como: "Estou triste porque minha amiga não pôde vir", "Tenho medo do escuro", ou "Está fazendo muito barulho aqui".

SIMPLESMENTE *ESTEJA* ALI

Muitos de nós nos sentimos postos à prova quando nossos filhos se comportam mal. O que não percebemos é que na raiz do mau comportamento de uma criança está uma emoção que jamais foi expressa, tendo ficado separada da conscientização. Se não for por outro motivo que não o de que é vantajoso para nós encorajá-los a ser donos de suas emoções e tê-las validadas, é prudente encorajá-los a sentirem todas as suas emoções e encontrar meios apropriados de canalizá-las. Eu enfatizo o termo "apropriado" porque temos todo o direito de não gostar de como nossos filhos às vezes manifestam suas emoções, e podemos ajudá-los a modificar seus meios de expressão. Só porque compreendemos que ele está zangado não significa que precisamos permitir que ele nos bata ou quebre as coisas.

Reconheço que esse simples ato de ser testemunha dos estados emocionais de nossos filhos pode ser extremamente desafiador para nós. Investimos tanto neles, determinados a que não se metam em apuros, mas que tenham sucesso, que, no desejo de sermos "bons" pais ou mães, achamos difícil *estar com* eles apenas no seu estado *como é*, permitindo que o que estiver acontecendo exista.

Imagine que você está falando com sua melhor amiga sobre um momento da sua vida. Sempre que você abre a boca para dar uma opinião, dizer o que pensa ou sente, ela interfere e faz comentários. Embora o que é dito seja com a melhor das intenções, suas frases repetidas de "Eu penso", "Eu acho", "Eu acredito" – ou, que Deus não permita, "Você deveria" ou "Eu faria" – nos deixa frustradas. Você não teria vontade de gritar: "Quer calar a boca e me escutar?" Bem, é assim exatamente que nossos filhos se sentem – e definitivamente o que nossos adolescentes estão dizendo quando nos viram as costas, ligam a televisão ou batem a porta. Nossos filhos não se comunicarão conosco a não ser que aprendamos a nos desapegar de *nossa própria conscientização* e entrar num estado de silêncio e franca receptividade à *conscientização deles*.

Enquanto vemos nossos filhos vivenciando seus estados emocionais e restringimos a nossa tendência de analisar ou categorizar um estado em particular, nós os equipamos a se tornarem atentos ao seu próprio testemunho interior. Quando não nos adiantamos para lhes dizer o que estão sentindo ou experimentando, abrimos espaço para que percebam isso sozinhos. Nós lhes damos uma chance de ouvir as suas vozes, que é a única coisa que muda alguém. Isso é muito mais benéfico para eles do que qualquer coisa que possamos lhes dizer.

Quando abrimos um espaço para autorreflexão resistindo ao impulso de interferir, é possível que nossos filhos perguntem espontaneamente: "Mamãe, por que estou tão zangada?" Ao que podemos responder: "Quer explorar isso junto comigo?" Podemos levá-los a perguntar ao seu *próprio* ser interior o que está acontecendo com eles, encorajando-os a ficar tranquilos com seus sentimentos sem tentar responder à pergunta que fizeram, garantindo-lhes que a intuição que buscam surgirá espontaneamente – talvez em alguns instantes ou talvez mais tarde, mas sempre quando necessário. Ajudar nossos filhos a ficar tranquilos com seus sentimentos e esperar por suas próprias respostas é dar muito mais autonomia do que "explicar" para eles.

Quando nossos filhos têm perguntas, achamos que devemos ter uma resposta clara, prontos para lhes conceder uma reação bem embalada. Mas e se simplesmente respondêssemos: "Não sei"? Parece contraintuitivo, mas funciona assim: Quando apresentamos a eles as nossas teorias, pensamentos bem expostos e respostas já formuladas, nós os ensinamos a serem receptores passivos do nosso conhecimento. Quando confessamos que não sabemos as respostas, nós os convidamos a deixar que o universo as *dê*.

Todos nós já fomos testemunhas do prazer do nosso filho quando acerta uma resposta em que mamãe e papai não tinham pensado. Isso alimenta as sementes da iniciativa e da criatividade. O mínimo: "Não sei, mas vamos descobrir juntos" tem o poder de evocar as mais profundas qualidades da vida. Começa com a nossa disposição como pais de descer do pedestal do "saber" e entrar no não saber.

Estes são alguns modos de entrar no estado de não saber:

> Quando nosso filho faz uma pergunta, não damos logo uma opinião ou resposta, mas simplesmente ficamos parados no espaço que isso cria.
>
> Mesmo quando sabemos a resposta, dizemos: "Vamos descobrir a resposta juntos."
>
> Dizemos ao nosso filho: "Você pensa, e me diz o que achou."
>
> Demonstramos que simplesmente não podemos saber tudo, e que nos sentimos confortáveis em não saber.
>
> Ensinamos ao nosso filho que há poder em ser capaz de fazer a pergunta, mais ainda do que ser capaz de responder a ela. Isso muda a sua orientação de baseada no resultado para baseada no processo.
>
> Quando ensinamos nosso filho a valorizar a sua capacidade de fazer a pergunta, nós o ensinamos a se conectar com a maravilha da imaginação.

É importante não sair logo dando uma resposta quando o seu filho pergunta: "Por que a lua brilha tanto?" ou "Por que as nuvens parecem de algodão?" Em vez disso, tire partido da curiosidade dele, ajudando-o a experimentar a alegria sem preço de estar "para descobrir". Por exemplo, você pode usar uma destas respostas para encorajá-lo a permanecer suspenso num estado de curiosidade:

"Que pergunta imaginativa essa!"

"Nunca pensei nisso."

"Você sempre quer saber mais sobre a vida, o que é uma qualidade admirável."

Repetimos a pergunta, saboreando-a, e dizemos: "Que pergunta deliciosa!"

Em vez de focalizar na resposta, quando você ensina os seus filhos a sentir prazer na pergunta, demonstra um gosto pelo aprendizado e uma insaciável curiosidade pela vida. Você também ensina que a realidade é inerentemente não quantificável, não conhecível e não pode ser rotulada. Eles aprendem que é normal não ter as respostas e que ainda podem se sentir competentes quando não as têm.

Minha filha me perguntou: "Mamãe, me conta como nascem os bebês – não a história da cegonha, mas como eles nascem de verdade? Como o bebê entra na barriga da mãe dele?"

Senti a agitação de tantos pensamentos egoicos, como: "Ah, essa é a minha chance de ser a mãe esclarecida que tem a conversa descontraída com sua filha", ou "Vamos ter uma conversa séria entre mãe e filha sobre o corpo e o amor-próprio". Em vez disso, eu falei: "Hum, que ótima pergunta. Vamos ver na internet." A razão para eu não ter respondido logo é que eu realmente queria que ela parasse para pensar no seu desejo de saber. Na idade dela, achei que o desejo tinha magia suficiente. A ciência por trás da resposta simplesmente o diminuiria.

Na medida em que estamos no ego, achamos mais fácil dizer *sim* ao estado de ego de nossos filhos do que ao estado de ser deles. Mas, quando estamos fundamentados na nossa própria consciência e moldamos em tudo a presença participante, nossos filhos aprendem a estar totalmente presentes em cada momento de suas vidas.

CAPÍTULO 16

Como Lidar com os Erros do Seu Filho

Quando qualquer um de nós comete um erro, devemos primeiro nos perdoar, mostrar compaixão por nós mesmos, depois nos livrar dessa situação constrangedora. Queremos também que nossos amigos nos perdoem, compreendam que a nossa intenção era boa e esqueçam o problema. Bem, esses são exatamente os elementos que precisamos introduzir na nossa abordagem com nossos filhos quando eles erram.

Erros precisam ser considerados não como algo para ficar comentando e castigar, mas como janelas para o aprendizado. Não é assim que queremos que nossos erros sejam vistos? A realidade é que cometemos muitos erros na nossa vida adulta. Perdemos chaves, deixamos o gás ligado, nos perdemos pelo caminho na direção, esquecemos compromissos, nos metemos em acidentes de carro, esquecemos de pagar nossas contas, de ligar para amigos quando dissemos que o faríamos, não lembramos onde ficou o celular, praguejamos e gritamos, temos ataques de raiva, bebemos demais, chegamos tarde em casa, comemos as comidas erradas ou assistimos demais à televisão. Em outras palavras, fazemos inúmeras coisas que desejamos que nossos filhos, no seu jovem estado de ser, *não* façam *só porque lhes dissemos que essas coisas estão erradas*! Onde estamos, tão poderosos, para julgá-los e censurá-los por fazerem exatamente o que fazemos, só que não temos ninguém olhando por cima dos nossos ombros esperando para nos repreender?

Se quiser que seus filhos aprendam com os erros deles, qualquer noção de "erro" precisa ser removida, para que percebam que, por mais que se metam em trapalhadas, *eles* ainda estão bem. Não se pode impor culpa ou acusações. Somente quando seus filhos estiverem livres do medo podem extrair a lição de que precisam.

Você *Realmente* Sabe por que Eles Fizeram o que Fizeram?

Quando supomos que compreendemos a motivação por trás das ações de nossos filhos e os julgamos negativamente, despertamos neles uma sensação de impotência. Às vezes com espalhafato e outras vezes com muita sutileza, amontoamos sobre eles sentimentos de inadequação. Por exemplo, rimos deles ou até os ridicularizamos, os comparamos com seus amigos e os diminuímos na frente dos outros. Esperamos também mais deles do que estão dispostos ou até são capazes de dar.

Veja algumas das nossas inúmeras frases que provocam vergonha:

Você constantemente desobedece às minhas regras porque não ama esta família.

Você não estuda porque não se preocupa com o seu futuro.

Você não faz o seu dever de casa porque é preguiçoso.

Você mente porque não se preocupa com os sentimentos dos outros, só com os seus.

Você é esquecido e desatento.

Você é bobo por sentir o que está sentindo.

Você é grosso.

Você devia ter vergonha de si mesmo.

Não acredito em você, não confio em você.

Você magoou meus sentimentos de propósito.

Você é mesquinho.

Você está inventando – está mentindo.

Em cada um desses e em muitos outros casos, supomos que sabemos a razão pela qual nossos filhos se comportam de um determinado modo, o que, é claro, temos certeza de que se origina de uma má intenção. Impor tal julgamento aos nossos filhos faz com que se sintam impotentes. Um veredicto lhes foi declarado sem a opinião deles.

Quando os abordamos dessa maneira, especialmente os adolescentes, eles logo colocam uma parede entre nós e o que estão sentindo. Tão magoados se sentem com o nosso constante julgamento que ficam imunes às nossas opiniões. Pensamos que é porque "não se importam", o que significa julgá-los ainda mais, de novo imaginando que conhecemos as suas intenções. Nem percebemos que estão cansados de sentirem vergonha, cansados de serem considerados "maus".

Se nossos filhos virarem a sua noção de impotência para dentro, provavelmente se enfiarão numa concha, interiorizando a crença de que são "maus". Se a virarem para fora, podem tentar fazer com os outros o que tem sido feito com eles, e é assim que se cria um tirano. Um tirano, ou *bully*, é uma pessoa que cresceu sentindo tamanha falta de poder de decisão que manter isso guardado dentro de si é insuportável, o que faz com que humilhe o receptor do *bullying*, induzindo esse indivíduo a se sentir impotente como aconteceu com ele. A razão para as crianças praticarem o *bullying* é porque elas mesmas estão cheias de mágoa. Quando isso chega à violência, é porque o indivíduo interiorizou um sentimento de humilhação tão intenso que o seu único recurso para se sentir aliviado é soltar a sua dor em cima dos outros. Isolados da sua bondade autêntica, esses indivíduos atacam a bondade nos outros.

Em outras palavras, a violência nos nossos jovens se origina do nível de falta de decisão que um filho sente na dinâmica entre pais e filhos. Quando deixam de ser recipientes da nossa culpa e dor, eles sentem menos necessidade de descarregar suas reações emocionais nos outros. Uma criança que é respeitada e cujos sentimentos são acatados quando ela comete um erro não se vira e desrespeita outra pessoa.

Como Você Pode Transformar Erros em Ouro Espiritual

Nossos filhos aprendem a lidar com suas emoções observando-nos durante períodos de estresse. Todos os dias proporcionam abundantes ocasiões para servirmos de modelo estando à vontade com nossas imperfeições. Isso significa aceitar nossas feridas, nossa falibilidade, e o fato de que – não importa o quanto imaginemos estar conscientes – operamos a partir de um grau legítimo de inconsciência.

Nossos filhos precisam ver que as trapalhadas na vida sempre podem ser exploradas para se encontrar ouro emocional ou espiritual. Uma vez percebendo isso, estão livres do medo do fracasso, capazes de aceitar que erros são um aspecto inevitável e até essencial da vida.

Como vimos antes, o jeito de lidar com os erros deles é perguntar a nós mesmos como gostaríamos que nossos amigos lidassem com os nossos. Gostaríamos de ser repreendidos até não poder mais? Gostaríamos de ser lembrados repetidas vezes da dor que lhes causamos por chegarmos atrasados na festa de aniversário deles? Gostaríamos que não parassem de nos censurar? Gostaríamos de sentir como se o nosso amor e devoção estivessem em dúvida? No entanto, é assim que muitos de nós reagimos aos erros de nossos filhos.

Principalmente quando não vão bem na escola, acredita-se que se lhes dissermos "se esforce mais", "estude mais" ou "não desista", estamos equipando-os para superarem o medo do fracasso. Na realidade, nós os estamos ensinando a se apegarem à perfeição. Como consequência, quando nossos filhos são catapultados para a imperfeição, o caos ou o desconhecimento fracassam. Vendo seus erros como reflexo de quem *são*, ficam paralisados. Se então os repreendemos ou punimos, não só perdemos a oportunidade de mostrar que um erro pode ser a porta para uma maior conscientização, como também os preparamos para que se tornem irados, até violentos.

Antes que possamos ajudá-los a descobrir o que levou ao erro, precisamos poder colocar uma pequena distância entre nós mesmos e os erros deles. A abordagem consciente é esperar até que toda a reatividade emocional desapareça e todos estejam calmos, então, sentar com nossos filhos compassivamente, processar com eles os seus erros sem fazer julgamentos e mostrar-lhes como podem tirar disso uma lição para o futuro.

Ensinar os nossos filhos a compreender o *porquê* é a forma mais eficaz de podermos lhes ensinar o perdão, porque saber o *porquê* nos dá autoridade para fazer mudanças. Infelizmente, quando tratamos do comportamento negativo deles, com frequência não esperamos ou exercitamos a paciência necessária para chegar ao *porquê*, mas lidamos com *o quê*. No entanto, somente pela compreensão do porquê podemos ajudá-los a criar o caminho para a mudança. Uma vez tendo os nossos filhos compreendido o *porquê*, tudo o mais é fácil. Talvez a causa de um erro seja a falta de visão ou a pressão de seus colegas. Talvez seja a simples falta de informação ou apenas mau julgamento. Não temos de atacar verbalmente a questão, mas notá-la e seguir em frente.

Quando não levamos os erros de nossos filhos para o lado pessoal, comunicamos a lição vital de que realmente não há nada a perdoar porque errar é natural quando estamos aprendendo a ser o nosso eu autêntico. Não levar os erros para o lado pessoal é reconhecer que por trás de cada um deles está uma boa intenção, embora às vezes ela não se apresente de imediato. Como pais, precisamos procurar sob o erro superficial e descobrir a boa intenção original de nossos filhos. Isso os encoraja a ter fé na sua bondade inata. Quando focalizamos num mau resultado, em vez de numa boa intenção, nossos filhos perdem o entusiasmo para tentar.

Vamos supor que o nosso filho deixou o forno ligado depois de assar um bolo. Focalizamos na boa intenção de fazer um bolo? Se ele queima a torrada, podemos ajudá-lo a rir dele mesmo e, sem se perturbar, tentar de novo? Se bateu com o carro na ida ao mercado, podemos reconhecer que ele teve a boa intenção de fazer as compras? Se esqueceu de completar a última parte de uma prova, reconhecemos que estava tão preocupado em fazer um bom trabalho que se precipitou? Quando demonstramos ter fé na boa intenção de nossos filhos, mostramos que não os julgamos pelo que fazem.

Um dos motivos para nossos filhos terem medo de errar é que, ao censurá-los, sem saber os privamos da sua noção de competência. Nós os enfraquecemos a tal ponto que eles passam a ter medo de fazer qualquer coisa que possa resultar num erro como esse de novo. Se queimaram o bolo e quase a casa, provavelmente vão se sentir incapazes a ponto de temerem tentar assar um bolo novamente. Se perderam o celular, podem se sentir tão culpados que concluirão que não devem lhe confiar um telefone.

Respeite os Erros dos Seus Filhos

Na nossa casa costumamos fazer uma brincadeira na hora do jantar. Cada um de nós fala sobre um grande erro que cometeu durante a semana. Transformamos isso numa espécie de vôlei, quando cada um tenta melhorar o erro do outro e a conversa assume o tom de: "Você acha que foi um erro bobo? Eu cometi um erro ainda mais bobo." Minha filha se diverte com os erros dos pais. Existe uma sequência nesse jogo. Pegamos um ou dois erros que cometemos e descrevemos o que aprendemos sobre nós mesmos.

Um dia minha filha disse: "Cometi um erro, mamãe. Deixei o meu marcador aberto e agora tem uma grande mancha na minha cama. Desculpe." Eu lhe disse como era corajosa por "confessar". E então eu a ensinei a limpar. Minha filha sabe que eu atribuo bravura a cada confissão. Portanto, agora ela faz questão de me contar sempre que come um doce que não devia ou que ela e suas amigas escondem alguma coisa da professora. Mas é preciso dizer que, se minha filha mentir, o que ela já fez e vai fazer de novo, essa é apenas uma das realidades da infância (e da idade adulta!) que temos de aceitar. Eu não subestimo o seu medo quando ela faz isso, mas a tranquilizo dizendo que é natural ter medo de confessar seus erros. Também observo que haverá momentos em que os outros a repreenderão por eles. Não obstante, na nossa casa, ela precisa saber que erros são aceitos e, na maioria das vezes, serão tratados compassivamente. Assim, o erro de mentir é visto como um aspecto natural do comportamento humano.

Você pode se perguntar: "Isso não encoraja a criança a considerar os erros levianamente?" Deixe-me dizer por que isso não é uma preocupação. A premissa por trás da criação consciente dos filhos é que eles são inerentemente bem-intencionados e querem fazer a coisa certa. Entretanto, no decorrer de um dia, é inevitável que uma criança cometa alguns erros seja por omissão ou comissão. Se tem medo do castigo, como já notado, ela pode então encobri-los mentindo. A abordagem que estou sugerindo não só ensina a criança a não ter medo de errar, mas também ressalta que há muitas lições preciosas a serem aprendidas sobre nós mesmos com nossos erros para encobri-los – lições que enriquecem a nossa vida como não poderíamos ter imaginado se não os tivéssemos cometido.

Ao encorajar nossos filhos a esquecerem seus erros, você os ajuda a separar o joio do trigo, depois jogar ao vento o joio. O verdadeiro teste para saber se *você* esqueceu é quando lhe pedirem de novo as chaves do mesmo carro que bateram na semana anterior. Se você bateu com o carro do seu amigo, vai querer que ele nunca mais lhe empreste as chaves?

Quando seus filhos lhe mostram os seus aspectos mais vulneráveis, e você se apresenta pronto para conhecer quem eles são, você lhes indica que são dignos de serem respeitados e recebidos. Se os trair com a sua própria preocupação egocêntrica com o modo que imagina que eles "deveriam" ser, lhes transmite que não são dignos e que o mundo é um lugar que não perdoa. Eles então passam a ter medo de se arriscarem na vida.

Exercitando a coragem para reconhecer seus erros, as crianças aprendem a respeitar a sua falibilidade e limitações, enquanto demonstram fé na sua capacidade para seguir em frente. Isso reforça a crença que eles têm na própria competência. Com a garantia de que ainda são amados, aceitam que cada um de nós é uma obra em progresso.

CAPÍTULO 17

As Duas Asas da Águia

Para desenvolver o comportamento consciente, uma criança precisa de duas correntes de aprendizado. Gosto de pensar nelas como as duas asas de uma águia. Elas são *autenticidade* e *controle*. Uma criança a que falte uma ou outra vai fracassar, jamais subindo às alturas do seu potencial.

Até agora neste livro focalizamos a autenticidade, que surge de uma forte conexão com o nosso ser interior. Para uma criança, isso significa aprender a reconhecer a sua própria voz interior, que as ensinará a expandir a sua presença no mundo. Conforme as crianças cada vez mais se relacionam com o seu ser interior, elas aprendem não só a se *aceitar*, mas também a *abraçar a sua própria vontade e manifestar isso no mundo*. Elas desenvolvem a habilidade para forjar uma conexão significativa com os outros, assim como com a vida em si.

Controle, a outra asa da águia, é o meio pelo qual absorvemos a vontade de outra pessoa. Enquanto a autenticidade exige que respeitemos o nosso próprio ser interior e expressemos quem somos, o controle nos permite contornar isso em relação à vontade das pessoas à nossa volta.

Nossos filhos precisam aprender a arte da conexão consigo mesmos *e* a conexão com os outros, que são os dois pilares de todos os relacionamentos. A capacidade de se relacionar com outra pessoa está associada à nossa capacidade de nos conectarmos com nós mesmos, que é o trampolim da autenticidade e a chave da capacidade para manter relacionamentos significativos.

Mesmo quando nossos filhos precisam promover uma noção de contato interior e a habilidade para serem autênticos, também precisam aprender a viver num mundo de regras e se dar bem com os outros na caixinha de areia da vida. Para que isso aconteça, as crianças precisam ouvir a sua própria voz *e*, em igual medida, absorver as vozes dos outros. Promover a capacidade de se render à própria vontade *e* à de outra pessoa quando apropriado é um elemento-chave da disciplina. Isso é muito diferente de apenas conseguir que as crianças se "comportem".

Se elas aprenderam a expressar suas vozes, é natural que essas vozes às vezes sejam a causa de desavença com seus pais. Essa é a inevitável consequência de se criar um filho corajoso e confiante. Mas, quando nossos filhos descobrem que o mundo não gira em torno deles, aprendem a suportar a frustração. Aceitam que, visto não serem os únicos a terem desejos e necessidades, não seja possível obter gratificação instantânea o tempo todo.

Na medida em que nós pais nos conectamos com eles, proporcionando-lhes um recipiente seguro no qual possam ser vistos pelo que são, eles aprendem a se sentir confortáveis com a conexão. Compreendem a dinâmica de um relacionamento recíproco e são mais capazes de prosperar em meio às dificuldades que surgem. Podem suportar que dependam deles, e por sua vez confiam que é possível depender do outro.

Uma Criança Não Pode Voar a Grandes Alturas sem Restrições

Stephanie e seu marido, Phillip, têm três filhos, que estão fora de controle. Como os três estão sempre brigando uns com os outros, as brincadeiras com os amigos são um pesadelo e a hora das refeições, um desastre. Não há ordem na casa, as crianças dominam, e o caos reina. É uma casa em que está faltando respeito, seja da parte dos filhos como dos pais.

Arrasada, Stephanie chora todos os dias. Tendo crescido com uma mãe controladora e dominadora, ela tem pouco poder de decisão e se sente facilmente como vítima. Visto que o conflito a assusta, ela faz o possível para evitá-lo. Phillip também cresceu numa casa onde as emoções eram raramente expressas, o que significa que não se sente confortável sempre que tem de manifestar as suas. Como Stephanie e Phillip levam vidas emocionalmente reprimidas, eles temem encontrar suas vozes autênticas com seus filhos. Claro, os filhos desse casal, sendo os gurus espirituais como são as crianças, agem como fazem exatamente para desafiar os pais a tratarem de sua bagagem emocional.

Quando observei esses pais com seus filhos, ficou logo evidente que não havia um sistema para a disciplina dos pais. As crianças não sabiam como deviam se comportar. Por exemplo, os três meninos estavam brincando na sala quando, não demorou muito, começaram a jogar os brinquedos para todo lado e a subir nos móveis. Quando Jacob, o mais velho e líder dos três, começou a sacudir as lâmpadas, Stephanie entrou na sala, dizendo: "Por favor, não faz isso, Jacob." Ele não prestou atenção. Mais uma vez Stephanie disse: "Eu pedi, 'por favor'. Pare de se comportar assim ou vai ficar de castigo." Nenhum dos meninos prestou atenção. Implorando, ela repetiu: "Eu disse: *'Por favor.'*"

Como isso não teve efeito, Stephanie se virou para mim, impotente, os olhos me implorando para compreender enquanto ela explicava: "Estou tentando discipliná-los, mas ninguém me ouve. Está vendo como é difícil?" Um segundo depois, a lâmpada caiu no chão e ele feriu o pé. Agora ela correu para cuidar dele. Jacob não experimentou nenhuma consequência, só abraços e beijos.

Depois de um pouco, Jacob voltou para brincar, comportando-se da mesma maneira. Em poucos minutos, houve outro acidente, dessa vez resultado de uma briga entre os três meninos. De novo Stephanie apareceu na porta e disse: "Meninos, por favor, não se machuquem." Os meninos continuaram brigando. Ainda mantendo distância deles, a mãe mais uma vez implorou: "Por favor, não se machuquem." Ninguém ouvia.

Do nada, Stephanie pulou em cima dos garotos, afastou-os, deu um tabefe no rosto de Jacob e gritou: "Você é um menino mau! Está sempre me aborrecendo. Está de castigo pelo resto do dia."

Não tendo percebido que isso ia acontecer, Jacob ficou atordoado. Gritando com a mãe, ele protestou que estava sendo discriminado e que isso era injusto. A mãe, ainda alimentando uma emoção residual do acidente em que ele havia se machucado, estava com raiva, tremendo. Jacob a agrediu. Ela o agrediu. Enquanto os outros meninos encolhiam-se de medo, Stephanie começou a chorar, acusando os filhos pelo seu sofrimento e os três abaixaram a cabeça de vergonha.

Ela não tinha ideia de que o atual cenário era uma recriação do seu próprio sentimento de falta de autonomia na infância. Impondo aos filhos a impotência que *ela* havia sentido quando jovem, ela foi incapaz de separar o comportamento deles dos seus próprios sentimentos naquela hora. Como cada movimento da sua parte está movido por uma renúncia emocional, ela não pôde reagir como os meninos precisavam que ela fizesse.

Conheci muitos pais de filhos mais velhos que se sentiam impotentes diante do "mau" comportamento deles. Quando observo esses pais, noto que o seu erro em comum está na sua incapacidade de agir rápido no momento. Por exemplo, uma menina de oito anos de idade estava arrancando os brinquedos das mãos do irmão mais novo, mas a mãe ignorava isso, o que ela continuou fazendo até que as coisas pioraram e virou uma briga. Em outra situação, a mãe de um menino de seis anos o observava jogando farelos no chão sem dizer nada sobre o seu comportamento até que, depois de ele ter espalhado farelos por toda parte, ela explodiu com ele. Embora com frequência seja prudente esperar até que não estejamos mais reativos para começar a ensinar a nossos filhos um comportamento mais apropriado, há momentos em que a demora é contraprodutiva. Em vez de deixar que a situação piore, pais conscientes agem assim que é preciso.

No caso de Stephanie, se ela estivesse consciente dos seus padrões emocionais, poderia ter abordado a situação com muito mais firmeza desde o início. No momento em que Jacob começou a infringir as regras de respeito pela casa e de segurança para si mesmo e para os outros, ela poderia ter sido autoritária. Usando a sua força interior, ela poderia ter dito: "Parados, agora mesmo. Parem o que estão fazendo." Com o jogo interrompido, ela poderia então ter reiterado os parâmetros para o comportamento dos meninos. Dizendo-lhes para repetirem com ela o que era esperado deles, ela poderia ter garantido que compreendessem as consequências de mais uma desobediência, deixando claro que qualquer desvio dessas expectativas acabaria com a brincadeira. Não podemos ser uma "pessoa que agrada" e uma "pessoa que implora", e depois esperar ter autoridade com nossos filhos.

Temendo reconhecer seus limites emocionais, Stephanie deixou que os meninos abusassem dela. Tão acostumada estava a se sentir sem autoridade que automaticamente incorporou uma posição de fraqueza, enquanto seus filhos precisavam que ela fosse forte e clara. Mesmo quando, tendo perdido todas as chances, ela finalmente explodiu, ainda foi incapaz de controlar suas emoções, em vez disso as transferiu para os filhos, fazendo-os se sentirem culpados por "deixá-la" tão aborrecida. Longe de serem ruins, os meninos estavam fazendo o que os meninos fazem, enquanto a mãe tinha falhado com eles tristemente.

O exemplo de Stephanie revela a facilidade com que nos atolamos em nossos próprios padrões, o que com frequência tem pouco a ver com o comportamento que estamos buscando em nossos filhos. Em vez de reagir ao comportamento de nossos *filhos*, somos movidos pela *nossa própria ansiedade*.

Muitos pais bem-intencionados perpetuam o caos no comportamento de seus filhos. Isso porque sair do nosso próprio ego e roteiros de vida para discipliná-los efetivamente parece estranho para nós. Se não estamos alerta ao nosso ego e aos roteiros que nos movem, não podemos falar com nossos filhos da maneira que precisamos. Alheios aos nossos detonadores emocionais e ao nosso nível de conforto com conflitos, reagimos com cegueira emocional.

Criar filhos conscientemente não é ser afetivo e carinhoso demais o tempo todo. Quando educamos com consciência, não damos a eles o sinal verde para se comportarem mal, nem colocamos automaticamente as necessidades deles na frente das nossas. Permitir que nossos filhos se comportem como se fossem selvagens, sem considerar como isso afeta as pessoas ao redor, é criar pequenos monstros. Ensiná-los a conter *apropriadamente* as suas autenticidades e administrar as suas emoções é essencial. Por essa razão, não ceder quando necessário vai de mãos dadas com ceder quando é apropriado. Estabelecer limites, dizer "não" e ser firme faz parte da boa criação, assim como aceitar e abraçar nossos filhos.

O cerne da criação consciente deles é a capacidade de estar *presente* em qualquer situação que se estabeleça. Você é capaz de reagir com *consciência*, em vez de com *apego*? Você disciplina com autenticidade o seu ego?

Criar filhos conscientemente significa *responder* às necessidades deles, não os *servir*. Você não é indulgente com seus filhos quando eles se comportam como crianças mimadas, sem dignidade. A sua tarefa é ajudá-los a encontrar dentro deles a força emocional para se tornarem independentes e flexíveis. Conquistar essa força em grande parte implica administrar as emoções deles quando estão sendo disciplinados.

A Abordagem Espiritual à Disciplina

O conflito é uma questão explosiva para a maioria de nós porque carregamos uma marca doentia quando se trata de lidar com alguém que se comporta ao contrário das nossas expectativas. Enquanto alguns de nós reagimos nos tornando excessivamente envolvidos e controladores, outros se sentem arrasados e retraídos. Em particular, disciplinar nossos filhos tem o poder de liberar dentro de nós seja o *monstro controlador* ou o seu oposto, o *renunciante emocional*. Qual dessas reações o conflito evocará em nós vai depender da combinação de como fomos criados e do nosso temperamento.

Até que ponto estamos conscientes de nossas projeções e do nosso ego quando criamos nossos filhos? Por exemplo, eles estão mesmo desafiando, ou estamos sendo rígidos demais? Para descobrir a resposta, ajuda fazer as seguintes perguntas: "Que emoções estão sendo despertadas em mim neste instante? Como estou sendo provocado? Que coisa do meu passado estou trazendo para o meu presente?" Uma vez tendo tratado do nosso estado interior, seremos capazes de determinar se estamos em posição de responder ao nosso filho com segurança, ou se o nosso julgamento está obscurecido pela nossa própria ansiedade.

Uma de minhas amigas acompanhou minha filha, que tinha três anos de idade na época, e a mim à praia. Durante o dia, minha filha se comportava como um monstro – gritava, não parava quieta e em geral agia como uma doida. Eu estava horrorizada. Queria tanto impressionar a minha amiga, queria tanto que ela me admirasse como uma das "melhores" mães, com a filha "mais bem--comportada". Partindo do ego, levei o comportamento dela para o lado pessoal, lívida com a humilhação que ela estava me causando. Puxando-a de lado, olhei para ela com a expressão mais irritada, mais maldosa, de que fui capaz, o que previsivelmente a fez chorar ainda mais alto.

Aí eu me tornei realmente reativa: "Nunca mais você vem à praia comigo", jurei para ela. Isso é claro provocou mais choro ainda. Aumentando as minhas ameaças, eu lhe disse: "Nunca mais vou deixar você assistir ao Elmo ou lhe dar um doce novamente. Nem vou levá-la ao parque, nem para comer pizza, nunca mais." Por fim, ela teve o bom senso de ficar quieta e deixar a mamãe dar ataque. Durante o resto do dia, ela se comportou como um anjo.

Sentir-me atacada pessoalmente me desequilibrou. O resultado foi que, em vez de ajudar minha filha a controlar suas emoções, eu a calei com ameaças pelo bem do meu ego, mais preocupada no que minha amiga ia pensar de mim do que em corrigir o comportamento da menina. Na verdade, a única coisa que minha filha aprendeu foi a ter medo da mamãe, porque mamãe às vezes se descontrola – e tudo porque eu levei as suas atitudes para o lado pessoal.

Se existe um aspecto na criação dos filhos que tem o poder de realmente expor o nosso apego ao controle e a nossa incapacidade de tolerar qualquer desvio de como achamos que as coisas devem ser, é quando eles se comportam além dos limites das nossas expectativas. Nessas horas, vemos como podemos ser rígidos, dogmáticos, ditatoriais e até tirânicos. Testemunhamos a extensão da nossa inconsciência.

Jamais me ocorreu que eu teria de disciplinar minha filha num dia divino na praia. Eu supunha que, porque eu estava de bom humor e o tempo tão lindo, o humor dela seria igual. Mas a necessidade de disciplina raramente ocorre no "tempo certo". Quando a contenção é necessária, deve ser proporcionada independentemente da situação. A correção de uma criança que está se comportando mal *sempre* deve ocorrer *no momento presente*. Isso é algo sobre o qual temos de ser totalmente consistentes. A rápida reação aqui e agora, acompanhada do processamento do que você sentiu mais tarde, são ambos componentes essenciais para ensinar a contenção.

Eu infringi o princípio de corrigir minha filha no momento presente porque não queria estragar o passeio. Tentando evitar discipliná-la, piorei a situação. Incapaz de me manter neutra e agir corretamente, fiquei mais aborrecida porque o meu dia estava sendo arruinado do que pelo fato de minha filha estar agindo de forma inadequada. Essa é a diferença fundamental entre tentar simplesmente fazer uma criança se "comportar" e ensiná-la a se manter dentro dos limites.

Frequentemente nesses dias eu me lembro que: "Vou reagir à minha filha no aqui e agora. Se o comportamento dela pedir validação, estarei presente para lhe dar isso. Se pedir moldagem e contenção, estarei empenhada e alerta, pronta para lhe proporcionar isso no momento que ela precisar. Se pedir uma não reação da minha parte, então essa será a minha resposta."

Parecemos acreditar que podemos "dar um jeito" com um mínimo de envolvimento, uma abordagem que vejo ser muito comum em pais com filhos extremamente difíceis de lidar. É errado supor que nossos filhos vão aprender como num passe de mágica a maneira apropriada de se comportar. Quando ficamos na esperança de que o comportamento deles vai mudar de alguma maneira, o tempo todo sem agir para ajudar, eles se mantêm firmes em suas atitudes e nos vemos sem saber o que fazer. Nossos filhos contam conosco para guiá-los sempre, não apenas quando é conveniente. Se nos desconcentramos durante alguns dias, depois retornamos ao processo de criar e educá-los quando nos convém, perdemos a oportunidade de podar desde o início o comportamento que está começando a se manifestar. Moldar o comportamento de nossos filhos não pode ser feito intermitentemente.

Por essa razão, eu agora recebo bem incidentes como o que ocorreu na praia. Não que eu me divirta com eles, mas sei que esses episódios confusos colocam o meu ego em primeiro plano de modo que posso confrontá-lo. Quando isso acontece, digo para mim mesma que minha filha está me permitindo ver como preciso me desenvolver. Por isso sou eternamente grata.

É em momentos como esse que o processo de criarmos nossos filhos pode ser tão espiritual. Poucos relacionamentos evocam dentro de nós a nossa fome cega de controle, revelando assim a nossa imaturidade – e, portanto, nos convidando a dar grandes saltos no nosso desenvolvimento.

Não Evite Conflitos – Valorize-os

Conflitos com nossos filhos são inevitáveis. Embora não nos façam sentir bem e de preferência os evitemos, eles podem ser oportunidades valiosas de crescimento.

Quando os pais evitam o conflito, temendo tomar uma atitude decisiva para o bem deles, estão igualmente temendo tomar uma posição firme que é demonstrativamente amorosa ou protetora. Esses pais criam filhos que, tendo aprendido a duvidar de seus seres essenciais, transpiram uma baixa autoestima.

Conflitos com frequência são gerados quando existe uma guerra de vontades resultante de ideias rígidas. O primeiro passo para transcender um conflito é examinar as nossas próprias ideias e como inconscientemente lutamos pelo controle.

Imagine que sua mãe esteja fazendo oitenta anos e o lindo vestido de festa que você comprou para a sua filha de quatro anos e custou uma fortuna está amontoado no chão do quarto. Ela se recusa a ir à festa se não puder calçar seus tênis velhos, sujos, e seu jeans preferido. Enquanto ela olha para você com aquela expressão familiar "veja o que eu posso fazer", o queixo apontando para frente, os pés grudados no chão, está esperando para ver se você vai recuar para as sombras covardes dos subornos ou, melhor ainda, cair de joelhos e implorar. Espumando de raiva, fantasias de "realmente mostrar quem manda" passam pela sua cabeça. Vocês falam mais alto. Ela grita e esperneia. Você grita mais alto. Ela bate com os pés e chuta. Uma hora se passou. Ela vence. Ela calça os tênis e veste o jeans para ir à festa. Você envelheceu cinco anos.

Todos os pais já estiveram numa situação em que pensaram: "Minha filha está fazendo isso de propósito, portanto vou lhe mostrar quem manda." Quando assumimos essa posição, é porque nos sentimos pessoalmente atacados de alguma maneira. Nesse lugar de ego, raramente agimos com prudência. Pelo contrário, tendemos a libertar o nosso monstro do controle e buscar dominar nossos filhos num esforço para recuperar algo semelhante à ordem e noção de poder. É nesses momentos que podemos inadvertidamente gritar com eles ou até bater neles.

Em vez de levar o comportamento de nossos filhos para o lado pessoal, é bom compreender que eles *não estão pensando em nós* quando se comportam mal, apenas em si mesmos! Para acalmá-los, precisamos encontrar força para nos destacar do comportamento deles. Precisamos desapegar o nosso ego de como eles estão agindo no momento, depois com serenidade trabalhar para deter o comportamento inadequado.

Uma vez controlado o nosso ego, o conflito se torna um conduto valioso para aprender a arte de "dar e receber", a arte da negociação e a arte de perder. Nossos filhos de quatro anos podem ser ensinados, naquela mesma hora, que essa não é uma batalha eu contra você, mas uma situação na qual estamos juntos e para a qual precisamos encontrar uma solução criativa que funcione para ambos.

Para isso, como pais, devemos antes nos desligar do desejo de "vencer" e de conseguir as coisas "do nosso jeito ou nada". Portanto, talvez o vestido seja usado, mas com os tênis em vez dos sapatos de festa. Ou, quem sabe, ela use o vestido, mas com a promessa de que da próxima vez é ela quem escolhe a roupa. Alternativamente, abandonamos a necessidade de que ela tenha certa aparência e deixamos que vista o que quer porque, afinal de contas, é principalmente o nosso ego que está no meio do caminho – a necessidade de que nossa filha pareça ou aja como uma "boneca" porque senão, que Deus nos perdoe: "O que a família vai pensar?"

Esse impasse pode se transformar num rico diálogo, com abundantes oportunidades para a prática da arte da negociação. Claro, existem algumas situações nas quais não há como ceder, tais como segurança e respeito por si mesmo e pelos outros. Mas, na maioria das vezes, os conflitos em que nos envolvemos estão centralizados no nosso enorme ego parental – nosso desejo de "aparentar" de certo modo ao mundo exterior.

Quando ensinamos aos nossos filhos a arte da negociação, plantamos as sementes que lhes permitirão entrar em relacionamentos íntimos mais tarde na vida. Muitas lições se aprendem quando somos capazes de permanecer no desconforto de não saber, imaginando: "Sou eu que devo ceder, ou você?" É uma questão de se sentir confortável não chegando a uma total resolução. A vida não é clara e organizada, mas confusa. Ela exige que nos adaptemos e renunciemos, e que façamos isso repetidas vezes. Permanecendo na luta interna que acompanha o conflito – aceitando que as coisas não são perfeitas e que nos sentimos frustrados por não encontrarmos uma solução rápida –, ensinamos nossos filhos a tolerar suas emoções.

O conflito oferece lições de vida eternas tanto para os pais como para os filhos – lições que passamos a eles: "Sim, você *pode* fazer valer a sua vontade, e não será punido por isso. Mas, ao mesmo tempo, precisa aprender a aceitar e assimilar a vontade do outro." Simultaneamente, nós pais aprendemos a dominar a necessidade de controlar. A criação consciente dos filhos é uma transformação de mão dupla!

Se como pais vocês puderem praticar e depois ensinar a dança do equilíbrio do "eu" e do "nós", vão transmitir aos seus filhos uma das lições de vida mais difíceis, porém essenciais. Ao aprender a ver o conflito como uma forma de experimentar o valor de "perder", a beleza de criar uma solução negociada e a imprudência de viver num mundo rígido de ou isso ou aquilo, você ensina os seus filhos a entender a vida como ela é realmente: cheia de exigências complexas e de imprevisibilidades. Você lhes ensina que "vencer" na vida é encontrar soluções criativas, ser flexível e aprender a negociar autenticamente com uma outra pessoa íntima.

Como Disciplinar de um Modo que *Funcione*

Tradicionalmente, o relacionamento entre pais e filhos tem sido hierárquico e linear: o pai emite regras e ordens, como um general militar, e o filho obedece ou é castigado.

Um relacionamento consciente jamais é hierárquico ou linear. A disciplina consciente não é pais *versus* filhos, mas implica uma dinâmica circular de pais *com* filhos. O *relacionamento* entre pais e filhos é soberano, não técnicas específicas. Não importa o que possa estar ocorrendo em termos do *conteúdo* do relacionamento, ele em si deveria ser sempre circular por natureza. Muitos problemas de comportamento podem ser eliminados simplesmente alterando assim a dinâmica entre pais e filhos.

Se focalizarmos apenas o conteúdo do comportamento dos nossos filhos, podemos nos ver limitados a poucas estratégias, tais como repreensões, suspensões e castigos. Essas não só criam estresse e brigas, como também estreitam as possibilidades de crescimento. Como transformamos o comportamento inadequado em algo vergonhoso, nossos filhos também perdem a oportunidade de aprender sobre si mesmos.

As crianças em geral veem a disciplina de forma negativa. A própria palavra "disciplina" cheira a autoridade e controle, evocando imagens de punição. Em contraste, ao vê-la não em termos da obediência baseada no medo, mas como educação em lições de vida cruciais, nossos filhos aprendem a usar bons critérios e discernimento, a fazer escolhas eficazes e criar soluções positivas. Por isso, acredito que o termo "disciplina" precisa ser substituído e sugiro que algo como "modelagem comportamental"* esteja mais de acordo com uma abordagem consciente na criação dos filhos. Modelagem comportamental implica reagirmos a *todos* os comportamentos de nossos filhos, não apenas aos que consideramos indesejáveis. Igual ou maior foco é colocado no positivo.

Em vez de considerar os momentos de conflito como um aborrecimento, a modelagem comportamental usa todos os conflitos como um laboratório para aprendizado. Por essa razão, ela ocorre continuamente numa base de momento a momento, em vez de ser espremida em fendas de tempo punitivas. A característica dessa mo-

---

* Modelagem comportamental é uma expressão usada muitas vezes em programas de modificação de comportamento no qual novos comportamentos são ensinados com uso de reforço até que se chegue ao desejado. Neste livro a expressão é empregada para descrever a atenção contínua, ininterrupta, que um pai precisa dedicar ao comportamento de um filho de modo que a ação corretiva ocorra no aqui e agora e não numa estrutura de tempo desconectado com o presente. O termo "modelagem" é adotado para descrever a natureza do comportamento em contínua evolução, sugerindo que há sempre nivelamentos e ajustes a serem feitos e que não se chega a um estado "perfeito".

delagem é o *reforço positivo*, que é uma ferramenta mais eficiente do que o castigo.

Reforço positivo significa que, se seu filho cria problema para escovar os dentes, você não fica obcecada com os 31 dentes que não foram escovados bem, mas se concentra naquele que foi. Se o seu filho resiste a estudar geografia, você não discute a sua incapacidade de ficar sentado e estudar durante uma hora inteira, mas o elogia todas as vezes que ele estudar por dez minutos. Se o seu filho está sendo grosseiro com um de seus amigos, a primeira vez que ele falar com polidez – e todas as outras vezes – você observa esse comportamento e o reforça.

Quando você enfoca o comportamento saudável, e especialmente as boas intenções, convida seus filhos a virarem a luz para dentro deles. Assim como uma flor, eles tendem a se voltarem para essa luz. A questão é: você acredita que eles precisam ser motivados pelo que é bom neles ou por castigos? A resposta a essa pergunta determina a sua abordagem a todo o processo de criação dos filhos.

Por exemplo, se o seu filho tira uma nota ruim na escola, repreendê-lo ou castigá-lo não vai tratar do que está realmente acontecendo. Ele respeita as próprias limitações e está se esforçando para superá-las se possível? Está aprendendo a ser humilde assumindo a sua normalidade, aceitando-se? Está empenhado na matéria, gostando de aprender? Está realmente presente na sua experiência escolar? Essas são as questões básicas nesse momento, não as específicas das notas.

Quando você se concentra em notas e gráficos de desenvolvimento, pensando: "Sei que minha filha pode fazer melhor, portanto preciso lhe dar um empurrão", projeta características divinas numa nota dez ou na capacidade de usar o penico aos dois anos. Ao fazer isso, você não vê o divino numa nota baixa ou num comportamento que considera "preguiçoso", "desmotivado" ou típico de um "déficit de atenção". O pai *consciente* vê o divino em *todas* essas coisas.

A REGRA SOBRE REGRAS

Muitos pais entram em brigas diárias com seus filhos por causa da alimentação, das roupas que devem vestir ou como o dever de casa deveria ser feito. A maioria dessas batalhas se relaciona com o nosso ego e a necessidade de controlar. Se nos vemos envolvidos em frequentes conflitos com eles sobre questões insignificantes, isso poderia ser um sinal de que estamos nos metendo demais em suas vidas.

Quando o problema não é uma questão de vida ou morte, mas insistimos no nosso modo de fazer as coisas, podemos imaginar que estamos ensinando nossos filhos a respeitar as regras, enquanto na realidade os estamos ensinando a ser como nós – rígidos e inflexíveis. É por isso que o conflito não para. Eles logo se fazem de surdos porque sabem que queremos que as coisas sejam feitas do nosso modo independentemente do desejo deles. É assim que começam os roubos, as dissimulações e as mentiras.

Na nossa ansiedade, às vezes nos tornamos rígidos demais sem que seja essa a nossa intenção. Movidos pelo medo de perder o controle e ser dominados por nossos filhos, nos tornamos extremamente severos. Então tratamos até o desafio saudável como um sinal de desobediência, uma brecha na nossa autoridade.

Não pode ser tudo uma regra. Uma casa com regras demais simplesmente virá abaixo um dia. Filhos criados com uma quantidade indevida de regras, com espaço livre insuficiente para explorar e experimentar, provavelmente vão oscilar para o lado rebelde, incapazes de metabolizar por mais tempo a rigidez de seus pais.

Quando tudo é tratado como regra, nossos filhos se sentem sufocados. A pior coisa que podemos fazer para o espírito deles é criar uma atmosfera na qual todas as suas expressões são examinadas minuciosamente para potenciais desobediências. Para que recebam a atenção de nossos filhos, elas precisam ser simples e poucas, de modo que eles cresçam numa família na qual se sintam seguros, acostumados com elas e confiantes de que outras não serão impostas todos os dias. Qualquer regra necessária precisa garantir que nossos filhos gozem de espaço suficiente para vagarem livres e despreocupados.

Existe uma diferença entre regras principais e regras flexíveis. Entre as regras principais, eu relacionaria o respeito pela autoridade dos pais quanto à hora de dormir, aos deveres de casa, refeições, hora de acordar e assim por diante; respeito pela autoridade dos pais quando eles dizem "não"; respeito por si mesmo, incluindo permanecer em segurança; e um tom e uma atitude respeitosos para com os outros.

Infelizmente para nós e nossos filhos, a janela para o aprendizado dos fundamentos de como se comportar não é muito grande. A modelagem do comportamento tem o maior peso entre um e seis anos de idade. Esses são os anos formativos durante os quais as horas para os deveres de casa e outras rotinas, tais como tomar banho e ir dormir, se consolidam. Se não aproveitarmos as chances de moldar o comportamento de nossos filhos nessa fase, teremos filhos que se comportam de forma inquietante ao entrarem na pré-adolescência. Se uma criança não aprendeu a respeitar os pais aos oito anos de idade, será extremamente difícil que os respeite aos 18. Se não aprendeu a ficar sentada e trabalhar num projeto em silêncio aos nove anos, é possível que enfrente para sempre problemas como esse.

Se quisermos que nossas regras sejam seguidas, precisamos falar sério ao comunicá-las. Com muita frequência, os pais são inconsistentes com relação às regras ou se esquecem delas, depois não sabem por que os filhos as ignoram. As regras de respeito por si mesmo e pelos outros precisam ser estabelecidas desde o início. Quando não os ensinamos a aceitar a nossa vontade e respeitá-la, eles crescem pensando que podem passar por cima de outro ser humano. A consequência é que acabamos criando filhos narcisistas que não sabem ter empatia pelos outros. Incapazes de conservar amizades, ficam quase sempre isolados de seus colegas.

Regras flexíveis são todas as que não fazem nenhuma diferença real para a noção de bem-estar ou saúde de uma criança. Uma vez tendo sido estabelecidas as regras principais, tanto pais como filhos precisam contribuir para a lista de regras flexíveis, que podem ser discutidas e mutuamente acordadas. Nossos filhos precisam poder dizer "não" para nós num diálogo sempre fluente no qual dois espíritos trocam opiniões. Quando eles nos veem usar o nosso poder para estabelecer as regras principais, mas também nos veem dispostos a ceder o poder de modo que possam flexionar de forma plena a sua individualidade, a modelagem comportamental se torna uma troca realmente espiritual entre pais e filhos.

Mais do que as regras principais, são as flexíveis que ensinam aos nossos filhos lições importantes porque lhes dão uma oportunidade de expressar as suas opiniões. Eles aprendem que nos relacionamentos se dá e se recebe, e que as questões podem ser negociadas – uma habilidade vital para o bom funcionamento no mundo adulto. Regras flexíveis poderiam cobrir que roupas vestir, que alimentos comer, que interesses e atividades buscar, que livros ler ou a que filmes assistir, que amizades conservar e o que fazer com o tempo livre. Por meio de um saudável equilíbrio de regras principais e flexíveis, nossos filhos aprendem a ter limites apropriados, assim como a respeitar o diálogo com outra pessoa.

Quando eles chegam à adolescência, precisam saber que têm permissão para vestir o que lhes agradar (a não ser que ultrapassem os limites, e que isso possa violar a sua noção de bem-estar e segurança), para expressar seus interesses e paixões, e escolher seus próprios amigos. Se tivermos feito um trabalho decente ensinando-os a respeitar a si mesmos e aos outros desde pequenos, não precisamos nos preocupar que percam esse respeito quando ficarem mais velhos.

Quando negociamos regras flexíveis com nossos filhos, mostramos flexibilidade e simultaneamente servimos de modelo para uma disposição a aprender lições emocionais com eles. Largamos a nossa agenda "perfeita" e aprendemos a respeito do nosso eu imperfeito. Isso nos liberta para assumirmos uma abordagem mais branda, para que situações potencialmente estressantes possam então ser resolvidas com criatividade e de forma divertida.

Quando servimos de modelo para uma disposição a nos envolver numa solução colaborativa para uma situação, infundimos no processo um sentimento de que estamos nisso *juntos*. Nossos filhos aprendem que num relacionamento todas as partes precisam ser ouvidas, o que leva a todos terem o que realmente importa para eles. Assim, nossos filhos aprendem a pensar com a mente mais aberta para que possam encontrar soluções criativas que funcionem para todos. Essa é uma lição importantíssima no mundo de hoje, cada vez mais diverso.

Por que Ensinar É Mais Eficaz do que Punir

Há ocasiões em que é necessário enfrentar um comportamento inadequado. Se nossos filhos se envolvem em atitudes impensadas, você precisa chamar a atenção deles para as suas imprudências no aqui e agora. Por exemplo, se o seu filho bate em alguém ou se comporta mal, é imperativo que você reaja rapidamente. Como você faz isso vai depender do nível de maturidade dele.

No caso de uma criancinha que está começando a andar, você poderia gentilmente segurá-la e ficar com ela até que se acalme. Como não pode esperar dela que se controle nessa idade, você faz isso por ela. Por outro lado, se o seu adolescente é grosseiro ao falar com você, é preciso que você esteja presente com ele de um modo que não seja combativo.

Às vezes é apropriado dar ao seu filho algo parecido com uma repreensão, enquanto que outras vezes é melhor abordá-los de uma forma divertida, com gentileza, ou com elogios e reforço positivo. Em outros momentos, seus filhos precisam que você ajude a moldá-los servindo simplesmente de testemunha, enquanto resolvem as coisas sozinhos. Cantar, dançar, representar e brincar também pode funcionar ajudando-os a compreender a maneira apropriada de se conduzir. Dessas e outras formas, nossos filhos assimilam as normas segundo as quais você lhes pede para viver. Viver de uma forma controlada, então, se torna um hábito, acentuando a maneira de ser natural deles.

O castigo pode interromper um comportamento, ou não, mas definitivamente não vai ensinar uma criança a substituir o comportamento inadequado por outro mais produtivo. Em vez de simplesmente castigar o comportamento dos seus filhos, você pode usar as próprias situações problemáticas para ensinar-lhes a arte da autorreflexão, que abrirá caminho para modos positivos de lidar com situações difíceis e solucionar problemas.

Por exemplo, se o seu filho está se comportando mal e você sabe que ele está cansado, em vez de focar no mau comportamento vá direto para a experiência emocional dele e diga: "Você deve estar tão cansado agora." Ou se está triste por alguma coisa, pergunte: "Você está agindo assim porque está triste?" A porta para o processamento emocional então se abre. Depois de você ter identificado o estado emocional dele e entrado com seu filho nele, explique: "Não importa o que está sentindo, você simplesmente não pode se comportar assim. Vamos encontrar outro jeito de comunicar o que você está sentindo." Você pode então ensinar seu filho a comunicar seus sentimentos de uma forma direta em vez de indiretamente, comportando-se mal.

Se as crianças não conseguem encontrar um meio de se expressarem de uma forma direta, suas mentes e corpos encontram outros meios para isso. Separadas do seu mundo interior, elas são levadas a buscar em outro lugar o que parece ser suas "peças perdidas". Isso tende a assumir a forma de comportamentos autodestrutivos ou que ferem os outros.

Quando as crianças se tornam excessivamente grudentas, rebeldes, começam a roubar, se cortam, não tomam banho ou vão mal na escola, é sinal de que algo está errado com as suas emoções. Muitas vezes o estado emocional de uma criança se manifesta com sintomas associados ao corpo, tais como dores de cabeça, de estômago ou ataques de pânico. Isso acontece quando elas se afastam tanto de seus verdadeiros sentimentos que sobrecarregam seus corpos com emoções não expressas. Elas podem estar tão dominadas pelo papel de quem quer agradar sempre ou ter muito sucesso – ou, em contraste, de rebeldes ou "crianças más" – que finalmente desabam, e seus corpos sofrem o impacto do colapso.

Como pais, tendemos a reagir ansiosamente diante desses meios secundários de chamar a atenção. Por exemplo, se o nosso filho começa a se dar mal na escola, ficamos zangados e controladores. Se ele está passando por um número excessivo de problemas físicos, nós o levamos a um especialista após o outro. Com sintomas físicos, a situação é muito traiçoeira porque existe sempre a possibilidade de terem uma causa física. A dificuldade é que podemos sem perceber reforçar neles a crença de que há alguma coisa errada com seus corpos, em vez de tentar encontrar o problema emocional subjacente. Por isso é tão importante para nós abrir espaço para que nossos filhos expressem quem são emocionalmente.

Uma vez tendo compreendido que seus filhos têm um comportamento positivo ou negativo devido a um estado emocional subjacente, você pode ensiná-los a expressar suas emoções de uma forma direta. Expressar diretamente as suas emoções significaria que são capazes de dizer quando estão zangados, em vez de terem um comportamento irado que é prejudicial ou destrutivo. Similarmente, eles podem notar que estão tristes, em vez de recorrer a um comportamento autodestrutivo. Como você ensina seus filhos a acessar o mundo emocional deles continuamente, eles não têm necessidade de expressar suas emoções chamando atenção. Como eles se sentem ouvidos, não têm razão para chamar atenção para si mesmos. Sentindo-se aceitos e validados, não sentem nenhuma compulsão para afogar suas emoções dolorosas num comportamento negativo.

Quando seus filhos escutam você manifestar suas emoções de um modo direto, naturalmente, eles copiam isso. Para expressar o que você está sentindo, não é preciso gritar e berrar. Em vez disso, quando surgir um problema entre você e seus filhos, você pode dizer: "Nós dois temos sentimentos a respeito disso. Conte-me os seus, depois eu lhe conto os meus." É crucial que seus filhos saibam que os sentimentos deles são tão importantes quanto os seus.

Sempre que você convidá-los a lhe dizer o que os está incomodando, caso se trate de alguma coisa que você fez, você poderia lhes dizer: "Por que não me fala onde acha que errei e como posso corrigir isso? Estou pronta para escutar tudo que está fazendo você sofrer agora. Você está livre para se expressar – não haverá nenhum julgamento." Numa situação como essa, é essencial que você esteja pronta para admitir seus erros. Você pode dizer aos seus filhos: "Sei como é quando percebo que não estou sendo respeitado. Sinto muito ter feito você se sentir assim. Vamos encontrar uma forma de nos respeitar um ao outro."

Se o seu filho rouba, pergunte a si mesmo: "O que há na minha presença que faz meu filho ter necessidade de roubar? Que falta interna meu filho está sentindo que procura satisfazer roubando?" Essa é uma oportunidade para identificar as raízes emocionais do comportamento, visto que ele não ocorre num vácuo, mas sempre envolve uma razão emocional subjacente. A sua responsabilidade é descobrir isso.

Considere-se um introdutor, liderando seus filhos para viverem na realidade de uma forma aceitável, conforme você se afasta da ideia de ser um disciplinador. Consistência é crucial. Você não pode moldar um comportamento e não o seguinte, ou moldar um comportamento um dia e ignorá-lo no outro. Quando você grita por causa do comportamento dos seus filhos num dia, depois o ignora no outro, seus filhos aprendem a manipular você.

O Mau Comportamento Reflete Necessidades Emocionais Insatisfeitas

Mal percebemos que, quando nossos filhos têm um comportamento que merece atenção, é provável que estejam gritando: "Por favor, me ajudem!"

Eles estão na verdade dizendo: "Por favor, não deixe que eu me comporte assim, posso me machucar ou ferir alguém. Quero aprender a me conter porque não gosto de como me sinto quando perco o controle. Não gosto de me sentir culpado por magoar os outros, nem de me sentir envergonhado o tempo todo. Sou uma boa pessoa. Por favor, me ajude a expressar a minha bondade. Não quero ser selvagem ou rebelde. Isso não é bom para mim."

Entendo que é difícil ouvir esse apelo subjacente quando uma criança está chutando, mordendo, gritando, bebendo ou usando drogas. Como esse comportamento exagerado nos assusta, uma compreensão mais profunda do que se encontra sob a manifestação externa pode ser difícil. Entretanto, somente quando aceitamos que nossos filhos se comportam mal por causa de uma necessidade emocional não satisfeita, somos capazes de embarcar num processo sério de indagação.

A modelagem comportamental reconhece que a razão para nossos filhos se envolverem em comportamentos perturbadores não é que eles sejam maus e precisem ser castigados, mas que eles são pessoas boas que estão experimentando emoções difíceis que ainda não aprenderam a expressar de uma forma contida. Até que a emoção subjacente seja tratada, as manifestações superficiais de comportamento inadequado vão continuar. Quanto mais nossos filhos aprendem a expressar suas emoções diretamente de uma forma contida, menos se comportam mal. O autocontrole emocional é sempre o objetivo da modelagem comportamental.

Quero enfatizar mais uma vez como é importante que a modelagem comportamental esteja associada ao nível de maturidade dos seus filhos, não ao comportamento em particular que eles exibem ou sua idade cronológica. Portanto, assim como as escolas os avaliam do ponto de vista educacional para compreenderem os seus níveis de desenvolvimento, você precisa fazer avaliações emocionais de seus filhos regularmente. Não estou sugerindo algum tipo de avaliação formal, mas um aprofundamento da sua compreensão do verdadeiro nível deles por meio de observação, em vez de *supor* que estão no nível que "deveriam" ter atingido.

Algumas crianças são maduras para a idade delas, enquanto outras amadurecem mais devagar. Estamos tão apegados às tradicionais noções de idade e maturidade que não reconhecemos o temperamento único de cada criança. Forçá-la a "crescer" simplesmente porque a sua idade cronológica está mais avançada é um exercício inútil que só pode destruir a sua autoestima. Quando nos sentimos frustrados porque nosso filho não pode "ser como os outros da sua idade", é prudente lembrar que idade é puramente uma invenção – uma ilusão que, se aceitarmos como verdade, pode truncar o espírito do nosso filho. Por isso, é prudente evitar todas as comparações.

Cada criança precisa de mais ou menos abordagens diferentes. Algumas se dão bem com o reforço positivo e usam isso para investir em direção à mudança. Outras se dão melhor com regras e normas. Outras ainda prosperam com o alimento emocional, que promove a sua criatividade. Dependendo da criança diante de nós, precisamos ajustar a nossa abordagem para satisfazer as suas exigências individuais.

Minha filha é precoce em algumas áreas emocionais, pelo menos dois anos à frente da sua idade. Em outras áreas, ela fica na média, talvez até abaixo da média. A não ser que seja capaz de reconhecer essas áreas nas quais está adiantada e aquelas em que está mais atrasada, vou tratá-la segundo *penso* que crianças da idade dela devam ser tratadas. Sem compreender o seu nível particular de maturidade, meus esforços para ensiná-la a se conter tendem a ser impróprios.

Quando seus filhos se comportam mal, é importante perguntar:

Minha filha se comportou mal por uma falta de discernimento devido à imaturidade emocional, ou com plena compreensão e, portanto, em total rebeldia?

Meu filho é capaz de dominar a tarefa na sua frente, ou ela está além da sua capacidade?

Minha filha requer um nível de resposta superior da minha parte porque está num nível de desenvolvimento mais alto?

Se o seu filho está se comportando mal por falta de discernimento devido à imaturidade, você imediatamente começa a operar de uma posição diferente. Em vez de preencher o papel de disciplinadora, assume o papel de educadora. A rigidez, em que funciona a postura "do meu jeito ou nada", é substituída por uma preocupação com o que seu filho precisa nesse momento em particular.

Você Reconhece o Seu Papel no Comportamento dos Seus Filhos?

Se o seu filho se comporta mal como uma forma de declarada rebeldia, ou se comporta mal sempre, você precisa aceitar a responsabilidade pelo *seu* papel na perpetuação desse comportamento. Crianças são rebeldes porque estão acostumadas a se saírem bem. Verdade que algumas crianças são por temperamento mais voluntariosas, mas foi através do seu relacionamento conosco que transformaram essa teimosia em desafio. A não ser que você perceba isso, vai começar a acreditar que seu filho é "ruim".

Quando seu filho de cinco anos dá um ataque, você interrompe o seu comportamento na hora e lhe ensina meios alternativos de lidar com o que está sentindo. Quando eles mostram a língua para você aos seis anos de idade, você não ignora, mas olha firme para eles e deixa bem claro que esse não é um comportamento aceitável. Quando eles a testam pedindo doces ou mais tempo diante da televisão aos sete anos de idade, você acaba com a manipulação deles e estabelece os seus limites. Quando batem a porta na sua cara aos oito anos, você entra no quarto e, com calma e inequivocamente, chama atenção para a demonstração de desrespeito. Quando se distraem enquanto fazem o dever de casa aos nove anos, você senta com eles todos os dias até que aprendam a ficar quietos e respeitar o trabalho que estão fazendo – e você resiste a fazer o trabalho *por* eles, ajudando-os somente quando são incapazes de fazer alguma coisa sozinhos. Quando aos dez anos fingem que não a escutam ou respondem mal, você se mostra à altura da situação e lhes ensina que esse comportamento é inaceitável. Quando mentem ou roubam você, aos onze anos, você se torna ainda mais firme, permitindo que experimentem as consequências desse comportamento. Em outras palavras, você leva a sério o comportamento dos seus filhos.

Vou lhe mostrar várias situações da vida real que ilustram como essa abordagem funciona na prática. Vou começar com uma mãe que pede à filha que recolha os seus sapatos e os coloque no armário. A filha a ignora. A mãe pede de novo. Nenhuma resposta. A mãe não pede outra vez, mas depois recolhe ela mesma os sapatos.

O que precisa acontecer nessa situação? A mãe oferece à sua filha uma chance para se corrigir. Se a filha não se corrige, a mãe com naturalidade a redireciona para a tarefa, seja física ou verbalmente, sem associar nenhuma interpretação emocional ao comportamento da menina. É vital que a mãe não se afaste até a tarefa estar cumprida. Se a mãe se mostrar bastante presente, a filha vai responder porque a presença autêntica é magnética. Quando ela responde, a mãe a elogia por ser capaz de respeitar a necessidade de manter a casa arrumada para que todos possam usufruí-la sem tropeçar nas coisas dos outros.

Agora vamos passar para o caso de um pai que pede ao filho para desligar a televisão e fazer o seu dever de casa, mas se vê ignorado. A reação do pai é gritar. Isso não funciona porque o menino continua não fazendo nada. Mesmo quando o pai insulta o filho, ele é ignorado. No final o pai desiste, exasperado.

Vamos reescrever essa cena. Quando o menino não dá ouvidos ao pai, diz-lhe que da próxima vez que lhe pedir isso a televisão precisa ser desligada. Se o menino continua sem ouvir, o pai entra no seu espaço, pega o controle remoto e, calmamente – sem se zangar –, desliga ele mesmo o aparelho. Em seguida, continua segurando o controle, explicando ao filho que vai tê-lo de volta quando demonstrar que pode seguir as orientações. Por mais que se lamente e implore, ele não terá a televisão de volta essa noite. Na noite seguinte, o menino pede o controle e, depois de comunicar de novo claramente as suas expectativas, o pai entrega para ele. Como não houve brigas por causa da televisão nessa noite, o pai elogia o filho por ter mudado de comportamento.

Duas crianças estão sentadas à mesa, pintando. A mãe pede que limpem a mesa quando acabarem de pintar, em seguida sai do aposento. As crianças ignoram as instruções da mãe, mas ela não faz nada a respeito. Em vez disso, a empregada limpa tudo. O que precisa acontecer é a mãe permanecer no quarto quando seus filhos não fazem o que ela pede. Ela deve guardar as tintas e lhes dizer para limpar, depois disso os elogia.

A filha, que tem seis anos, faz um lindo desenho e corre para mostrar para a mãe. A mãe está muito ocupada ao telefone e a ignora. A filha então faz um desenho ainda maior e mais bonito. A mãe a afasta sinalizando para que se cale. A menina bate no irmão, e então a mãe grita: "Você é uma menina má!"

Nesse ponto, em vez de gritar e humilhar, a mãe poderia chamar a filha e explicar como seu irmão deve se sentir sendo agredido. Em vez de exagerar o comportamento da filha, ela simplesmente exige que a menina faça as pazes com o irmão.

Teoricamente, a mãe traçaria a dinâmica de volta para quando a filha buscou sua atenção sem sucesso. Teria sido muito melhor se, quando a menina de seis anos procurou a mãe pela primeira vez, a mãe tivesse parado um pouco para falar com a filha, elogiando-a por sua habilidade ao desenhar, mas também por ser capaz de cuidar de si mesma encontrando algo de interessante para fazer enquanto a mamãe estava ao telefone. A filha então teria se sentido emocionalmente satisfeita.

Uma criança de oito anos fica sozinha em casa todos os dias depois da escola. Quando os pais voltam, ficam ocupados com serviços que trazem do trabalho e deveres de casa. Consequentemente, o menino se sente sozinho. Quando começa a brincar com fósforos, ninguém nota. Ele imagina se eles se importam. Até quando ele faz uma fogueira no quarto, ninguém aparece. Quando ele faz uma fogueira na escola, é suspenso. A reação dos pais? Deixam o menino de castigo sem sair de casa por três meses.

Quando o garoto foi suspenso das aulas por ter acendido a fogueira, seus pais deveriam ter percebido isso como uma bandeira vermelha. Poderiam ter buscado aconselhamento para compreender que o filho estava gritando por atenção. Em seguida poderiam ter se desculpado com ele por sua negligência e tentado mudar suas horas de trabalho, ou arranjar alguém para cobrir a sua ausência, de modo que um adulto cuidadoso esteja em casa esperando por ele quando voltar da escola. Seus pais também precisam passar um tempo de qualidade com o filho todos os dias.

Não se deve pretender que as crianças pulem a cada comando nosso, nem deveriam. Tendo dito isso, elas precisam compreender os limites de seus comportamentos de modo que saibam bem o que se espera, ou não, delas. Só podemos ensinar-lhes isso quando sentimos, lá no fundo, que é nosso direito ensinar isso – e que é nosso direito sermos respeitados. Não se trata de exigir respeito de uma forma egoica, mas de estarmos tão *presentes* que impomos respeito.

Quando estamos cientes do equilíbrio entre flexibilidade e estrutura, somos capazes de deixar nossos filhos brincarem à vontade e serem naturalmente expressivos dentro dos limites do que é apropriado. Se ultrapassarem os limites, devem lhe proporcionar uma estrutura. É na contínua dança entre permitir e interferir que os pais têm a oportunidade de ensinar seus filhos a serem os seus próprios controladores.

Primeiro, precisamos saber nós mesmos com clareza o que são limites. Muitos de nós temos medo de entrar no espaço deles e gentilmente, mas com firmeza, pegá-los pelos ombros e guiá-los para onde precisam ir. Como tememos entrar em confrontos e reconhecer a nossa própria noção de poder, deixamos nossos filhos fazer o que bem entendem, preferindo nos zangar com eles em vez de agir com a força necessária para ajustar o seu comportamento.

Um exemplo clássico disso é Robin, cuja filha de quatro anos, Jolyn, nunca tirava uma soneca durante o dia e, por isso, era um problema de noite. Excitadíssima, era dificílimo colocá-la para dormir. De noite o estresse era grande, com muito choro e gritos. Com frequência Robin se via indo dormir antes de Jolyn, que ficava acordada até uma ou duas horas da manhã. A falta de sono por parte de todos reduzia a capacidade de funcionarem bem durante o dia.

"Ela simplesmente não quer ir dormir", Robin argumentava, "como posso obrigá-la?" Segundo ela, exigir que a filha deitasse durante o dia ou numa determinada hora de noite era contrariar a vontade da menina. Como mãe, ela não estava reconhecendo que impor uma rotina era para o bem-estar da filha.

Ela precisava pegar Jolyn pela mão, levá-la até a cama, cobri-la e depois se certificar que ela ficasse lá. Se Jolyn saísse da cama, Robin devia levá-la gentilmente de volta e de novo cobri-la. Se Jolyn saísse outra vez da cama, Robin tinha de levá-la de volta para o quarto mais uma vez, mas agora sem se demorar. O encontro tem de ser uma coisa natural. Se Jolyn precisa ser levada de volta para cama dezenas de vezes, isso é o que precisa acontecer – e tudo sem qualquer raiva ou irritação por parte de Robin. A presença sistemática, não a reatividade, é o fator crucial. A repetição desse cenário talvez ocorra várias noites antes que Jolyn altere seus ritmos de acordo com os que lhe são mais benéficos.

Sem esse tipo de estrutura, Jolyn continua vazia emocionalmente, o que era a raiz de todo o problema. Para uma criança pequena, a hora de tirar uma soneca e de ir para a cama de noite são aspectos das regras principais e, como tal, *não são negociáveis*. Se os pais são decididos, a criança vai entender logo que não há o que discutir quanto a essa questão. O problema de Robin era que ela mesma não estava certa do quanto precisava ser clara a esse respeito.

Por que Crianças Encantadoras Viram Adolescentes Rebeldes

Embora já tenhamos falado bastante sobre a rebeldia de nossos adolescentes, porque é um problema hoje em dia, quero voltar ao assunto e acrescentar mais algumas reflexões. Adolescentes disfuncionais não surgem da noite para o dia. São o resultado de anos de autenticidade subjugada e falsas promessas. Eles vêm experimentando uma morte lenta e agora precisam lutar diariamente só para se sentirem vivos. Nenhum adolescente quer ser "mau". Eles simplesmente não conhecem outra maneira de ser.

A criança que se torna um adolescente rebelde é por causa de uma falta de autenticidade, uma falta de controle ou de conexão com os pais – ou uma combinação dessas três coisas. Por exemplo, as crianças que não gozaram de uma verdadeira conexão com seus pais podem se transformar em adolescentes que sentem necessidade de se comportar de forma a chamar atenção para que sejam notados.

Sempre que seus filhos se comportam com rebeldia, há um motivo subjacente. Isso poderia ser porque são recompensados com atenção negativa da sua parte ou não aprenderam a respeitar os desejos dos outros. Eles tiveram permissão para violar limites sem consequências. Quando você enfrenta momentos difíceis com seus filhos, em vez de ser reativo, faça a si mesmo as seguintes perguntas:

> Meu filho está se comportando assim porque sou incapaz de ser firme e coerente?
>
> Estou deixando claro que o comportamento da minha filha não está de acordo comigo? Ou estou sendo fraco e enviando mensagens confusas?
>
> Preciso reexaminar as minhas expectativas e recalibrar a compreensão do que seja a capacidade emocional do meu filho agora?
>
> A minha necessidade de controlar está sendo provocada e estou reagindo ao meu filho num estado de quem está sendo provocado?
>
> Estou achando difícil tratar meu filho com reciprocidade, preferindo agir "do meu jeito ou nada"?

Meu filho está evocando uma sensação de impotência e falta de autoridade em mim por causa do meu condicionamento no passado?

Minha filha sente que me sinto desconfortável com os conflitos e, portanto, me irrita ainda mais?

Será que não acredito em mim mesmo e, portanto, não acredito que posso ser respeitado pelo meu filho?

Meu filho está sedento da minha atenção porque tenho estado preocupado, portanto só presto atenção quando ele está se comportando de uma forma negativa?

O meu nível de tolerância à frustração está tão baixo que não posso negociar com meu filho por meio de diálogo porque isso evoca ansiedade demais em mim?

Estou tão tenso e confuso que me irrito à menor percepção de perda de controle? Depois de me dedicar à minha família o dia inteiro, fico ressentida e libero minhas emoções à menor provocação?

Já não tenho mais energia, de modo que não posso invocar a presença que meu filho merece?

Será possível que eu não saiba reagir à natureza temperamental da minha filha, e isso me deixa ansiosa?

Eu forço a mim e ao meu filho para nos comportarmos do modo "correto", a ponto de perder a minha noção de perspectiva quando as coisas não seguem de acordo com o planejado?

Quando não temos consciência de nossos próprios sentimentos, culpamos nossos filhos por "nos fazerem" sentir de um determinado modo, o que provoca neles os sentimentos que carregamos dentro de nós. Na medida em que descarregamos neles a nossa ansiedade, eles carregarão nossas emoções não processadas dentro de si, o que significa que também agirão num estado não centrado. O estado deles então nos catapulta para uma reação cada vez pior – e assim o ciclo de sofrimento continua através de gerações.

Embora a energia emocional de cada parte desperte estados emocionais na outra, devemos deixar claro, como observado antes, que ninguém pode nos *fazer* sentir de um determinado modo. Não importa como possa parecer superficialmente, num nível mais elementar ninguém tem esse poder. Se as sementes da irritação, impotência, frustração ou tensão já não estiverem dentro de nós, não poderão brotar. Mas, desde que nos sintamos impotentes e um tanto fora do controle, a mais leve sugestão de que não estamos sendo ouvidos nos fará sentir sem autoridade e, portanto, ineficazes ao lidar com nossos filhos, ou nos levar a descarregar sobre eles a nossa frustração. O grau em que nossos filhos nos deixam emocionalmente agitados reflete o grau em que *já* estamos agitados internamente.

Uma vez compreendendo que ninguém tem o poder de nos causar infelicidade, não podemos abandonar o nosso pesado investimento nos nossos roteiros de vida e impressões emocionais. Isso nos capacita a alterar o espaço energético que habitamos durante nossas interações com os outros, que é o final de todo o drama. Vendo-nos, não como vítimas, nem como vencedores, nem como mártires ou meros sobreviventes, descobrimos que não precisamos mais de drama para nos sentir vivos. Se ocasionalmente ainda formos provocados, somos capazes de recolher a nossa reação antes de causarmos mágoa ou trauma nos outros.

Inversamente, só seremos capazes de sentir um respeito positivo por nossos filhos quando já tivermos esse respeito por nós mesmos. Somente à medida que tenhamos confiança em nós mesmos podemos tratar nossos filhos com confiança. Isso porque, seja lá o que estivermos experimentando internamente, vai acabar se manifestando externamente. O que se manifesta externamente afeta os nossos filhos, o que por sua vez nos afeta – e assim o ciclo continua. Como nesse nível não há separação e somos um só com nossos filhos, eles se tornam reflexos do nosso ser interior, o que os torna adequados para serem nossos guias espirituais.

Táticas Opressivas Saem pela Culatra

Muitos pais acreditam que se forem assustadores, ou até praticarem castigos físicos, os filhos vão aprender o que precisam. Pelo contrário, eles ficam com medo de nós, o que reprime o seu desejo natural de ser a boa pessoa que inerentemente são. Se desejamos disciplinar nossos filhos significativamente, precisamos aceitar a nossa autoridade e ser firmes, enquanto ao mesmo tempo aprofundamos a nossa conexão emocional com eles. Táticas de medo só conseguem uma conexão atenuada entre eles e nós mesmos.

Se você está procurando "soluções" simples para o comportamento dos seus filhos, prepare-se para se desapontar no final. Não há respostas "certas" na criação deles. O assim chamado "amor inflexível" acaba gerando ressentimento. A sua tarefa é refrear o seu jeito abrutalhado para que seus filhos aprendam a depender de seus recursos internos para imaginar o comportamento certo ou errado em qualquer situação. Embora de vez em quando um pai aflito possa inadvertidamente ralhar com uma criança, e até levantar a voz – como relatei que aconteceu comigo num dia na praia quando minha filha tinha três anos de idade –, isso não pode ser um padrão regular, se vamos criá-los conscientemente.

Quando você se envolve em táticas opressivas, suas repreensões provocam culpa e ansiedade nos seus filhos. Nessas situações, eles não respeitam você ou a si mesmos. Quando eles não sentem respeito, sentem culpa, o que resulta numa sensação de vazio ou falta de empatia pelos outros. A culpa vem do fato de nenhuma criança na Terra querer se sentir descontrolada e desrespeitosa.

A modelagem comportamental consciente requer a mudança de uma dinâmica na qual a criança se sente ameaçada, denegrida ou inferior. Ela busca a ordem de um modo que leva em consideração as necessidades de ambas as partes. Por essa razão, o diálogo não pode ser unilateral. Devemos sempre nos perguntar se estamos reagindo ao comportamento dos nossos filhos por uma necessidade própria ou para atender a eles, e devemos estar abertos para o que eles nos informam. Disciplina não pode ser: "Eu disse isso e é assim que é." Ela deve incluir: "Estas são as regras, mas você está livre para experimentá-las e eu estou disponível para escutar o que você vai sentir." A disciplina consciente pede que as crianças sigam as suas instruções, mas também lhes dá a liberdade de expressar seus sentimentos.

Nossa capacidade adulta de tolerar a frustração tem raízes na infância. Mais precisamente, ela envolve a capacidade de nossos pais de nos ensinar a lidar com a palavra "não" e dar conta da nossa emoção residual. A maioria dos pais diz a palavra "não", mas não os ajudam a processarem as emoções em torno dela. A razão para nos esquivarmos de ajudar nossos filhos a explorarem o seu desapontamento é não termos primeiro tratado do nosso próprio desapontamento. Rejeitamos os sentimentos deles ou, igualmente ineficaz, buscamos atenuá-los rapidamente "consertando" o que possa estar errado ou distraí-los de alguma maneira. É assim que nossos filhos aprendem a fugir do desconforto, o que na adolescência e mais tarde na vida pode resultar em extrema automedicação.

A não ser que nossos filhos aprendam desde cedo a negociar suas emoções, especialmente no contexto de receberem um "não", serão incapazes de lidar com qualquer tipo de rejeição depois. Reagirão como uma criança de dois anos, dando ataques – ou, num estilo mais adulto, tomando porres ou consumindo drogas. Poucos de nós percebem quanto do nosso comportamento é autossabotador. Na raiz de tudo isso está a nossa incapacidade de nos acalmar e tolerar a vida *como ela é*.

É preciso ter sempre em mente a necessidade que uma criança tem de consolo e autonomia. Depois de qualquer forma de modificação de comportamento, é imperativo distrair nossos filhos contando histórias, abraçando ou dialogando, dependendo de sua idade e necessidades. A modificação de comportamento jamais é à custa do relacionamento.

O comportamento de nossos filhos não se manifesta num vácuo, mas tem relação se somos ou não capazes de incorporar a nossa autoridade – a autoridade não do ego, mas da presença autêntica. Quando ficamos presos no nível de satisfação e reagimos do modo tradicional eu contra você, perdemos o nosso poder e com ele a capacidade de sermos criativos na nossa reação. Nossos filhos então parecem estar nos privando de alguma coisa – seja da nossa sanidade, da nossa capacidade de controlar, do nosso tempo, da nossa dignidade ou da nossa honra. Eles se tornam entidades para se trabalhar *contra* e não *com*.

Se em vez de nos envolver nas típicas batalhas "eu" contra "você", nos disséssemos: "Todo mundo à minha volta é um reflexo de mim mesmo", reagiríamos às provocações de outra maneira. A tradicional dinâmica de pais *versus* filho daria lugar ao entendimento de que eles costumam ser mais sábios do que nós e capazes de nos fazer avançar espiritualmente com tanta eficácia quanto podemos fazer com eles.

Pode se ver como isso funciona até com adolescentes, como no caso de um pai e sua filha que se davam muito bem quando ela era pequena. Agora que ela é uma adolescente, o relacionamento deles entrou num estágio disfuncional, a ponto de os dois mal se falarem e ela faltar às aulas.

A filha se sentia isolada e criticada. "Meu pai sempre acha que estou mentindo e não confia em mim", ela se lamentou na nossa conversa. "Ele nem me conhece." Sentindo que não a compreendiam, escutavam e viam, a filha alterou a sua personalidade mentindo para evitar o duro tratamento que recebia do pai. "Eu costumava me importar, mas agora nem me preocupo em dizer a verdade", ela me contou. "É muito mais fácil mentir."

Não aguentando mais, o pai não parava de repetir: "Ela sempre mente para mim. Ela precisa parar de mentir para mim." O seu jeito de parar com as mentiras da filha foi tornando-se ainda mais crítico e controlador. Interrogando-a regularmente, o tempo que passavam juntos girava em torno de "chegarem à verdade". Interessado em ser "o pai", ele estava agindo totalmente por medo.

Quando consegui mostrar ao pai que o relacionamento deles tinha perdido todo o seu elemento humano e sua capacidade de ser sustentador, ele começou a ver a importância de se afastar da dinâmica linear em que estava preso. Ao passar um tempo de qualidade com a filha, ele foi capaz de forjar uma aliança com ela. Percebendo que, sem uma forte aliança entre os dois, a disciplina só os afastaria, ele começou a se negar a entrar no modo "pai", preferindo ser amigo da filha. Depois de semanas mostrando interesse por ela como pessoa, o comportamento dela deu um giro decidido para melhor. Tornando-se mais agradável e interessada, ela agora mentia com menos frequência – tudo porque se sentia encorajada. Não pode haver nenhuma modificação de comportamento sem um relacionamento.

Sempre que você se vir repetindo uma dinâmica sem resultados, é hora de parar e perguntar: "O que estou fazendo que simplesmente não funciona?" A resposta em geral é que você está atolado num modo de ver a sua filha que não é saudável para ambos. Quando você muda a sua abordagem, a dinâmica muda. A questão é: Você está disposto a mudar a sua abordagem?

COMO EXECUTAR O "NÃO"

Nenhum de nós gosta de receber um "não". Uma razão para isso é que, para muitos de nós, a palavra "não" está associada a mensagens ameaçadoras do nosso próprio passado. Ela pode evocar memórias de pais severos e punitivos ou de uma infância privada de autonomia.

Mesmo que sejamos agora adultos, às vezes quando recebemos um "não" temos vontade de espernear como uma criancinha de dois anos, atirar longe a chupeta ou nos jogar no chão e ficar roxos de tanto gritar. Claro, sabemos que não podemos fazer essas coisas, portanto nos satisfazemos com acessos temperamentais mais sofisticados como nos lamentar, caluniar, fofocar ou ficar de mau humor. Podemos até socar o travesseiro e xingar o carro. Não importa a nossa idade, a palavra "não" ainda é a pior para se escutar. Mas a pronunciamos inúmeras vezes por dia para os nossos filhos sem considerar como eles podem se sentir.

Sempre que somos dogmáticos e inflexíveis, traímos o nosso desconforto pronunciando um "não" direto. Então nossos filhos fingem que não escutam ou, o que é mais grave, se rebelam. Se nos sentimos desconfortáveis com a palavra "não", não importa quantas vezes a pronunciamos, ela jamais será ouvida por nossos filhos. Somente quando *esperamos* plenamente ser ouvidos é que eles nos escutam. Isso significa que temos de *esperar* que nos respeitem e que nossos limites não sejam ultrapassados.

Em outras palavras, assim como nossos filhos precisam se sentir confortáveis ouvindo um "não", nós como pais precisamos nos sentir à vontade pronunciando-o. Se não for assim, nossos filhos provavelmente serão rebeldes e indisciplinados quando chegarem à adolescência. Entretanto, o modo como o "não" é dito, e o contexto relacional no qual ele ocorre, tem um papel-chave. Dizemos "não" conscientemente, está claro, na nossa consciência, que é uma reação autêntica ao comportamento deles e não uma expressão de nossos próprios problemas? Quando estamos conscientes, seremos capazes de dizer "não" não só sem sentir culpa, mas também livres de qualquer hesitação ou inconsistência.

Às vezes não conseguimos dizer "não" com eficácia porque sentimos que não temos o direito de reagir assim. A razão é que nossos próprios pais nos privaram faz tempo do direito de esperar respeito. O respeito por si próprio deve vir na frente do respeito pelos outros. Nem os nossos filhos nem qualquer outra pessoa vão nos respeitar se não nos respeitamos.

Se, ao dizer "não", não somos claros *por que* estamos reagindo desse modo, resultará em nossos filhos nos forçando e manipulando. Por isso é crucial que *só* digamos o que temos a intenção de dizer, *falar a sério* o que dizemos e *ir até o fim sem fraquejar*.

Há ocasiões em que nossos filhos estão no ego e precisam ser encorajados de volta à presença. Nesses momentos, é possível até que tenhamos de impor a *nossa* vontade. Isso é muito diferente de impor-lhes inconscientemente as nossas *vontades* sem estarmos atentos ao que eles precisam.

Suzanne é uma mãe solteira com uma filha pré-adolescente, Maryann, que ela não consegue controlar. Quando Maryann era novinha, era um anjo, de modo que ela e a mãe se davam às mil maravilhas. Entretanto, quando Maryann começou a manifestar a sua individualidade, Suzanne não soube lidar com a independência que brotava de sua filha. Nem sabia como reagir de forma construtiva à natural necessidade de Maryann de ter autonomia e poder de decisão, o que cada vez mais exagerava a baixa autoestima de Suzanne.

A luta de Suzanne com a filha resultava do fato de que ela mesma havia crescido como uma mãe crítica, abusiva, que não só a subestimava constantemente como até a fazia se sentir como se fosse totalmente deficiente. Em consequência disso, quando Suzanne ficou adulta teve uma série de relacionamentos abusivos e nunca foi capaz de atrair um parceiro que a respeitasse. Além do mais, ela luta com a obesidade e problemas crônicos de coluna.

Tão empobrecida era Suzanne na sua própria autoridade que simplesmente não pensava em exigir respeito da sua filha. Tão insegura ela era sobre os próprios limites que não criou nenhum para a filha. Consequentemente, não a deteve quando Maryann desafiou suas regras aos sete anos, nem disse uma palavra quando a menina lhe bateu aos oito, ou protestou quando ela quebrou o seu colar preferido e não se desculpou aos nove. Nem estipulou um toque de recolher quando Maryann saiu com os amigos pela primeira vez aos doze anos de idade. Em outras palavras, sem perceber, Suzanne havia criado na filha tonalidades da sua própria mãe abusiva. Inconscientemente, ela plantou as sementes para o desrespeito da filha porque o papel de vítima era um espaço energético ao qual estava acostumada.

Em qualquer situação que exija uma resposta, a pergunta é: Estou agindo com base na minha própria necessidade e problemas não resolvidos, ou para realmente servir a minha filha? A marca da criação consciente dos filhos é essa disposição que deve ser moldada pelo relacionamento entre pais e filhos e entrar num estado de transformação.

A forma como comunicamos um "não" aos nossos filhos depende do temperamento da criança. Crianças que escutam de pronto são mais sensíveis e, portanto, mais maleáveis. Algumas precisam apenas de um olhar dos pais para pararem de fazer o que estão fazendo. Entretanto, essas crianças também tendem a agradar os pais com muita rapidez. Por essa razão, seus pais precisam tomar cuidado para não subjugá-las, fazendo com que se tornem hesitantes na vida e talvez até medrosas. Crianças de temperamento mais forte podem precisar de mais do que um simples olhar. Com frequência, elas se metem em confusão porque tendem a ser não apenas independentes, mas também teimosas, voluntariosas e até exaltadas. Nesses casos, os pais precisam se impor mais enquanto continuam a ser bondosos, um equilíbrio difícil. É crucial que qualquer disciplina esteja associada a uma grande conexão numa atmosfera relaxada.

Às vezes nossos filhos passam por uma fase de rebeldia durante a qual nos vemos continuamente tendo de dizer "não". Desde que seja apenas uma fase, tudo bem que um pai seja firme com um filho diariamente. O problema é que muitos pais desanimam depois de poucos dias. A criança, tendo passado a perna nos seus pais cansados, sente-se então com poder para continuar com o seu comportamento difícil.

Se eles estão sendo rebeldes, precisamos fazer uma pausa, respirar fundo e nos perguntar: "Foi violada uma regra principal ou apenas uma regra flexível?" Se uma criança se recusa a dar ouvidos ao nosso "não" numa questão importante, é preciso agir. No caso de uma regra flexível, é prudente praticar ou a arte da negociação ou a da rendição.

Quando é necessário agir, pode ser na forma de impedir a criança de fazer o que está fazendo por meio de uma suspensão temporária de suas atividades, ou tirando um objeto de interesse, como um brinquedo, a televisão ou computador. Temos de aprender a dizer "não" e a sério, num tom de voz que não seja hesitante nem dogmático. Quando nossos filhos observam como combinamos nossas palavras com a ação, associam as duas coisas. A ação é mais eficaz quando não é punitiva nem tirânica, mas consistente e firme.

Aprendendo a lidar com a palavra "não", as crianças precisam de tempo e espaço para encontrar os seus próprios mecanismos para se acalmarem, o que lhes permitirá voltar a estarem centrados. Eu digo a minha filha: "Não posso eliminar a sua frustração, nem quero. Mas posso ficar com você enquanto resolve isso." O modo para vencer a frustração é primeiro reconhecer que ela existe. Pegamos as ondas conforme elas vêm. Praticando conscientização, aceitação, tolerância, nossos filhos aprendem a regular suas emoções.

Quando eles são mais jovens, podemos estabelecer uma base que mais tarde possibilitará que lidem com seus sentimentos sozinhos. Para conseguir isso, podemos usar uma técnica tal como dar nomes aos sentimentos. Outra técnica é ficar sentados com eles enquanto desenham o que estão sentindo ou escrevem a respeito. Outra abordagem ainda é encorajá-los a expressar os sentimentos.

Muitas vezes, um "não" é metabolizado rapidamente sem emoções residuais. Outras vezes, nossos filhos podem ter coisas que querem dizer e sentimentos que desejam expressar. Se não os ajudarmos a suportar suas frustrações, eles vão comprimir suas emoções dentro de seu corpo. Nossa tarefa é ouvi-los, depois deixá-los saber que é natural se sentirem frustrados. "Vamos observar o que você está sentindo", eu digo para minha filha. Em seguida observamos os sentimentos juntas.

Ajuda muito indagar se existe alguma coisa que se possa aprender com os sentimentos que surgem quando nossos filhos recebem um "não". Uma lição seria a de que a vida nem sempre se revela do jeito que desejamos. É uma lição difícil, mas vital. Entretanto, se podemos reconhecer isso, um "não" é um convite à criatividade. Se nossos filhos não podem ter o que querem nessa área de suas vidas agora mesmo, existe um jeito para conseguirem algo que desejam em outra área de suas vidas? Quando tentamos encontrar respostas criativas juntos, proporcionamos a eles uma poderosa ferramenta para lidar com a palavra "não".

Tendo focalizado como dizer "não" e os tipos de coisas às quais você precisa responder assim, gostaria de sugerir várias ocasiões em que você precisa dizer um inequívoco "sim":

Diga sim para o esforço e cale-se para a conquista.

Diga sim para a busca e não diga nada para a descoberta.

Diga sim ao não saber e fique calado para o saber sempre.

Diga sim para outras formas de saber e fique em silêncio para o aprendizado mecânico.

Diga sim para as dificuldades enfrentadas e cale-se para o sucesso.

Diga sim para a curiosidade e fique calado para o apego ao já descoberto.

Diga sim para o ser e não diga nada para o fazer.

Diga sim para a imaginação e nada para a imitação.

Diga sim para riscos assumidos e nada por agir em segurança.

Diga sim para o choro e fique em silêncio para o choro reprimido.

Diga sim para a generosidade e nada para a ganância.

Diga sim para a brincadeira e nada para a pressão.

Diga sim para a criatividade e nada para o que já está nos livros.

Diga sim para jogar e nada para vencer.

O Senso de Oportunidade É Crucial

Um dos erros que cometemos com frequência é tentar ensinar aos nossos filhos o comportamento apropriado quando estamos no auge da batalha com eles. Embora seja essencial "parar" o comportamento inadequado quando está acontecendo, eles podem não ser capazes de aprender o profundo significado por trás do comportamento deles até terem se acalmado. Isso significa que temos de esperar por um tempo justo, talvez mais tarde naquele dia ou naquela semana, para rever o comportamento com eles.

Minha filha não queria deixar a brincadeira com os amigos porque estava se divertindo muito. Claro, ela tinha de ir embora; não havia dois caminhos para isso. Eu a peguei e a carreguei nos ombros até o carro, e ela chorou o tempo todo até chegar em casa. Eu estava zangada com ela por sua rebeldia e tentei lhe dizer isso. Enquanto eu lhe pregava um sermão, ela não prestava atenção a uma palavra que eu dizia. Sobrecarregada de emoções, minha filha não podia compreender por que eu estava aborrecida com ela. Dias depois, ao colocá-la na cama, voltei ao assunto. Imitando como ela havia se comportado, expressei todas as emoções que ela estava sentindo naquele dia e demonstrei como tinha sido irracional. Quando nossos filhos veem o comportamento deles através da nossa representação, têm uma oportunidade para se olharem no espelho e refletirem sobre si mesmos. Essa era uma chance de debater juntas possíveis opções, chegando a uma solução que funcionasse para ambas as partes. Esse processo possibilita que nossos filhos se sintam com poder de decisão, já que estão sendo incluídos no processo da sua própria disciplina, em vez de recebê-la de outra pessoa.

No diálogo que se seguiu, minha filha explicou: "Desculpe, mas não suporto deixar meus amigos." Eu respondi que compreendia que era difícil para ela se separar dos amigos e que isso era normal. Também deixei claro que, embora fosse difícil, isso não significava que podia ignorar os limites da brincadeira. Afirmando que valorizava a honestidade dela, eu lhe pedi para me ajudar a encontrar uma solução. O que teria feito se fosse ela a mãe? Ela me pediu para lhe dar três avisos para ajudá-la a se preparar para o final da brincadeira. Fora do auge da batalha, ela foi capaz de processar seus sentimentos e encontrar um caminho para o comportamento positivo.

É com métodos como esse que a jornada da criação dos filhos tem o potencial para ser uma experiência espiritualmente regenerativa tanto para os pais como para os filhos, quando cada momento é um encontro de espíritos, e pais e filhos apreciam o fato de cada um dançar num caminho espiritual único, de mãos dadas, mas sozinhos.

POSFÁCIO

Compreendendo a Nossa Inconsciência Compartilhada

A única maneira de efetuar uma mudança autêntica, permanente, é ter uma profunda compreensão do que *realmente* precisa mudar.

Quando assumimos a tarefa de nos tornarmos conscientes, percebemos que a inconsciência resulta de uma variedade de fatores entrelaçados. Cada um de nós herdou temas de inconsciência de gerações passadas – e não apenas de nossos próprios ancestrais, mas também do coletivo cultural.

Em outras palavras, a sociedade – inclusive nossos grupos de pares – tem um papel igual ao nos condicionar como tiveram nossos pais. Na verdade, quando embarcamos numa investigação da nossa inconsciência, descobrimos como somos interdependentes de todos os que foram na nossa frente e de todos os que entraram em contato conosco. Despertamos para o fato de que nossa inconsciência é uma função da inconsciência de todos à nossa volta.

Ser um pai, ou mãe, consciente exige que aprendamos a reagir à realidade de uma maneira consciente e não num impulso cego, usando a razão e não a reação, e empregando nossa vontade ativa de preferência ao condicionamento passivo. Ajuda muito perceber que crianças, por sua natureza inerente, desejam uma profunda, duradoura e autêntica conexão conosco. Se, depois, nossos filhos se virarem contra nós ou se afastarem, isso significa que não atendemos às suas necessidades emocionais ou não os ensinamos a satisfazer suas próprias necessidades.

Estamos Todos Juntos Nisso

Sermos pais conscientes exige de nós que reconheçamos como a nossa inconsciência, transmitida a nós pela inconsciência coletiva, deforma nossos filhos. Por exemplo:

> Somos nós que ensinamos nossos filhos a ser gananciosos, dando-lhes diamantes, em vez de varetas e pedras.

> Somos nós que ensinamos nossos filhos a temer as aventuras, recompensando seus sucessos e repreendendo seus fracassos.

> Somos nós que ensinamos nossos filhos a mentir para nós, ficando zangados com eles quando nos dizem a verdade.

> Somos nós que ensinamos nossos filhos a ser maus e violentos com os outros, desrespeitando as suas emoções e lhes negando aceitação incondicional.

> Somos nós que ensinamos nossos filhos a perder a motivação e entusiasmo, pressionando-os a se destacarem e "serem alguma coisa".

> Somos nós que ensinamos nossos filhos a nos desonrar forçando-os a serem o que não são.

> Somos nós que ensinamos nossos filhos a ser provocadores, dominando os seus espíritos e silenciando as suas vozes.

Somos nós que ensinamos nossos filhos a ser pessoas confusas e dominadas, dando-lhes todas as coisas externas, mas poucas ferramentas para olharem internamente.

Somos nós que ensinamos nossos filhos a não prestar atenção e ser distraídos, inundando suas vidas de atividades, sem deixar espaço para ficarem tranquilos, em silêncio.

Somos nós que ensinamos nossos filhos a viver olhando para fora, gastando o nosso tempo e a nossa energia preocupados com a aparência e aquisições.

Somos nós que ensinamos nossos filhos a nos desrespeitar não os impedindo da primeira vez que foram desrespeitosos e todas as vezes depois disso.

Somos nós que ensinamos nossos filhos a ser rebeldes por não saber estabelecer regras e falar a sério quando as estabelecemos.

Somos nós que ensinamos nossos filhos a se envergonharem, envergonhando os seus espíritos e julgando-os constantemente.

Somos nós que ensinamos nossos filhos a ficar ansiosos, negando-lhes a celebração do nosso próprio presente enquanto focalizamos frequentemente o amanhã.

Somos nós que ensinamos nossos filhos a não gostar de si mesmos, categorizando repetidamente as suas emoções como aquelas que aprovamos e aquelas que não aprovamos.

Somos nós que ensinamos nossos filhos a não confiar no mundo, traindo-os todas as vezes que não vemos quem são na sua essência.

> Somos nós que ensinamos nossos filhos a amar ou não
> amar, na medida em que amamos ou não amamos a
> nós mesmos.

Todos nós sentimos a atração para agir de modo familiar, previsível. Largar esse hábito e reagir de um modo autêntico, espontâneo, não é fácil, embora seja exatamente o que é necessário se formos criar filhos com eficiência. Desafiados a criar um espírito que seja individualista e idiossincrático, simplesmente não podemos impor nossos modos habituais aos nossos filhos ou eles sofrerão uma perda de autenticidade. Em vez de forçá-los a ajustar seus espíritos à nossa falta de autenticidade, sermos pais conscientes é ajustar a nossa abordagem mais esgotada, cínica, ressentida e amarga à autenticidade deles.

O quanto satisfatória a vida de nossos filhos será é muito afetado pelo relacionamento deles conosco. Se esse relacionamento não promover a conexão interna deles com eles mesmos, sua alma ressecada buscará restaurar essa conexão por outros meios. Olharão lá fora para a butique, o escritório de esquina, a esmeralda, o cassino, a garrafa, a agulha ou os cônjuges número um, dois ou três. Mas se o relacionamento deles conosco os encorajar a travar um diálogo significativo com o ser interior deles, estarão em paz consigo mesmos, o que é a chave para uma vida resplandecente de significado.

TORNANDO-SE PAIS PRESENTES

Enquanto os pais são chamados para proporcionar aos seus filhos orientação emocional, estabilidade, aceitação e segurança, estes são convidados a entrar na vida dos pais para ensinar algo que só uma criança pode: a viver a vida com a presença, a autenticidade e a alegre espontaneidade que os adultos perderam resultante da sua própria criação inconsciente.

Criar filhos exige presença constante ao lado deles, colocada em ação num número ilimitado de incidentes de envolvimento ou não envolvimento. É por isso que não podemos simplesmente dominar uma estratégia engenhosa aqui ou uma técnica brilhante ali. A abordagem consciente é uma abordagem viva, de fôlego, orgânica, a todos os momentos, por meio da qual nossos filhos absorvem o *nosso* relacionamento com a vida e, desse modo, aprendem a seguir os seus próprios espíritos, imprimindo assim a sua marca única em suas vidas. Daí a maneira como estamos conectados com o nosso próprio ser interior e vivemos o nosso próprio propósito acaba impactando nossos filhos mais do que tudo.

Por essa razão, cabe a nós monitorar o quanto estamos realmente presentes adquirindo o hábito de fazer os seguintes tipos de pergunta:

Sou capaz de tranquilizar a minha mente e ficar em silêncio?

Sou capaz de interromper meus pensamentos e cheirar, ouvir e sentir o gosto de todos os meus momentos?

Sou capaz de rir descontroladamente mesmo quando a vida não está funcionando de acordo com "o plano"?

Sou capaz de mostrar empatia por outra pessoa mesmo quando estou magoado?

Respeito o meu corpo?

Vivo as minhas paixões?

Amo a minha vida imperfeita?

Sou capaz de estar em harmonia comigo mesma, enquanto não sou nada em particular ou não faço nada?

Sou capaz de acessar minhas mais profundas emoções sem medo de julgamentos ou vergonha?

Oriento o meu mundo inteiro a partir de um eixo interno?

Quando podemos estar presentes dessas maneiras, nossos filhos aprendem o mesmo – não com nossas palavras, mas com a nossa capacidade de estarmos presentes conosco mesmos; não com o que compramos para eles, ou com a universidade para a qual os mandamos, mas com a nossa consciência *despertada*.

A realidade é que poucos de nós sabemos como *experimentar nossas experiências* sem que a mente interfira, apenas estando presentes com elas. Sem percebermos, ficamos presos em polaridades: isso ou aquilo, bom-mau, prazer-dor, eu-você, passado-futuro – e, sim, pais-filhos. No minuto em que nossa mente se envolve nesse tipo de pensamento polarizado, ela cria uma separação entre nós mesmos e o nosso mundo. Não notamos que estamos criando essa separação, no entanto fazemos isso na maior parte do tempo. Conhecemos alguém novo e instantaneamente o julgamos. Observamos nossos filhos e imediatamente nos dizemos: "Ele é bom", "Ela é má", ou "Por que ele está se comportando assim?". Sentimos constantemente a necessidade de impor um julgamento à realidade.

Participar da nossa realidade na sua forma *como é* é estranho para nós. Estar totalmente presente na nossa realidade, *como ela é*, e não como *desejaríamos que fosse*, exige de nós que silenciemos a nossa mente e não nos preocupemos com o passado e o futuro. Exige que nos centralizemos no aqui e agora. Em vez de ver tudo através do véu do pensamento polarizador, entramos num *estado de pura experiência*.

É quando não estamos presentes nas nossas próprias vidas que achamos difícil aceitar nossos filhos nas suas formas *como é*. Pelo contrário, buscamos impor a eles ideais que são arrancados do nosso condicionamento no passado. Como eles são "nossos", acreditamos que temos um direito desenfreado de fazer isso. E assim os criamos de um modo que reprime seus seres essenciais. Acrescentamos ao fundo comum de inconsciência da sociedade, em vez de diminuí-lo.

Nossa inconsciência não é para nossos filhos herdarem; é para investigarmos. Ser um pai, ou mãe, consciente significa que você está cada vez mais atento à força e à prevalência da sua inconsciência conforme ela surge em situações do dia a dia.

Filhos criados por pais conscientes e, portanto, em paz com eles mesmos e conectados com a sua alegria interior descobrem a abundância do universo e aprendem a explorar essa fonte sempre fluindo. Vendo a vida como sua parceira, essas crianças reagem aos seus desafios com curiosidade, excitação e um sentimento de envolvimento reverente. Criadas para estarem internamente em paz e conhecerem a sua alegria inerente, elas por sua vez ensinam os seus filhos a viver num estado de alegre abundância.

Essa alegria é capaz de impregnar a alma com uma sensação de autonomia. Jogos de poder e controle não têm lugar, substituídos por uma experiência de unidade com tudo, de modo que a vida flui com poder curativo por várias gerações no futuro.

APÊNDICE

A Bússola da Consciência
Perguntas que Fazemos a Nós Mesmos

Qual a missão da minha vida? Como manifesto o meu propósito nela?

> Cheguei a um lugar no qual sou capaz de me conectar com um propósito de vida mais profundo?
>
> Sinto-me realizado internamente?
>
> Como torno o meu dia a dia significativo?

Quais são os meus apegos essenciais ao ego?

> Sou apegado ao sucesso de uma forma material?
>
> Sou apegado à minha imagem e aos papéis que represento na minha vida, tais como pai, cônjuge, carreirista?
>
> Vejo-me em constante carência e necessidade?
>
> Sinto-me como uma pessoa sem recursos ou tendo fartura?
>
> Por que estou nesse estado?
>
> A que estou me apegando na minha vida agora mesmo que sinto não poder abandonar? E se eu abandonasse seja lá o que isso possa ser?

Quais são os meus maiores temores?
>Sentei-me comigo mesmo em profunda solidão e realmente me vi no espelho e enfrentei meus medos?

>Sou capaz de reduzir esses medos e começar a reconhecê-los em vez de freneticamente aliviá-los por meio de manifestações externas de controle e poder?

>Sou capaz de simplesmente me sentar com meus medos essenciais, compreendê-los, agir como amigo deles e liberá-los?

De acordo com que roteiro de vida estou vivendo?
>Examinei meu passado e vi que estou representando um roteiro de vida particular com base na minha família de origem?

>Sou capaz de ver os temas segundo os quais tenho estruturado a minha vida?

>Sou capaz de ver meus padrões recorrentes observando como meus relacionamentos com as outras pessoas se desenrolam?

Qual é a minha herança emocional?
>Quando a vida não funciona de acordo com a minha visão, que reação emocional eu tenho tipicamente?

>Como abordo a vida diariamente?

>Sou capaz de me desapegar de minhas marcas emocionais e me tornar consciente delas?

>Estou ciente de como projeto minhas emoções nos meus filhos e cônjuge?

Quais são os meus detonadores emocionais?

Quando me vejo sobrecarregado de emoções?

Quais são os meus principais detonadores emocionais?

Como processo minhas emoções quando sou provocado?

Como processo eventos negativos na minha vida?

Quando estou zangado ou deprimido, tendo a ancorar esses sentimentos numa fonte fora de mim mesmo, ou as ancoro internamente?

Eu me permito ficar sentado com minhas emoções e observá-las, em vez de reagir a elas?

Sou capaz de renunciar às emoções negativas?

Posso me ver quando estou projetando nos outros as minhas emoções?

Sou capaz de viver num estado de consciência?

Posso viver confiante e perceptivo, ou estou com a visão turvada por medo, ansiedade e ressentimento?

Estou em contato com a minha essência?

Sou mais "alguém que faz" ou sou capaz de "ser"?

Como me envolvo na minha própria vida? Tudo que faço flui do ser?

Sinto-me pressionado a constantemente preencher os meus dias com uma atividade após a outra, ou sou capaz de ficar sentado comigo mesmo, pelo menos uma vez por dia, e entrar em contato com o meu silêncio interior?

Envolvo-me em atos que promovem a minha conexão comigo mesmo, ou tenho estado tão ocupado que perdi essa conexão interior?

Sinto constantemente a necessidade de julgar e estar no espaço do "fazer" mental? Ou sou capaz de viver plenamente as minhas experiências num estado de ser neutro, mas desperto?

Em que baseei os pilares da criação de meus filhos?

Baseei inconscientemente os pilares do sucesso de meu filho na sua habilidade para "fazer", produzir e conseguir?

Sou capaz de permitir que o espírito do meu filho flua primeiro naturalmente antes que o "fazer" se estabeleça?

Quanta pressão coloco sobre meu filho para que se torne a pessoa que desejo que ele seja *versus* quem ele é naturalmente?

Vejo meu filho com uma sensação de falta ou de fartura?

Olho para meu filho e constantemente o vejo por tudo que ainda precisa se tornar, ou sou capaz de ficar tranquilo com ele e encantado com tudo que já é?

Como ensino meu filho a ter conexão interna?

Como converso com meu filho?

Como escuto meu filho – passivamente, ou ativamente com presença participativa?

Sou capaz de ver meu filho por tudo que ele realmente é?

Como ajudo a promover a conexão do meu filho com o seu eu interior?

Como uso a minha própria conexão interior comigo mesmo como modelo?

Como vejo a vida? Ela é benevolente ou perversa? A resposta depende da circunstância em que me encontro?

Alguns Destaques de
Pais e Mães Conscientes

Cada um de nós imagina que está sendo o melhor pai ou mãe possível, e na maioria somos mesmo boas pessoas que amamos muito nossos filhos. Certamente não é por falta de amor que lhes impomos a nossa vontade. Na verdade isso se origina de uma falta de consciência. A realidade é que a maioria de nós não tem consciência da dinâmica que existe no relacionamento que temos com eles.

O problema não são os nossos filhos, mas a nossa própria inconsciência.

A nossa inconsciência não é para nossos filhos herdarem, mas para investigarmos.

Amor e verdade são coisas simples. Criar filhos não é complicado ou difícil desde que nos tornemos conscientes, porque uma pessoa consciente é naturalmente amorosa e autêntica.

Ensinamos mais pelo exemplo do que por qualquer outro meio. As crianças veem e imitam tudo. Elas também veem através de agendas ocultas e intenções maliciosas.

Crianças são muito egotistas para pensarem em nós quando estão se comportando mal; elas estão apenas pensando em si mesmas. Portanto, não leve para o lado pessoal. O comportamento inadequado é um grito que vem do coração: "Por favor, me ajude."

A raiz do mau comportamento de uma criança é uma emoção que não pôde ser expressa.

A correção do mau comportamento de uma criança precisa ocorrer no momento presente.

Se nossos filhos são adolescentes, a hora em que vão buscar a nossa permissão passou.

Quando nos relacionamos com nossos filhos, respeitando quem eles são a qualquer hora, nós os ensinamos a se respeitarem. Se procuramos mudá-los do seu estado presente, alterando o seu comportamento para terem a nossa aprovação, transmitimos a mensagem que o seu ser autêntico é inadequado. Nossos filhos então começam a adotar uma persona, que os afasta de quem eles são realmente.

Harmonizar a nossa energia emocional com a de nossos filhos é muito mais eficaz do que lhes pedir que harmonizem a energia deles com a nossa.

Ser levado a reagir emocionalmente é estar em estado de resistência.

A modelagem comportamental usa todos os conflitos como laboratórios para aprendizado. Por essa razão, ela ocorre continuamente em todos os momentos, em vez de ser espremida em fendas de tempo punitivas. A característica dessa modelagem é o reforço positivo, uma ferramenta mais eficaz do que a punição.

Nossa tarefa é ajudar a essência de nosso filho.

Tememos nos sentir isolados e sozinhos, se realmente reivindicarmos a nossa singularidade.

O espírito do seu filho é infinitamente sábio.

Pais e mães conscientes confiam implicitamente na intuição de seus filhos com relação ao destino deles.

Impressão e Acabamento:
EDITORA JPA LTDA.